Inhalt

MARK SPÖRRLE | CLAAS TATJE

TSCHUSING
DEUTSCHE
BAHN
TODAY

Klimafreundlich reisen,
ohne wahnsinnig zu werden

LÜBBE

Dieser Titel ist auch als E-Book erschienen.

Originalausgabe

Copyright © 2021 by Bastei Lübbe AG, Köln

Textredaktion: Stefan Lutterbüse, Wiesbaden
Umschlaggestaltung: ZERO Werbeagentur, München
Einband-/Umschlagmotive: © gettyimages: sorbetto;
© shutterstock.com: MSSA | Inspiring | Elena3567
Satz: hanseatenSatz-bremen, Bremen
Gesetzt aus der Adobe Garamond Pro
Druck und Einband: GGP Media GmbH, Pößneck

Printed in Germany
ISBN 978-3-431-05015-8

5   4   3   2   1

Sie finden uns im Internet unter luebbe-sachbuch.de
Bitte beachten Sie auch: lesejury.de

Vorwort: Was ist die Bahn, was soll jetzt aus ihr werden – und kann das überhaupt klappen?

Wir kennen Sie nicht, aber Ihnen geht es vermutlich wie uns. Entweder verzweifeln Sie gerade beim Ticketkauf. Oder Sie erleben den chronischen Bahnhorror: Verspätungen wie aus dem Nichts, umgeleitete Züge, falsche Wagenreihungen, fehlender oder zu heißer Kaffee, versperrte Toiletten, unverschämte Sitzplatzbesetzer. Vielleicht haben Sie all das aber auch schon einmal gut hinter sich gebracht und sind erleichtert, dass es vorbei ist; zumindest bis zum nächsten Mal. Es kann natürlich auch sein, dass Sie die Bahn erst noch kennenlernen wollen (und dieses Buch in Händen halten um zu sehen, was Sie erwartet). Aber das Ergebnis wird das Gleiche sein: Sosehr Sie auch leiden mögen, Sie werden es nicht schaffen, sich von Deutschlands größtem, wichtigstem und chaotischstem Logistikunternehmen zu trennen.

Warum?

Weil es Deutschlands größtes und chaotischstes Logistikunternehmen ist. Und weil Sie den nächsten Störungen im Betriebsablauf insgeheim schon entgegenfiebern, foto-, film- und twitterbereit, in der Tasche Ihr Bahn-Survival-Kit mit Trinkwasser, Zahnbürste, Notvorrat, Masken und Geschenken (falls Sie Heiligabend auf dem Gleis verbringen und/oder einen Zugbegleiter bestechen müssen).

Oder natürlich der Umwelt wegen. Seit die Erkenntnis, dass unser CO_2-fixierter Lebenswandel uns langsam, aber sicher vernichten wird, tatsächlich bei den politischen Entscheidern angekommen ist, hat unsere gute alte Bahn urplötzlich eine steile Karriere hingelegt: vom jahrzehntelang auf Verschleiß gefahrenen und kaputtgesparten Stiefkind der deutschen Verkehrspolitik, dessen teils 30 Jahre alte ICE-Flotte über ein quasi 80er-Jahre-Schienennetz mit Stellwerken aus Kaisers Zeiten (ja, wirklich![1]) dahinrumpelt – zum strahlenden Hoffnungsträger. Vom Aschenputtel zur Prinzessin, vom Saulus zum Paulus. Nein, zum Weltretter: von der Tag für Tag überall in Deutschland angesichts ausfallender oder verspäteter Züge x-fach verfluchten »Scheiß-Bahn« zum umweltfreundlichsten Transportmittel der Zukunft.

Grund für die Kehrtwende ist eine bestechende Gleichung. Eine Fahrt auf Schienen produziert im Schnitt auf den ersten Blick gerade mal ein Viertel der Treibhausgase einer entsprechenden Autofahrt (wie es auf den zweiten Blick aussieht, lesen Sie ab Seite 76). Und andererseits hat der gesamte Sektor Verkehr in Deutschland das unfassbare Kunststück vollbracht, bisher so gut wie nichts zur Emissionsminderung beizutragen. Im Gegenteil: Auch schon bevor die Coronakrise Reisende und Pendler aus Bussen und Bahnen zurück ins Auto und in den nächstbesten Stau trieb, erreichten die Autozulassungen einen Rekord nach dem anderen. Wir Deutsche verstecken uns so leidenschaftlich im SUV, als stünde in unseren Städten das Schmelzwasser bereits knöchelhoch. Aber die Klimadebatte, in der Pandemie ganz aus dem Blick geraten, kehrt zurück. Und will man in diesem Land die Klimaschutzziele wirklich einigermaßen ernsthaft anpacken, ohne SUVs, PKW-Kurzstreckenfahrten und Verkehrsminister _____ [2] gleich mit zu verbieten, bleibt also nur ein Weg: die Bahn.

Konkret: Bis zum Jahr 2030 müssen die Züge in Deutschland glatt doppelt so viele Fahrgäste transportieren wie noch 2015. Sonst wird nichts aus den Klimazielen und allen deutschen Versprechungen zur Reduktion der Treibhausgase.

---

1 Ein Hinweis für Bahnnovizen: Wir meinen mit »Kaiser« nicht Franz Beckenbauer.

2 Hier können Sie den aktuellen Verkehrsminister eintragen und frohgemut auf das Gendern verzichten; eine Frau wird kaum so dumm sein, dieses Amt anzutreten.

Ja, liebe Leserinnen und Leser, Sie verstehen ganz richtig: doppelt so viele Fahrgäste!

Möglicherweise – und gerade wenn Sie selbst schon mal ein paar Kilometer per Bahn zurückgelegt haben – sind Sie jetzt felsenfest davon überzeugt, dass unsere Politiker nicht wissen, wovon sie reden, geschweige denn, dass sie jemals Bahn gefahren sind.

Jedenfalls nicht in der Bahn, in der vielleicht auch Sie – nicht saßen, sondern standen. Und das auf einem Bein, für das andere war kein Platz im überfüllten Zwischenwagenbereich des Zuges, der so qualvoll über die Gleise rumpelte wie ein Planwagen im Wilden Westen durch ein Flussbett. Und sosehr Sie auch versuchen, tapfer an die Umwelt zu denken: Reduziert sich der ökologische Fußabdruck, wenn man auf einem Bein balanciert, denn nicht nochmals um die Hälfte?[3] Sosehr Sie den Blick hoffnungsvoll-madonnenhaft gen Himmel richteten wie weiland (auf dem berühmten Foto im Zwischenwagenbereich eines DB-ICEs) die Umweltaktivistin Greta Thunberg[4] – es war verdammt schwer.

Weil Sie, anders als damals Greta, nicht mal Platz zum Sitzen hatten. Und weil Ihr Blick gar nicht bis zum Himmel reichen konnte, da sich nur wenige Zentimeter vor Ihrer Nase der massige Schädel eines dauertelefonierenden Zwiebelmettbrötchen-Essers befand.

Mag sein, dass zum Zeitpunkt dieses gar nicht so einzigartigen Bahnerlebnisses Sie und der Mettesser jeweils eine Maske zwecks Infektionsschutz trugen, Sie natürlich vorschriftsmäßig,

---

3 Glauben Sie solchen Quatsch nicht! Wenn das nur ansatzweise wahr wäre, würde es nicht lange dauern, bis irgendein Verkehrsminister auf die Idee käme, einfüßiges Reisen in der Bahn vorzuschreiben, um das Nicht-Tempolimit auf den Autobahnen zu retten.

4 Im Dezember 2019 saß Thunberg im Ersatz-ICE zwischen Basel und Frankfurt so entspannt wie optimistisch, aber doch schicksalsergeben an ungefähr der gleichen Stelle, auf der Sie jetzt mühsam balancieren.

der andere naturgemäß unter dem fleischigen Kinn. Mag auch sein, dass Ihrer beider Distanz eingedenk von Abstandsregeln und Pandemiebedingungen doch etwas größer war als gefühlt wenige Zentimeter.

Das Fazit aber dürfte auf das Gleiche hinauslaufen: Wer einmal das zweifelhafte Glück hatte, eine Bahnfahrt dieser Art hinter sich zu bringen, fragt sich zu Recht ratlos, wo zum Teufel dann, wenn die Corona-Pandemie ausgestanden ist, all die neuen Mitfahrgäste überhaupt noch hinsollen: in die Gepäckablagen (zu klein)? In die Toiletten (zu wenige)? In die Fahrradabteile (zu rar)? *Auf* den Zug (bisher noch verboten – aber in Zukunft vielleicht eine interessante Idee)? Und ob das mit der Verdoppelung der Reisenden nicht doch eine echt bescheuerte Idee ist, auch wenn die ausnahmsweise nicht allein vom zeitweise gleichnamigen Bundesverkehrsminister kam.

Denn ist es, seit die reduzierte Mehrwertsteuer die Fahrten im Fernverkehr um zehn beziehungsweise zwölf Prozent vergünstigt hat, in den Zügen nicht auch um mindestens zwölf Prozent enger geworden?

Von wegen, sagen Sie, die Züge waren im Gegenteil zuletzt doch so schön leer?

Genießen Sie die Reise mit Maske, solange man noch Masken trägt. Denn die kuschelige Nähe im Abteil kommt wieder. Es geht gar nicht anders.

Einmal wegen der Zukunft unseres Planeten (was ist dagegen schon eine plötzliche Aversion gegen Zwiebelmett?).

Und zweitens wegen der nüchternen Zahlen. Denen zufolge waren die Züge, auch als noch niemand überhaupt an Corona dachte, längst nicht so voll, wie man angesichts der oben erwähnten Klaustrophobie-Erlebnisse hätte denken können. Laut Deutscher Bahn lag die Auslastung im Fernverkehr im Jahr 2019 bei sage und schreibe lediglich rund 56 Prozent. Der Zug, in dem wir das kuschelige Vergnügen hatten, ist also nichts weiter als ein statischer Ausreißer. Sofern er überhaupt erfasst wurde. Und selbst wenn, gilt es natürlich zu bedenken, dass in die Statistik der Bahn auch all die nahezu menschenleeren Züge einfließen, die irgendwann nachts noch über die Gleise wummern. Und die jeder pfiffige Zahlenpolierer glatt erfinden müsste, gäbe es sie nicht schon.[5] Aber egal, den reinen Zahlen zufolge ist noch viel Luft nach oben, bis die Züge überhaupt voll sind, nämlich exakt 44 Prozentpunkte!

Aber damit schnell zur guten Nachricht: Mit dem Klimapaket hat die Bundesregierung auch viele Milliarden Euro lockergemacht, um Deutschland zur Verkehrswende zu verhelfen. Mithilfe dieser Gelder stemmt die Bahn gerade das größte Investitionsprogramm ihrer Geschichte. Tausende Mitarbeiter werden neu angeheuert, man investiert in die Infrastruktur, allein bis zum Jahr 2024 wurden 200 neue Züge bestellt. Das Ziel: Zwischen großen deutschen Städten soll schon bald alle 30 Minuten eine Bahn fahren und tatsächlich ankommen (!) (welche Bahn genau das sein soll, steht allerdings noch nicht fest); in zehn Jahren sollen Züge im »Deutschlandtakt« uns alle wenigstens stündlich zu welchem Ziel auch immer bringen, und das schnell und zuverlässig. Man will stillgelegte Strecken wiederbeleben, abgehängte Städte neu ans Gleis bringen – der langjährige Traum aller Bahnfahrer!

Und dass dann im Jahr 2030 doppelt so viele Menschen Bahn fahren wie noch 2015, das steht nicht nur im Koalitionsvertrag, den die Bundesregierung am 12. März 2018 unterzeichnete. Das könnte auch tatsächlich klappen, beteuert ein hochrangiger

---

5 Dass die Züge tatsächlich genau deswegen nachts fahren, ist selbstredend ein haltloses Gerücht. Erst recht die Behauptung, bei hohem Verspätungsaufkommen würden eigens Züge losgeschickt, die nur ein Ziel haben: überpünktlich, gar vorzeitig in nächtliche Bahnhöfe einzufahren, um die gesammelten Minusminuten zurückzudrehen. Und würde das nicht der bahneigenen Nachtzugpolitik widersprechen, die auf Reduzierung abzielt?

Bahnmanager, schließlich wollten immer mehr Deutsche sich auch klimaschonend fortbewegen. Das Ganze müsse nur konsequent angegangen werden. Und auch die nächsten Bundesregierungen (und Verkehrsminister) müssten dabei bleiben.

Okay, auf dem Weg dorthin gibt es noch andere kleine Probleme. Um nur ein paar zu nennen:

• Der bahnureigene Zielkonflikt

Einen Teil der sehr beeindruckenden Summe von 86 Milliarden, die die Politik bis 2029 in die Bahn investieren will, muss die Bahn selbst aufbringen. Für den Verkehrsminister ein geschickter Deal. Die Bahn dagegen wird wohl mehr verdienen müssen, um ihren Anteil auch wirklich leisten zu können. Das kann die Fahrpreise wieder steigen lassen – und die Rolle der Bahn als Klimaretterin gefährden. Es ist mal wieder das alte Dilemma, um das seit der Privatisierung der Bundesbahn im Jahr 1994 gestritten wird: Ist die Deutsche Bahn AG ein Unternehmen wie jedes andere, na ja: wie fast jedes andere? Und muss, obwohl zu 100 Prozent Eigentum des Bundes – also von uns allen –, Geld verdienen wie jede Sardinenbüchsenfabrik[6] auch? Oder kommt dem Zugverkehr in Deutschland nicht vielmehr eine öffentliche Aufgabe zu, die wichtiger ist als kurzsichtiges Renditestreben? Nämlich die, jeder und jedem von uns umweltfreundliche Mobilität zu ermöglichen. Und ganz nebenbei die Welt zu retten. Oder es zumindest zu versuchen.

• Das eigenwillige Verständnis der Bahn von Pünktlichkeit

Schon jetzt steht es um die Pünktlichkeit der Züge nicht sonderlich gut. Laut Auskunft der Deutschen Bahn ist im Fernverkehr

---

6 Warum uns ausgerechnet dieser Vergleich einfiel? Was meinen Sie …?

jeder fünfte Zug verspätet. Verspätet, das bedeutet in der Bahnwelt: Sie sind »mehr als sechs Minuten« später am Ziel als im Fahrplan vorgesehen. Im Umkehrschluss heißt das: Ein Zug gilt auch dann noch als pünktlich, wenn er fünf Minuten und 59 Sekunden später als geplant in den Bahnhof einfährt – zum Ärger jener Reisenden, die selbst nach wildem Spurt über Bahnhofsgleise ihren knappen, aber wichtigen Anschlusszug nicht mehr kriegen. Erzählen Sie das mal Ihrem Chef![7]

Interessanterweise wurden die Verspätungsquoten der Bahn zu Coronazeiten etwas niedriger, die Züge waren also pünktlicher. Was Experten recht einhellig darauf zurückführen, dass in den Zügen weniger Menschen unterwegs waren als normalerweise. Eine Bahn, bei der die Fahrgäste den Betriebsablauf stören – kann die allen Ernstes eine Verkehrswende schaffen? Oder auch nur einen »Deutschlandtakt«?

• Chaos bleibt Programm. Noch mehr Chaos

Wie es funktionieren kann, macht uns beispielsweise die Schweiz seit Jahren vor. Ausgehend von bestimmten Knotenpunkten ist dort jede Haltstelle mit jeder anderen durchgehend verbunden, unter Einbeziehung sämtlicher Bahnen, Busse, Schiffe und sogar Seilbahnen. Das hat selbstredend seinen Preis: Während Deutschland noch vor zwei Jahren pro Einwohner rund 77 Euro in die Schieneninfrastruktur steckte, investierten die Schweizer pro Kopf 365 Euro, knapp fünf Mal so viel. So schafften es die Eidgenossen, aus einem mittelmäßigen Eisenbahnsystem ein Schweizer Uhrwerk zu machen – in denselben paar Jahrzehnten, in denen wir in Deutschland tausende Eisenbahnkilometer dem Fetisch »Auto« opferten.

---

7 Oder gar Ihrer Chefin!

Aber das soll sich dank des neuen Geldsegens für die Bahn ja ändern. Die unvermeidliche Kehrseite der Medaille: Die Kunden des Konzerns müssen nun eine Zeit lang noch tapferer sein als bisher. Zwar werden jahrzehntelang vernachlässigte Strecken, Brücken und Tunnel nun endlich saniert, chronische Langsamfahrstellen behoben, wird gar wieder neu gebaut – aber das macht die Zustände erst mal nicht besser, im Gegenteil: Heißt Bahn fahren schon jetzt für Reisende und Pendler Frust und Ärger zuhauf, ist künftig das Chaos so lange vorprogrammiert, bis alles gut ist. Aber bis tatsächlich alles wieder gut wird – das kann dauern.

Wenn Sie also ein Auto haben, sollten Sie es, hm, nur für den Übergang vielleicht, noch etwas behalten.[8]

Vor allem aber sollten Sie wissen, wie man alle Unbill auf Schienen überwindet und mit dem Zug am Ende tatsächlich ans Ziel kommt. Dabei hilft dieses Buch. Es sagt Ihnen, wann und wie eine Bahnfahrt der Himmel auf Erden sein kann und wann ein Höllentrip. Welche Verbindung von A nach B Sie getrost nehmen können und welche Sie keinesfalls nehmen sollten. Wie Sie an die optimale Fahrkarte kommen und sogar ganz ohne Reservierung an einen passablen Sitzplatz. Wo Sie Ihren Schirm wiederfinden, den Sie beim Nahkampf im Zwischenwagenbereich verloren haben, womöglich auch Ihren Trolley, den Sie zurückließen, als Sie wie ein panischer Hase in Frankfurt/Main aus dem Zug sprangen (weil irgendjemand, der aussah wie ein Zugbegleiter, rief, Sie seien in Frankfurt (Oder)).

Wir verraten Ihnen außerdem, wie es um die Bahn wirklich steht und wie umweltfreundlich sie tatsächlich ist. Ob es klappen wird, sie zu modernisieren. Was die anderen Länder besser machen als wir und ob sich daran etwas ändern lässt: Wird es die Bahn schaffen, die ehrgeizigen Vorgaben der Politik zu erfüllen und wirklich zum Klimazielretter Nummer eins zu werden?

---

8 Nein, wir bekommen kein Geld von Autofirmen. Wir sind einfach Realisten.

Kann man auch als Bahn-Neuling mit gutem Gefühl einsteigen?

Und nicht zuletzt erfahren Sie, wer eigentlich die Schuld hat an dem ganzen Schlamassel – und daran, dass vielleicht auch Sie irgendwo in Deutschland gerade wegen »Störungen im Betriebsablauf« in einem auf freier Strecke stehen gebliebenen, zum Intercity umlackierten Ex-Interregio ausharren müssen, ohne Zugpersonal in Sicht, ohne funktionierendes Bordbistro und mit versperrter Toilette. Und endlich wissen wollen: Verdammt, warum ausgerechnet wieder ich?

I. REDEN

Das neue (Umwelt-)Bewusstsein

Vor dem Gesetz und der Deutschen Bahn sind in Deutschland alle gleich. Angestellte, Freiberufler, Minister, Kapitalisten, Umweltbewegte. Selbst Umweltikone Greta Thunberg musste schließlich auf den graugestreiften Teppichen eines Ersatz-ICEs Platz nehmen, nachdem ihr ursprünglicher Zug ausgefallen war. »Einsteigen und genießen« war hinter ihr zu lesen – kein bahnspezifischer Zynismus; auf dem Werbeplakat war das Angebot im Bordbistro gemeint.[1]

Nun, das Greta-auf-dem-Boden-Gefühl kennen noch Zigtausende andere Bahnfahrer. Irgendwie ist die Schwedin, die in wenigen Monaten mehr Umweltbewusstsein in unsere Köpfe gebracht hat als manche Politiker in Jahrzehnten, ja auch mit schuld daran. Sicher, die Klimaerwärmung ist ein zu komplizierter Vorgang, als dass sie sich auf die Länge einer Donald-Trump-fähigen Twitternachricht bringen ließe. (Kein Wunder, dass alle Versuche, dem ehemaligen US-Präsidenten auch nur die Unterschiede zwischen Wetter und Klima zu erklären, nicht fruchteten.) Aber fest steht: Es gibt ihn, den Klimawandel von Menschenhand. Anfang 2020 bewiesen Forscher der ETH Zürich zum ersten Mal, dass sich die fortschreitende Erderwärmung mittlerweile auch an den täglichen Wetterdaten belegen lässt. Und während Bilder von Klimademonstrationen um die Welt gehen, ein Jahrhundertsom-

---

1 Mehr dazu später …

mer heißer wird als der vorherige und in Australien und Kalifornien Waldflächen abbrannten, die in Saarlanddimensionen kaum zu messen waren, grassiert unter Promis, Politikern und Sportlern ein neues Gefühl: die Flugscham. Es ist ein Phänomen, das deutlich macht, dass hier gerade eine Gesellschaft umdenkt, vor allem jene Elite, die sich Otto Normalfahrer gern zum Vorbild nimmt. Prominente wie der Fernsehmoderator Jörg Pilawa, der Sänger Max Giesinger, die Olympiasiegerin Britta Steffen sprachen in Interviews darüber, dass sie weniger fliegen und auf Kurzstreckenflüge verzichten wollten. In Schweden, einst Land der Vielflieger, grassiert die *flygskam* bereits seit 2017, aber erst der Biathlet und Olympiasieger Björn Ferry entfachte dazu eine wilde Debatte. Er wollte nur dann als Experte in die Fernsehstudios kommen, wenn die Sender ihn nicht zum Fliegen verdonnerten, sondern mit der Bahn reisen ließen …

Moment, sagen Sie jetzt, hat nicht vor allem die Coronakrise viele Reisende weg vom Flugzeug gebracht, und das brachial und unfreiwillig? Das stimmt. Während der weltweiten Reisebeschränkungen von Mitte März bis Mitte Juni 2020 starteten allein von deutschen Flughäfen bis zu 97 Prozent weniger Flüge als im Jahr zuvor: an einem ganz normalen Tag im April hoben 99 Flieger des Lufthansakonzerns ab; im Jahr zuvor waren es noch 3215 gewesen. Richtig ist auch, dass sich die gesamte Luftverkehrsbranche von diesem Einbruch bis heute nicht wieder erholt hat – oder, um es anders zu sagen: dass das heimtückische Virus Covid-19 dazu beigetragen hat, den Flugverkehr nachhaltig zu reduzieren.

Aber auch ohne Corona wären Kurzstreckenflüge heute bei viel mehr Menschen verpönt als früher. Und wer trotzdem fliegt, fliegen muss, glaubt oft, sich dafür rechtfertigen zu müssen. Flugscham eben.

Denn die Mitverantwortung des Luftverkehrs für den Klimawandel ist nicht so leicht beiseitezuwischen.

Man nehme nur den Kurzstreckenflug von Köln nach Berlin. Die reine CO_2-Bilanz im Airbus A320 für den Hin- und Rückflug in der Holzklasse Economy mit einer Beinfreiheit, die in etwa einer von vier Personen bevölkerten ICE-Toilette entspricht, liegt im Flieger bei umgerechnet 89 Kilogramm CO_2, rund sechsmal so viel wie in der Bahn – selbst dann, wenn man beim Schienenverkehr nur den üblichen deutschen Strommix anlegt.[2] Und dass der CO_2-Ausstoß in der Luft passiert, lässt die Vielflieger noch schlechter dastehen, denn Abgase am Boden wirken anders als in 10 000 Meter Höhe. Kondensstreifen, Ozonbildung und andere chemische Verbindungen sorgen dafür, dass sich die CO_2-Wirkung noch einmal verdoppelt.

Über den Wolken ist die Klimaschweinerei wohl grenzenlos. Und für diese saumäßige Bilanz wird nicht einmal mehr der ansonsten in Mode gekommene Ablasshandel angeboten. Zumindest verweigern Portale wie Atmosfair ihren Kunden, sich für das bessere Gewissen klimarein zu kaufen. Denn: »Für den von Ihnen gewünschten Flug gibt es alternativ eine Bahnverbindung mit deutlich besserem CO_2-Fußabdruck. Nach dem Klimaschutzgrundsatz ›Vermeiden und reduzieren vor kompensieren‹ bieten wir daher die CO_2-Kompensation für diesen Flug nicht an.«

Respekt. Man stelle sich das im Restaurant vor. Sie wollen ein Schnitzel? »Nein«, sagt der Kellner lächelnd. »Nicht für Sie. Hatten Sie nicht erst vor drei Tagen schon mal eins, Größe XXL, und eine Woche davor dieses ungarische Rindergulasch? Hier ist Ihr Essen: Linsensuppe! Hat einen viel kleineren ökologischen Fußabdruck ...«

Doch geschenkt. Selbst der Lufthansachef – so hat er es uns gegenüber zumindest beteuert – würde innerdeutsche Flüge aus dem Angebot streichen, sofern es entsprechende Bahn-

---

2 Zum Ökostrom der Bahn kommen wir weiter unten.

verbindungen gäbe. Bis zum Winter 2020 flog die Lufthansa viermal täglich von Nürnberg nach München. Ein ökologischer Wahnsinn, der eigentlich nicht zu begründen ist, seine Ursache aber darin hatte, dass der Münchener Flughafen gebaut wurde, ohne dass jemand darüber nachgedacht hat, wie die Menschen ihn ohne Flugdrohne von Nürnberg aus zügig erreichen können. Mit der Bahn zumindest dauert es zweieinhalb Stunden, und oft werden drei daraus. Rein nach München, Anschluss verpassen und dann raus zum Flughafen – in der Zeit hätte man fast schon den damals von KLM alternativ angebotenen Flug geschafft: von Nürnberg nach Amsterdam und von dort nach München.

Oder sagen wir es mal so: Mit dem vom ehemaligen bayerischen Ministerpräsidenten Edmund Stoiber sehnlichst gewünschten, aber niemals gebauten Transrapid wären wir nicht nur, um mit ihm zu sprechen, praktisch im Hauptbahnhof in den Flughafen eingestiegen,[3] wir hätten auch ein paar Irrsinnsflüge obsolet gemacht. Stuttgart – München mit Zwischenstopp in Frankfurt zum Beispiel.

---

3 Der so legendäre wie ausführliche O-Ton des früheren bayerischen Ministerpräsidenten hierzu: »Wenn Sie vom Hauptbahnhof in München … mit zehn Minuten, ohne dass Sie am Flughafen noch einchecken müssen, dann starten Sie im Grunde genommen am Flughafen … am … am Hauptbahnhof in München starten Sie Ihren Flug. Zehn Minuten. Schauen Sie sich mal die großen Flughäfen an, wenn Sie in Heathrow in London oder sonst wo, meine sehr … äh, Charles de Gaulle in Frankreich oder in … in … in Rom. Wenn Sie sich mal die Entfernungen anschauen, wenn Sie Frankfurt sich ansehen, dann werden Sie feststellen, dass zehn Minuten Sie jederzeit locker in Frankfurt brauchen, um ihr Gate zu finden. Wenn Sie vom Flug … vom … vom Hauptbahnhof starten – Sie steigen in den Hauptbahnhof ein, Sie fahren mit dem Transrapid in zehn Minuten an den Flughafen in … an den Flughafen Franz Josef Strauß. Dann starten Sie praktisch hier am Hauptbahnhof in München. Das bedeutet natürlich, dass der Hauptbahnhof im Grunde genommen näher an Bayern … an die bayerischen Städte heranwächst, weil das ja klar ist, weil auf dem Hauptbahnhof viele Linien aus Bayern zusammenlaufen.« (»Transrapid-Rede« aus dem Jahr 2002, Quelle: Die Grünen in Bayern, inzwischen im Internet vielfach variiert und auch als Rap erhältlich.).

Und wer hätte sich noch vor kurzem vorstellen können, dass ein FDP-Chef Christian Lindner auf dem Dreikönigstreffen seiner Partei (das ist keine Karnevalsveranstaltung) Bahn-Hochgeschwindigkeitstrassen von Warschau, Berlin und Paris bis nach Madrid fordern würde?!

Lindner tat es aber, im Januar 2020.[4] Auch ihm war nicht entgangen, dass ein Teil seiner Klientel längst Bekanntschaft gemacht hatte mit einem Schienenprodukt, das für manche von ihnen aus grauer Vorzeit zu stammen schien. In den Bordbistros und in den Abteilen finden sich zunehmend Manager, Vertriebsprofis (»Frau Witte, können Sie noch schnell das Excel-Sheet mit den Q3-Disruptoren rüberschicken?«) und andere Dienstreisende, deren Firmen Klimaschutz längst als Marketinginstrument entdeckt haben. (Und die in Telefonpausen den Schwung der Fenster mit dem Zeigefinger nachfahren und in vergessen geglaubten Kindheitserinnerungen schwelgen: »Also, als ich fünf war, habe ich im Zug nach Koblenz meine ersten hartgekochten Eier …«)

Der Umstieg vom Flugzeug auf die Bahn war nie leichter. Wer sich eine BahnCard 100 zulegt, mit der ein Jahr lang alle Züge der Deutschen Bahn genutzt werden können, erhält sie wenige Wochen nach dem Kauf per Post. Eine schwarze Pappschatulle in einem schwarzen Umschlag, darin ein grüner Schriftzug: »5 Gramm, unbegrenzte Freiheiten«. Nun lässt sich trefflich darüber streiten, wie frei sich Menschen in einem dieser IC-Ersatzzüge wirklich fühlen, zumal wenn eine Zugbegleiterin in einer so verzweifelten wie ehrlichen Ansprache durchsagt: »Ich kann Sie unmöglich alle platzieren, es fehlen mir in diesem Zug sage und schreibe 400 Sitzplätze im Vergleich zum Originalzug …«

So etwas kann passieren – muss es aber nicht. Es kann auch alles gut gehen. Bis zu dem Tag, an dem Sie unbedingt nur dieses

---

4 Und man mag zu ihm stehen, wie man will: Mit dieser Forderung nahm er einen Teil von dem vorweg, was wir weiter hinten beschreiben. Oder wusste er etwa Bescheid?

eine Mal pünktlich auf die Minute in Kassel, Fulda, Ingolstadt, Gera, Landau/Pfalz aussteigen müssen …

Eins nur ist gewiss. Nie war es in den vergangenen 25 Jahren günstiger, durchs Land zu reisen. Und damit sind nicht Flixbus und Ryanair gemeint, sondern die Bahn. Die Jahreskarte kostet im Jahr 2021 mit rund 4000 Euro etwa 400 Euro weniger als noch 2019. Zugleich können Arbeitnehmer die Bahncard privat nutzen, selbst wenn der Arbeitgeber zahlt. Bisher mussten sie diesen geldwerten Vorteil versteuern. »Die BahnCard 100 ist der neue Firmenwagen«, schreibt die Wirtschaftswoche.

Selbst wer nur einmal im Jahr unterwegs ist, kommt künftig an den Angeboten der Bahn schwer vorbei. Dadurch, dass auf Zugfahrkarten nun generell der niedrigere Mehrwertsteuersatz erhoben wird, werden nicht nur die regulären Fahrten günstiger. Auch Zusatzkarten wie die BahnCard 25 wurden billiger und im Fernverkehr Preise von unter 20 Euro möglich. Gut, der Tarifdschungel ist nun dichter als der Regenwald in der brasilianischen Sierra Parima, aber deshalb gibt es ja auch dazu ein Kapitel in diesem Buch.

Und wenn Sie da durchgestiegen sind, hält womöglich wieder ein schwedischer Begriff Einzug in unseren Sprachgebrauch. Der schwedische Sprachrat Språkrådet nahm mehrere neue Wörter rund ums Klima in seine Liste des Jahres auf. Schweden? Da war doch was! Genau, nachdem 2018 der Begriff »Flugscham« für Aufsehen gesorgt hatte, gab es im Jahr darauf einen anderen. Er lautet *tågskryta* und lässt sich mit dem Wort »Zugprahlen« übersetzen. Laut Jury ist damit das Zurschaustellen vom Reisen mit der Bahn anstelle des Flugzeugs gemeint. Einen Hashtag dafür gibt es schon: #zugstolz.

Sie kennen das Phänomen, das dahintersteckt: Im Freundeskreis, in Cafés und auf Partys überbietet man sich gegenseitig mit den Tagen, Wochen, Monaten, die das eigene Auto schon unbenutzt und mithin umweltfreundlich herumsteht (»ich weiß, ehrlich gesagt, gar nicht mehr, wo ich es abgestellt habe«). In Unternehmen tauchen ehemalige Hardcore-Autofahrer plötzlich mit Fahrradhelm auf. Eltern von Kita- und Schulkindern, die vom PKW (»Mamataxi«) nicht lassen können oder wollen, fangen an, beim Hinbringen oder Abholen schamvoll eine Straße weiter zu halten, des Sozialdrucks wegen.[5] Ja, und bei der Deutschen Bahn bewerben sich jetzt kluge junge Männer und Frauen. Und sagen völlig unironisch etwas, was man in dieser Deutlichkeit über dieses Unternehmen schon länger nicht mehr gehört hat. Etwas, das fast wirkt wie ein Glaubensbekenntnis: Die Bahn sei – einfach gut!

Auch wenn in Pandemiezeiten das eigene Auto wieder häufiger benutzt wird, aus Angst, sich eine Infektion einzufangen, oder weil Verbindungen mit anderen Verkehrsmitteln gestrichen oder ausgesetzt wurden, auch wenn die Scham und der Rechtfertigungsdruck vorübergehend kleiner geworden sind: All das wird zurückkommen, stärker denn je. Denn wenn die Weltgemeinschaft das Coronavirus im Griff hat, gehen die Auswirkungen und die Unausweichlichkeit des menschengemachten Klimawandels weiter wie zuvor. Extreme Wetterlagen, steigende Meeresspiegel – es wächst der Zwang zu handeln. Und gegen die Erderwärmung hilft keine Impfung.

Wieso wir weniger fahren und warum das gut für die Bahn ist

Bis vor der Coronakrise war der Befund eindeutig: Nie haben mehr Deutsche gearbeitet als heute. Und sie legen längere Strecken zurück als je zuvor. Mehr als eine Million Fernpendler ver-

---

5 Wobei sie immer behaupten würden, sie täten das, um Unfälle direkt vor der Schule zu vermeiden …

zeichnen die letzten gesicherten Zahlen, viele von ihnen sind über 100 Kilometer pro Tag und Weg unterwegs. In Summe ist das eine gewaltige Strecke, zusammengenommen fuhren alle deutschen Pendler morgens zur Sonne und abends zurück. Jahrzehntelang wurden sie dazu noch fröhlich animiert. Mit der Pendlerpauschale. Und mit – nach wie vor! – steuersubventioniertem Dieselkraftstoff. Das machte das deutsche Umweltdilemma komplett: Zwei von drei Pendlern fuhren mit dem Auto,[6] darunter jede Menge sonst ganz vernünftige Leute, Familienväter und -mütter, die ihren Kindern eine lebenswerte Zukunft wünschen und weiterhin in meernahen Orten wie Keitum, Zingst, oder (wenn es wirklich sein muss) sogar in Büsum trockenen Fußes urlauben wollen.

Doch das mit der Pendelei hat sich geändert. Noch nie gab es einen so großen Umbruch wie im Moment. Mit so großen Chancen. Ende 2020 arbeitete jeder Dritte bis Vierte im Homeoffice und das oft gerne. Nicht nur, weil man so Infektionsrisiken entgeht. Die Beschäftigten genießen es, nicht mehr täglich im Stau Zeit zu verlieren, störungsfreier zu arbeiten und sich den Tag besser einteilen zu können. Auch viele Unternehmen, darunter die meisten DAX-Konzerne, wollen das Homeoffice beibehalten, zumindest als Option oder teilweise. Bei Bayer, Siemens, SAP, der Allianz und der Telekom sollen die Mitarbeiter auch zukünftig an mindestens zwei bis drei Tagen pro Woche von zu Hause arbeiten können. Wie die Firmen noch davon profitieren können, wenn Angestellte daheim bleiben, rechnete Peter Blersch, Deutschlandchef beim Personaldienstleister Adecco, der *WirtschaftsWoche* vor: »25 Prozent« der Büroflächen ließen sich »durch modernere Nutzung, durch mobiles und flexibles Arbeiten auf Sicht einsparen«. Kostenreduzierung zählt am Ende doch mehr, als die Angestellten immer im Blick zu haben, damit die ja keinen Unsinn machen.

---

6 Und haben dabei häufig ein schlechtes Gewissen, eine Übung, in der wir Deutsche nach dem Attest von Experten vielleicht sogar Weltmeister sind.

Die neue Liebe zum Homeoffice wird auch den Pendelrhythmus der Arbeitnehmer verändern. Digiwork und Video-Calls und -konferenzen sind ganz selbstverständlich Bestandteil des Arbeitsalltags geworden (trotz allem »Hören Sie mich, Köln? Köln, bleiben Sie, wir sehen Sie! Köln???«), und so könnte die Arbeit auch in Zukunft deutlich flexibler werden: Vielleicht wird man an den Tagen, an denen man in die Firma fährt, erst nach der Videokonferenz aufbrechen, um den morgendlichen Verkehrsinfarkt zu umgehen, oder wird vielleicht schon mittags zurückkommen, um eine Runde Mathe mit den Kindern einzuschieben und die Präsentation in Ruhe am Abend fertigzumachen.

Und ziemlich sicher wird man dann auch noch einmal darüber nachdenken, mit welchem Verkehrsmittel man eigentlich fährt.

Ende vergangenen Jahres gab es schon einen klaren Gewinner der Coronakrise, das Fahrrad. Denn die meisten Deutschen haben keinen weiten Weg zur Arbeit: Vor Corona legten knapp die Hälfte weniger als 10 Kilometer zurück; eine Distanz, die sich auch mit Muskelkraft schaffen lässt. Zu Fuß oder mit dem Rad waren aber trotzdem nur 17 Prozent der Leute unterwegs.

Doch mittlerweile scheint es, als hätten viele umgedacht. Und sei es vielleicht nur, um dem Stau der anderen oder den Maskenpflichten zu entgehen. Der neuen Liebe ihrer Bürger zum Zufußgehen und Radfahren kamen einige Städte entgegen und erweiterten die Radwege. Trendsetter ist Berlin, das Autofahrspuren einfach zu Pop-up-Radwegen umwidmete. Wer hätte es noch vor kurzem für möglich gehalten, dass ein zentraler Verkehrsweg wie die Friedrichstraße, wenn auch temporär, mittels Absperrungen und Pflanzenkübeln zur Zone für Fußgänger und Radfahrer werden würde?

Der andere Gewinner unter den Verkehrsmitteln, und das liegt auf der Hand, wird die Bahn sein. Bevor das Virus bei uns Gesellschaft und Wirtschaft lähmte, dümpelte der Anteil der

Pendler, die mit Nah- und Fernzügen, S- und U-Bahnen zur Arbeit kamen, laut dem alle vier Jahre veröffentlichten Mikrozensus des Statistischen Bundesamtes zuletzt bei unter zehn Prozent. Betrachtet man (Fern-)Bahn und S-Bahn separat, fuhren damit gerade mal 4,7 Prozent.

Erstaunlich, wenn man daran denkt, wie voll die Züge trotzdem waren.

Erschreckend, wenn man daran denkt, wie viel voller diese Züge in Zukunft noch werden sollen.

Das, was da kommt, ist eine große Aufgabe für ein Unternehmen, das vor kurzem noch als hoffnungsloser Fall galt. Dessen sanierungsbedürftiges Image zwischen neuem Berliner Flughafen (»Kommt doch nie«) und Stuttgart 21 (»Der Wahnwitz an sich«) pendelte. Und das sich dann quasi über Nacht neu erfinden musste.

Dabei wirbt die Deutsche Bahn schon seit längerem mit recht fragwürdigen Aussagen: Inhaber von Bahncards und anderen Strecken- und Zeitkarten transportiert sie – nimm das, schnöder deutscher Strommix! – nämlich schon seit dem 1. April 2013 mit »100 Prozent Ökostrom«. (Nein, das Datum »1. April« hat in dem Zusammenhang keine tiefere Bedeutung.) Seit Januar 2018 schließlich schreibt die Bahn selbstbewusst, fahre man als Kunde »in allen elektrisch angetriebenen ICE- und IC/EC-Zügen im DB Fernverkehr mit 100 Prozent Ökostrom«.

Eine kühne Ansage für ein Unternehmen, das an anderer Stelle oft schon beim Versuch scheitert, Wasser im Bordbistro zu erhitzen. Und für alle technischen Laien (zu denen bekennen sich freimütig die Autoren dieses Buches) bleibt ein großes Rätsel: Wie waren früher die bahneigenen, scheinbar hochqualifizierten Stromleitungen in der Lage zu erkennen, wie viele Bahncard-Besitzer zum Beispiel in Celle in den ICE 273 nach Karlsruhe eingestiegen waren, um dann flugs den entsprechenden Anteil Ökostrom einzuspeisen?

Was geschah mit dem armen Ökostrom, wenn sich bei der

Kontrolle durch den Zugbegleiter herausstellte, dass Bahncard-Besitzer ihre Card vergessen hatten oder abgelaufene Exemplare mit sich führten? Strafte die Bahnleitung die Umwelt für jeden erwischten Schwarzfahrer mit einer Extradosis Kohlestrom? Und wenn bei besonders renitenten Leistungserschleichern die Bundespolizei im Folgezug anrücken musste, tat sie das, wenn schon, denn schon, gar kraft Atomstrom?

Heute, da jedweder Bahn-Fernverkehr laut Bahn ökologisch bestromt ist – abgesehen von noch nicht elektrifizierten Trassen in hoffnungslos abgelegenen, kaum frequentierten Gegenden wie Oberstdorf oder Sylt –, stehen die mitdenkenden Stromleitungen des Konzerns vor einer anderen Herausforderung: Wie zum Henker unterscheiden sie auf ein und derselben Schienenstrecke zwischen (ökologisch bestromtem) Fern- und (leider ganz stinknormal versorgtem) Nahverkehr?

Bei der Bahn erklärt man dazu lapidar, das sei doch simpel, es werde einfach die Menge Ökostrom beschafft, die der Fernverkehr benötige. (Warum man sich damit etwas weit aus dem Zug lehnt, lesen Sie später.)

Doch an einer Tatsache führt jedenfalls kein Weg vorbei: In den nächsten zehn Jahren oder noch länger wird es für weitere Strecken kein umweltfreundlicheres Verkehrsmittel geben. Gegenüber Auto und Flugzeug ist die Bahn jetzt schon das Fortbewegungsvehikel der Stunde.

Und so alltäglich die vielgeschmähten Verspätungen im Betriebsablauf bei der Bahn auch sein mögen, der Trend auf den Straßen ist weit dramatischer. Die Autos werden von Jahr zu Jahr langsamer, und ihre Zahl steigt unaufhaltsam – in Deutschland gab es bei Redaktionsschluss dieses Buches sechs Millionen mehr als noch zehn Jahre zuvor. Und nicht nur die pure Masse der Fahrzeuge sorgt dafür, dass der Verkehrssektor seit 1990 praktisch keinen Beitrag zum Klimaschutz geleistet hat. Als gäbe es kein Morgen, werden die Autos immer größer (und entsprechend durstiger). Dass dahinter ein hochgeheimes umweltfreundliches Kartell aus Politik und Autoherstellern steckt mit dem Ziel, so lange immer mehr größere Autos auf den Markt zu bringen, bis es auf den Straßen keinen Zentimeter mehr vorangeht und die Menschen einfach nicht mehr anders können, als auf umweltfreundlichere Verkehrsmittel umzusteigen – das ist ein unhaltbares Gerücht. Wahr ist dagegen, dass ausgerechnet die große Zahl an verkauften SUVs in den Autokonzernen die Elektroautowende und die Entwicklung umweltfreundlicher Technologien finanziert. Denn an einem solchen Panzer verdienen VW, BMW und Mercedes weit mehr als an einem E-Golf.

Und so bestand Klimaschutzpolitik in Deutschland bis 2020 vor allem darin, an vielen Ecken einzusparen, damit manche munter weiterwursteln können. Vordergründig selbstgesteckte Ziele für das Jahr 2020 (darunter eine Million E-Autos) verfehlte man so souverän wie kilometerweit. Wirklich etwas gegen den Klimawandel unternehmen, darin waren sich die meisten derer, die in Politik und Konzernen den Ton angeben, lange insgeheim einig, sollten doch andere. Nachfolgende Generationen vielleicht.

Das Ergebnis dieser Haltung: Laut der jüngsten (vor Corona veröffentlichten) Shell-Studie ist für die heutigen Jugendlichen die größte Gefahr und Herausforderung nicht Terror, Krieg oder gar Handyentzug. Sondern der Klima- und Umweltschutz.

Mit anderen Worten: Es ist nun wirklich Zeit für eine Verkehrswende, die diesen Namen verdient.

Und die hat gerade schon begonnen.

Über welche Bahn wir hier immer sprechen

Die Bahn. Das klingt ein bisschen wie die Nivea, das Nutella (oder der oder die), der Prittkleber oder das Tempo-Taschentuch. Dabei listet das Eisenbahnbundesamt 444 verschiedene Eisenbahnunternehmen in Deutschland auf, von der AAE Ahaus Alstätter Eisenbahn GmbH bis zum Zweckverband Ringzug Schwarzwald-Baar-Heuberg. Sie alle haben ihre eigene Geschichte und hätten womöglich jeweils ein eigenes Buch verdient. Doch, um es mal deutlich zu sagen: Dieses Buch hier dreht sich im Wesentlichen immer wieder um die DB Fernverkehr AG, den Betreiber von nahezu hundert Prozent aller Fernverkehrsstrecken in Deutschland, und das völlig zu Recht. Denn da die Bahn selbst im so umkämpften Regionalverkehr noch zwei von drei Strecken bedient, ist sie ohnehin immer und überall im Gespräch.

Im November 2003 wurde aus DB Reise und Touristik das Unternehmen DB Fernverkehr – mit all seinen Intercitys, ICEs, Zugbegleitern und Bordbistroangestellten. Dabei transportierte der Begriff Reise und Touristik das Erlebnis viel sinnlicher und unmittelbarer. Das weiß selbst das Internet. Unter einer Reise, schreibt auch das Instantlexikon Wikipedia, »versteht man im Sinne der Verkehrswirtschaft die Fortbewegung von Personen über einen längeren Zeitraum zu Fuß oder mit Verkehrsmitteln außerhalb des Wirtschaftsverkehrs, um ein einzelnes Ziel zu erreichen oder mehrere Orte kennenzulernen«.

Man muss zugeben: Für all das steht die Bahn wie kein anderes der 444 Eisenbahnunternehmen. Allein schon, weil man in dem besagten »längeren Zeitraum« manchmal deutlich mehr Orte kennenlernt, als man anfangs zu ahnen wagte. Aus eigener Erfahrung raten die Autoren beispielsweise von nächtlichen Abenteuerreisen zu folgenden Bahnhöfen ausdrücklich ab: Bad Basel (auch im Sommer zugig), Hamburg-Harburg (wochentags zwischen 23 und 5 Uhr wie ausgestorben), Dortmund (die von Schalker Fans verächtlich nur als Lüdenscheid-Nord beschimpfte Ruhrmetropole muss sich diesen Ruf am Bahnhof erkämpft haben), München-Pasing (wenn da die letzte S-Bahn durchgefahren ist, Gut Nacht!), Hannover (wirkt irgendwie hoffnungslos, und umso hoffnungsloser, je mehr man nach dem nächtlichen

Verpassen des Anschlusszuges darüber nachdenkt, dass Hannover im Grunde ein wichtiger Bahnknotenpunkt ist)[7].

Wer an Stationen wie diesen strandet, der fühlt sich tatsächlich so, wie er früher im Bahnjargon ganz offiziell und auch tagsüber genannt wurde: als Beförderungsfall.

Dieser Begriff ist dem feinfühligen Marketing der Deutschen Bahn zwar längst zum Opfer gefallen, doch in den »Infrastrukturnutzungsbedingungen Personenbahnhöfe« hat er überlebt. Da wird an einer Stelle (für Faktenfüchse: auf Seite 29) versucht, zu beschreiben, wann es sich im Netz der Bahn um Nahverkehr handeln könnte. Dann nämlich, »wenn bei diesem Verkehr in der Mehrzahl der (Achtung!) Beförderungsfälle eines Verkehrsmittels die gesamte Reiseweite 50 Kilometer oder die gesamte Reisezeit eine Stunde nicht übersteigt«. Ehe Sie jetzt nachrechnen, in wie vielen Fällen aus ihrer Beförderung mit der DB Regio flugs und versehens eine Fernreise wurde, sei der Hinweis erlaubt, dass die Bahn womöglich das Wörtchen *planmäßig* unterschlagen hat.

Doch man würde diesem Unternehmen bitter Unrecht tun, reduzierte man es auf solche Alarmwörter. Ergraute Bahnfahrer können noch lebhaft davon berichten, wie Schaffner – die hießen damals wirklich so – im Stechschritt durch die Abteile marschierten. Und nicht die Raucher anschnauzten, denn deren Treiben war bis 2007 in den Raucherwaggons noch gestattet,[8] sondern Jugendliche, die es wagten, die Beine, und sei es ohne Schuhe, auf die gegenüberliegenden Polster auszustrecken. Manche dieser Schaffner hielten es bei pubertären Beförderungsfällen für notwendig, intensiv erzieherisch tätig zu werden. Einer der Autoren dieses Buches

---

7 Und obendrein, der Bahnhof des Jahres 2004 (mehr zu dieser bemerkenswerten Auszeichnung später).

8 Unbestätigten Angaben zufolge sollen Großraumraucherwagen mittlerweile in Gorleben ihre letzte Ruhestätte gefunden haben.

hat heute noch den Schmerz – und die Schmach – in Erinnerung, als ein Schaffner ihn als 14-Jährigen am Ohr packte, es hochriss und ihn so durch den ganzen Wagen tanzen ließ. (Es war alles eine Verwechslung; der fiese Typ, der seine leere Milchtüte aus dem Fenster auf den Bahnsteig geworfen hatte, stand weiter hinten und sah kichernd zu. Später ging er zu McKinsey.)

Zurück zum Hier und Jetzt: Die Kundenfreundlichkeit und die (positive!) Zugewandtheit des Bahnpersonals haben sich rapide verbessert, und das liegt vor allem daran, dass die Bahn nun keine Behörde mehr ist, sondern ein ganz normales Dienstleistungsunternehmen sein will. Ein Unternehmen wie jedes andere – ernsthaft, nehmen wir Kunden der Bahn das überhaupt ab?

Es ist kompliziert – über die Beziehung von uns Deutschen zur Bahn

Stephan Grünewald ist Psychologe und Mitbegründer des rheingold-Instituts. Mit seinen Kollegen führt er jedes Jahr mehr als 5000 Tiefeninterviews zu aktuellen Fragen aus Markt, Medien und Gesellschaft durch. Der »Seelenforscher der Nation« (db mobil) schrieb Bücher wie »Deutschland auf der Couch« oder »Wie tickt Deutschland«.

Herr Grünewald, wie würden Sie das Verhältnis der Deutschen zur Bahn beschreiben?
Es ist eine sehr innige Beziehung, die immer auch mit Kränkungen verbunden ist. Die Bahn ist für die Menschen eine Selbstverständlichkeit. Sie kutschiert uns durch die Gegend und transportiert so auch ein Kindheitsgefühl. Sie versetzt uns zurück in die Zeit, als Papa und Mama uns he-

rumfahren. Und wenn etwas nicht klappt, fühlen wir uns vernachlässigt.

Wie kommt das?
Indem wir in die Bahn steigen, geben wir Autonomie ab. Im Auto sind wir unser eigener Steuermann. In der Bahn über-antworten wir uns auf Gedeih und Verderb einem fremden Räderwerk. Wenn wir zum Beispiel auf freier Strecke stehen bleiben, können wir nicht einfach rechts ranfahren oder zu-mindest das Fenster herunterlassen, sondern sind der Situa-tion komplett ausgeliefert. Dieses Ohnmachtsgefühl wird im schlimmsten Fall noch verstärkt, wenn wir keine oder nur un-zureichende Informationen über die Weiterfahrt bekommen. Im Auto gibt es zumindest Verkehrsfunk oder Navi und den Blick durch die Windschutzscheibe.

Die staatliche Fürsorge beim Transport wird uns sogar vom Grundgesetz garantiert. Artikel 87e legt fest, dass dem »Wohl der Allgemeinheit (...) beim Ausbau und Erhalt des Schienennetzes der Eisenbahnen des Bun-des sowie bei deren Verkehrsangeboten (...) Rechnung getragen wird«. Haben wir nicht generell sehr hohe Er-wartungen an die Bahn?
Sicherlich. Sie wird sozusagen als staatliche Institution ange-sehen, und damit ist sie fast schon ein persönlicher Besitzstand der Menschen. Unbewusst werden dann noch Beförderungs-Ansprüche transportiert, die wir hatten, als wir noch nicht selbst fahren konnten. Werden diese nicht erfüllt, erleben wir das als persönliche Zurücksetzung. Da rangiert weder Ver-nunft noch Verständnis: Zum Autonomieverlust gesellt sich dann das Gefühl, nicht geliebt zu werden.

Gibt es somit ein gefühltes Menschenrecht auf Beförderung?

Zumindest ein Gewohnheitsrecht: Erst wurden wir im Mutterleib kostenlos befördert, dann im Kinderwagen, danach hatten wir elterliche Chauffeure. Diese Anspruchshaltung überträgt sich ganz gewiss auf die Bahn.

... auf Ticketerstattung, wenn etwas nicht klappt?

Wenn unser Anspruch nicht erfüllt wurde, fühlen wir uns gekränkt und betrogen. Die Erstattungen sind ein Versuch, die Kränkungen zu verrechnen, ein Pflaster auf die seelische Wunde. Wenn das ausbleibt, ist die Wut noch größer.

... auf warme Mahlzeiten zu jeder Bahnzeit?

Da sind wir wieder bei den kindlichen Versorgungsansprüchen. Wenn unsere Bedürfnisse nicht rund um die Uhr gestillt werden, werden wir laut.

... auf einen Sitzplatz?

Wer von a nach b will, der braucht einen festen und verlässlichen Platz, von daher gibt es zwei größtmögliche Störfälle: Entweder mir fährt der Zug vor der Nase weg, oder ich bin drin und kriege keinen Sitzplatz. Das ist Liebesentzug hoch drei.

... auf pünktliche Züge?

Sie sind der Trost für den Autonomieverlust. Wenn die Bahn unpünktlich ist, verstärkt sich das erlebte Ohnmachtsgefühl, wir verlieren die Kontrolle über unser Zeitmanagement. Das ist psychologisch sehr nachvollziehbar, aber von der Realität schier nicht einzulösen. Das probateste Mittel ist, den Anspruch aufzugeben, dass die Bahn absolut planmäßig und pünktlich zu sein hat. Diesen Wunsch kann kein Beförderungsmittel erfüllen.

Woher kommt eigentlich der Pünktlichkeitswahn, was die Bahn angeht? Im Auto sind wir doch ständig später, als das Navi verspricht …

Beim Autofahren führen wir einen ständigen Kampf gegen die Uhr. Wir sind laufend dabei, ein paar Minuten gutzumachen. Zugleich haben wir es selbst in der Hand, mal den Schlendrianmodus zu wählen und einen Gang zurückzuschalten. Der Bahn können wir nicht sagen: Fahr mal schneller. Und damit sind wir wieder bei der Ohnmacht. Einziger Trost: Verlässlichkeit.

Mit dem Bahnfahren verbinden die Menschen im Land doch auch viel Positives …

Es ist ein Zugewinn an Handlungsoptionen. In der Bahn kann ich arbeiten, neue Leute kennenlernen, aus dem Fenster gucken, Essen gehen, lesen, stricken oder schlafen. Die Kunst besteht ja gerade darin, aus der geschenkten Zeit etwas zu machen. Bahn fahren ist gewissermaßen eine Dehnungsfuge im hektischen Hamsterrad, das wir Alltag nennen. Da können wir unsere Perspektive wechseln und mit anderen ins Gespräch kommen. Das Problem ist nur, dass viele Leute die Bahn mittlerweile als mobiles Büro nutzen und dann gar nicht mehr zur Ruhe kommen …

Wenn Sie durch einen Großraumwagen im Nahverkehr gehen, sehen Sie da Deutschland im Brennglas?

Bahn fahren ist immer eine Grundübung in Demokratie. Man ist nicht im hermetischen Sozialbiotop, sondern kommt mit anderen Generationen und Berufsständen zusammen. Ich fahre lieber in der zweiten Klasse, denn da findet sich ein Panoptikum unserer Alltagskultur.

Wie kommt es, dass sich manche Menschen im Zug rücksichtsvoll benehmen und andere weniger?

Bahnfahrer verhalten sich dann rücksichtslos, wenn sie sich zu wenig wertgeschätzt oder versorgt fühlen. Wenn ich an einen Schaffner gerate, der mich anraunzt, oder ich auf ein ungepflegtes Ambiente treffe, verstärkt sich dieses Gefühl noch, und ich neige dann dazu, mich selbst weniger an Regeln oder die Etikette zu halten. In seltenen Fällen heißt es dann: Ich pöbele, also bin ich.

Und die Menschen, die anderen ihre lauten Telefongespräche aufdrängen? Oder ihre tobenden Kinder? Essensgerüche?

Geräusche und Gerüche sind sozusagen der Preis der Lebendigkeit und des sozialen Miteinanders.

Bleiben wir beim Bahn-Gefühl. Viele Menschen empfinden ihr Auto als Wohnzimmer auf Rädern, als Verlängerung des eigenen Selbst. Wie sieht es da beim Großraumwagen im Zug aus?

Das Auto ist eine individuelle Blase, ein Klangkörper, in den nichts Fremdes eindringt, der perfekte Rückzugsort. Da bin ich in meinem Kokon – ganz anders als im Großraumwagen eines ICE. Die Pandemie hat den Wunsch nach sozialer Distanz noch verstärkt: Aus einer Kultur der Nächstenliebe wird derzeit eine Kultur der Fernbeziehung. Im Auto haben wir einen hermetisch abgeriegelten Raum; in der Bahn muss ich ständig darauf achten, ob die Abstände noch stimmen, und will auch nicht mit drei wildfremden Menschen an einem Tisch sitzen.

Hat uns die Bahn nicht auch Halt gegeben in schweren Zeiten?

Das ist zweifellos gelungen. Der Alltag der Menschen wurde zum Beispiel im Lockdown urplötzlich ausgehebelt. Nur auf zwei Dinge war Verlass: Das eine waren die Supermärkte, die offen hatten, das andere die Bahn, die einfach weiterfuhr, obwohl die Züge leer waren. Das war schon ein starkes Signal, das mit einem Sympathiegewinn einherging: »Du kannst immer mit uns rechnen.«

Wird die Beziehung der Deutschen zur Bahn jetzt erwachsener, weil es mit dem Kampf gegen den Klimawandel um die ganz große Sache geht?

Es stimmt, dieser unausgesprochene Pakt zwischen Bahn und Reisenden rückt das Zugfahren in den Dienst einer höheren Sache. Das könnte dann manche Enttäuschung der Reisenden lindern.

II. PLANEN

Das Wichtigste am Bahnfahren: eine App

Kennen Sie es vielleicht noch, das Kursbuch der Deutschen Bahn, unbestechlich, minutengenau und jeden Winkel dieser Republik erfassend? In dieses Kompendium wurde jede noch so abwegige Verbindung eingetragen; es gab da nur ein Problem: Es wurde mit über 6000 Seiten in vier Bänden zu dick, und der Druck wurde im Jahr 2008 eingestellt.[1] Bis heute soll es Bahnbegeisterte geben, die die Inhalte der letzten Druckauflage, alle Strecken, alle Verbindungen dennoch nahezu auswendig können – aber wir wollen über den Nachfolger des Kursbuchs sprechen, deutlich handlicher, aktueller und noch präziser: die App namens DB Navigator. Sie ist die digitale Eintrittskarte ins weitverzweigte Reich der Deutschen Bahn, ist im Grunde wie ein Fahrgastschalter und Infopoint ohne Wartezeit und Stimmungsschwankungen. In der App lassen sich Bahncards hinterlegen, gekaufte Fahrkarten und Lieblingsstrecken. Das Wichtigste ist die Routenplanung, die oft auch für den Nahverkehr nutzbar ist. Vor allem aber wird die App von Jahr zu Jahr präziser. So erklären sich dann die wütenden Diskussionen auf der Fahrt zwischen Zugbegleiter und PowerPointbastler.[2]

---

1 Und Nostalgiker können noch heute unter www.kursbuch.bahn.de erfahren, wie sich zum Beispiel der ICE 593 seinen Weg durch die Kinzigtalbahn von Fulda nach Frankfurt schlängelt.

2 Es ist tatsächlich so, dass fast ausschließlich Männer im Zug laut werden, es sei denn,

Zugbegleiter: »Ich habe noch keine Informationen über unseren Anschluss in Frankfurt.« PowerPointbastler: »Aber hier! Hier steht es doch!« Zugbegleiter: »Wie gesagt, ich muss erst noch« ... PowerPointbastler: »Hier! Können Sie nicht lesen! Der Anschluss wird verpasst. Saftladen.«

Zugbegleiter tritt desavouiert ab.

Wer den Navigator nutzt, der weiß also, was auf ihn zukommt. Bisweilen schneller als die Bahn selbst. Umleitungen werden angezeigt, ehe die Ansage am Gleis kommt, Streckensperrungen aufgehoben, wenn andere Reisende sich noch gestrandet fühlen und schon nach Übernachtungsmöglichkeiten bei Verwandten fragen.

Auch Sparpreise lassen sich aufstöbern und die erwartete Auslastung der Züge vorausplanen. Der Navigator ist ein Werkzeug, das nicht nur in Pandemiezeiten Leben und Beziehungen retten kann (»Ich hatte dir doch extra gesagt, wir sollen einen Sitzplatz reservieren!«). Unter den neuesten Features sind auch eine »Bestpreis-Suche« und Push-Benachrichtigungen zu Unvorhergesehenem auf der Reise, aber auch dazu, dass man nun langsam in den Zug steigen muss. Über 48 Millionen Downloads machen aus dem DB Navigator Deutschlands erfolgreichste Mobilitäts-App. Und bevor Sie (sich) fragen: Wie viele Bahnfans unter all den Downloadern versuchen, die App auswendig zu lernen, entzieht sich unserer Kenntnis.

Das digitale Highlight der Bahn musste das Laufen allerdings erst mühsam lernen. Nach dem recht behäbigen Start 2009 reisten Manager und auch der Bahnchef immer wieder ins Silicon Valley und schauten sich an, was die Start-ups schneller macht. Und siehe da: Irgendwann warf die Bahn die behäbigen Lenkungskreise aus ihrem Berliner Tower. Stattdessen hieß es nun

---

Frauen sind in Gruppen unterwegs, dann aber meist in gelöster Stimmung und auffallend heiter, achten Sie mal drauf!

Sprint-Meeting. Zehnmal schneller als herkömmliche Methoden seien diese Treffen, erzählte uns der damalige Bahnchef. Und tatsächlich spürt jeder Bahnkunde etwas von dieser neuen Beweglichkeit in der App DB Navigator. Damit die möglichst schnell noch besser wird, orientieren sich die Entwickler an der Scrum-Methode.[3] Die Bahn schreibt dazu in einem Werkstattbericht: »Vor der Umstellung auf die agile Arbeitsweise waren alle Arbeitsschritte nach der Wasserfall-Logik von der Planung bis zur Umsetzung festgelegt und wurden schrittweise bearbeitet. Nichts lief parallel, und für die Entwickler war es kaum möglich, im laufenden Prozess Ideen einzubringen. Scrum funktioniert hingegen wie ein Kreislauf, in dem Arbeitsschritte täglich besprochen und hinterfragt werden.« Gleich mehrere Teams aus Entwicklern, Designern und Testern arbeiten gleichzeitig an der App und setzen Entwicklungen eigenverantwortlich um. Hier ist die Bahn up to date; viele Technologie-Start-ups arbeiten nach diesem Prinzip des geordneten Gewusels.

Der nächste denkbare große Wurf lässt allerdings noch auf sich warten: Wer mit seinem elektronischen Ticket in den Zug einsteigt, könnte ja gleich erfasst und gar nicht mehr von der Zugbegleiterin gefragt oder gar verhört werden. Dagegen spricht jedoch die Sitzplatzfreiheit im Zug, man darf sich frei bewegen – und das Handy mit gespeichertem Ticket darf von der Bahn aus Datenschutzgründen nicht verfolgt werden.

Immerhin gibt es bereits den Komfort-Check-in. Wer einen Sitzplatz reserviert hat, kann – so er ihn gefunden hat – einchecken und wird vom Zugbegleiter nicht weiter wegen des Tickets behelligt. Vorausgesetzt, er kommt nicht auf die Idee, zwischendrin eine Toilette, den Mülleimer oder das Bordbistro aufzu-

---

3 Häh? Gibt es das nicht beim Rugby? Ja, genau. Dieser dichtgedrängte Haufen zum Wiederanpfiff wird auch als Scrum bezeichnet. Und so können Sie sich ein Bild davon machen, wie wuselig es bei der Bahn nicht nur im Großraumwagen zugeht.

suchen. (Mehr dazu weiter hinten in diesem Buch.) Aber nach einem sinnigen Feature werden Sie im DB Navigator garantiert vergebens suchen: den elektronischen Entschädigungsformularen für Zugverspätungen. Aber Geduld. Im ersten Halbjahr 2021 soll die digitale Beschwerde möglich sein. Ob die sich dann ganz einfach mit der digitalen Verspätungsanzeige verknüpfen lässt, bleibt abzuwarten.

Welche Bahncard passt am besten zu Ihnen?

Für Menschen, die ein geordnetes Leben haben, zählt eine Reise mit der Deutschen Bahn manchmal zu den großen Abenteuern in ihrer Biographie. Und auch dieser Autor kann von einer Fahrt berichten, die um 4:36 Uhr im niedersächsischen Nordenham begann und nachts in Basel Badischer Bahnhof endete. Umstiege in: Bremen, Hannover, Göttingen, Fulda, Mannheim, Karlsruhe und Freiburg. Mit drei Freunden und per Regionalzug ging es damals in den Wanderurlaub und für 8,75 D-Mark pro Person an die Grenze. Und alle vier können sich noch heute an jeden Bahnhof erinnern, an den Geruch der Sitzpolster in den Zügen, an die Sprints beim Umstieg, an das vergessene Portemonnaie von Maik (»Verdammt, es liegt im anderen Zug …«, was ihm auffiel, nachdem er gemerkt hatte, dass sein Rucksack mit sämtlichen CDs im vorherigen Zug liegengeblieben war.) und an die Tasche voller Konservendosen, die mit letzter Kraft in Göttingen ins Fahrradabteil gehoben wurde.

Jaja, die gute alte Bahnzeit. Ob Schönes-Wochenende-Ticket oder Rosarote Wochen, die Bahn rollte, und die Preise purzelten. Und wie das immer so ist mit den Erinnerungen an früher, da verklärt sich einiges. Denn Anfang der 90er Jahre herrschte Chaos auf unseren Bahnstrecken, das Wort Tarifdschungel soll eigens für die Bundesbahn erfunden worden sein. So heißt es in einem Artikel aus der ZEIT von 1989 über eine »neue Variante im Tarifdschungel« in aller Umständlichkeit, aber voller Drastik: »Der Spar- und der Super-Spar-Preis bleiben nämlich ebenso im Programm wie die rosarote Streckenkarte, die Taschengeld-, Senioren-, Junioren- und all die anderen Pässe, die die Bahn in den vergangenen Jahren eingeführt hat.« Das desillusionierte Fazit kommt dann aber erstaunlich zeitlos daher: »Weder die Diskussion ums Tempolimit noch die unrühmliche Rolle des Autos als größter Umweltsünder haben der Deutschen Liebe zum eigenen fahrbaren Untersatz brechen können.«

Wenige Jahre später, nach der Bahnprivatisierung, bei der zum 1. Januar 1994 die beiden ehemaligen Staatsbahnen Deutsche Bundesbahn und Deutsche Reichsbahn zur privatrechtlich organisierten Deutsche Bahn AG fusionierten,[4] bekam der frisch promovierte Ökonom Georg Tacke einen wichtigen Auftrag. Den nämlich, sich für die Bahn Gedanken zur optimalen Preisstruktur zu machen. Und so half Tacke mit, die Bahncard an die Bahnschalter zu bringen.

Wie es kam, dass Bahn fahren kostet, was es kostet

Herr Tacke, Sie wurden Anfang der 90er Jahre als Berater zur Bahn geholt, weil die Bahn mit dem Auto nicht konkurrieren konnte. Was war da los?
Es gab einen Flickenteppich an Tarifen, Sparpreisen und Supersparpreisen, wie zum Beispiel das rosarote Wochenende, dazu IC- und sonstige Zuschläge. Eigentlich war das Tarif-

---

4 Mehr dazu erzählen wir noch.

system ja kilometerbasiert. Das allerdings war vielen zu teuer, und so kam es zu diesem Wust an Sonderangeboten …

Warum brauchte die Bahn ein neues Preiskonzept?
Im Vergleich zum Auto war die Bahn in den Augen der Kunden immer der Verlierer. Das lag daran, dass der Autofahrer immer nur auf die Spritkosten geguckt hat und überhaupt nicht darüber nachdachte, dass auch die Benutzung des Fahrzeugs Kosten verursacht, für Reifen, Versicherung, Wertverlust oder fällige Wartungen. Ein Autofahrer hatte die Gesamtkosten des Autofahrens überhaupt nicht im Blick. Darauf mussten wir eine Antwort geben.

Sie hatten zu Preissystemen gerade promoviert …
In meiner Dissertation setzte ich mich mit nichtlinearer Preissetzung auseinander.

Klingt kompliziert …
… ist aber eigentlich ganz einfach. Nicht jeder zahlt dasselbe. Wer viel fährt, zahlt umgerechnet auf eine Fahrt weniger. So kam uns die Idee der Bahncard. Die Grundidee fand bereits in der Schweiz Anwendung, da gab es das sogenannte Halbtax-Abo. Man zahlte einen bestimmten Betrag für die Karte und dann für jede Fahrt den halben Preis.

Was ist der Vorteil der Bahncard, die in der 2. Klasse im Jahr 2021 immerhin 229 Euro kostet?
Die Kunden beurteilen die Kosten anders. Wenn ich mir erst mal eine BahnCard 50 gekauft habe, dann sind deren Kosten schnell vergessen. Bei den Gedanken, die man sich über eine Fahrt macht, spielt dann künftig nur noch der tatsächliche Ticketpreis eine Rolle, und der ist ja durch die Bahncard halbiert. Die Kosten der Bahncard sind dann so-

genannte sunk costs, *versunkene Kosten, die mich für künftige Entscheidungen nicht mehr interessieren. Das ist dann genauso wie beim Auto. Wenn ich es bezahlt habe, hängt die nächste Fahrt nur noch davon ab, ob ich das Benzin bezahlen möchte.*

Die Bahncard sollte dafür sorgen, dass die Auslastung der Züge von damals 40 Prozent ansteigt. Die Züge fuhren ja ohnehin, ob voll oder leer. Jeder zusätzliche Kunde brachte Umsatz.

Konnten Sie damit wirklich mehr Menschen in die Züge bringen?
Auf jeden Fall. Nach dem Kauf einer Bahncard sind die Kunden vielfach zwei bis viermal so viel Bahn gefahren wie vorher. Der Effekt der Bahncard wurde gerade in den ersten Jahren mehrfach durch unabhängige Wirtschaftsprüfer untersucht; das Ergebnis: pro Jahr 100 Millionen mehr Umsatz.

Wie haben Sie den optimalen Preis für die Bahncard ermittelt?
Wir haben Anfang der 90er Jahre Umfragen gemacht, mit rund 9000 Leuten gesprochen und allen die Frage gestellt: Was bist du bereit, für so eine Bahncard zu zahlen?

Und warum 50 Prozent Rabatt?
Das ist reine Psychologie. Wir haben unterschiedliche Konzepte getestet, auch mit 25 oder 30 Prozent. Das Ergebnis war einhellig: 50 Prozent lässt sich einfach leichter rechnen. Einsteigen und den halben Preis zahlen, das zieht. Oder zweimal fahren, einmal zahlen. Das verfängt in den Köpfen der Leute. Die Bahn wäre dumm gewesen, das nicht auszunutzen.

Welchen Fehler machen die Käufer?

Für einige wenige lohnt sich die Karte einfach nicht. Die dachten anfangs, sie fahren mehr, und dann war es wie das Abo im Fitnessstudio – einmal bezahlt, selten genutzt. Dann gibt es aber auch Kunden, die schätzen den Komfort, den die Karte mit sich bringt. Keine Zugbindung, maximale Flexibilität und trotzdem ein ordentlicher Preis.

Zusätzlich gibt es nun die deutlich günstigere Bahn-Card 25, die sich mit allerlei Sparpreisen kombinieren lässt. Ist das ein Fortschritt?

Es führt jedenfalls dazu, dass wir schon wieder einen Flickenteppich an Tarifen haben und kaum jemand weiß, ob er so günstig wie möglich unterwegs ist.

Mit welcher Bahncard reisen Sie?

Mit der BahnCard 50, 1. Klasse.

Welche Bahncard würden Sie empfehlen?

Das kommt auf den Reisenden an: Wie intensiv fahre ich, und auf welcher Strecke fahre ich? Was die Bahn nie geschafft hat, ist ein »Generalabonnement« wie in der Schweiz zu etablieren, wo ich einmal zahle, und dann ist der gesamte Zugverkehr – auch der Nahverkehr – umsonst. Die vergleichbare BahnCard 100 führt ein echtes Schattendasein; das General-Abo in der Schweiz wird – bereinigt um die unterschiedliche Ländergröße – 100-mal mehr verkauft. Dabei würde sie der Bahn viel Geld sparen, der gesamte Vertrieb könnte vereinfacht werden, man bräuchte auch weniger Fahrkartenschalter.

Es gab auch mal Überlegungen, die Preise wie in der Luftfahrt zu gestalten. Weihnachten würden die Preise explodieren, Sonntagmorgens würde man sehr günstig durchs Land rollen.

Natürlich wäre das vernünftig. Man sollte freitags und über Weihnachten 10 Euro mehr pro Fahrt nehmen, die Züge würden trotzdem voll. Und in Frankreich funktioniert auch ein Preissystem mit Reservierungszwang wie in der Luftfahrt. Da fährt der TGV allerdings nur sternförmig von Paris aus ins Land. In Deutschland können Sie das jedoch vergessen. Da ist die Struktur viel weniger zentralistisch. Ein entsprechendes Preissystem zu gestalten wird da komplizierter. Außerdem hat die Bahn derzeit zwei Vorteile, die sie nicht aufs Spiel setzen sollte. Erstens zeitliche Flexibilität: Wenn der Termin einer Managerin 30 Minuten länger dauert, steigt sie einfach in den nächsten Zug, ohne komplizierten Reservierungszwang; und zweitens die Kapazitätsflexibilität: Wenn wirklich viel los ist, kann man immer noch stehen, das erhöht die Kapazität um mehr als 10 Prozent. Bei einem Airline-System mit Reservierungszwang können Sie nicht stehen.

Wenn die Bahn nun die Fahrgastzahlen verdoppeln will, was bedeutet das für die Preise?

Die Preise müssen insgesamt etwas günstiger werden, aber vor allem muss das Angebot stimmen. Auf der neuen Strecke von Berlin nach München ist das Flugzeug kein Konkurrent mehr. Das setzt aber auch eine Zuverlässigkeit und Qualität voraus, die bei der Bahn leider noch immer nicht selbstverständlich ist.

Wenn ich hundert Euro für eine Fahrkarte bezahle, kann ich eigentlich erwarten, dass die Bahn pünktlich ist und die Toilette funktioniert.

Ab 1991 gibt es sie, die Bahncard, und wer immer es auch nur wagt, sie wieder abzuschaffen, wird entweder zum Teufel gejagt (wie der spätere Lufthansachef Christoph Franz, der Gefallen an stärkeren Tarifschwankungen fand) oder sozial geächtet (und sei es in den sozialen Medien, wo es den Hashtag #bahncardgate gibt).

Bahn fahren ohne Bahncard ist möglich, aber irre schweißtreibend.

Entspannter geht es mit der Bahncard. Aber mit welcher? Die Regel ist ganz einfach: Wer regelmäßig fährt, spontan reisen will und auch mal längere Strecken plant, der sollte sich die Bahn-Card 50 leisten. Wer nur sehr sporadisch drei, vier Mal im Jahr unterwegs ist, für den lohnt sich die BahnCard 25. Aber was heißt schon spontan und was regelmäßig? Damit jede Kundin die optimale Bahncard für ihr Reiseverhalten findet, hat die Bahn eigens eine Website gestaltet.[5] Wenn Sie es aber nun wirklich schaffen sollten, den Hyperlink (so heißt die Adresse in der eben genannten Fußnote) fehlerfrei in Ihren Browser zu tippen, sind Sie jetzt auch nicht viel schlauer. Oder fahren Sie etwa ständig dieselbe Strecke hin und her? Denn genau dieses Reiseverhalten wird der Berechnung dort zugrunde gelegt.

Alltagstauglicher ist da schon der Rechner des Verkehrsclubs Deutschland. Hier wird nach Streckenlänge, Häufigkeit, Spontanität und Flexibilität unterschieden.[6] Aber ganz ehrlich: Wissen Sie schon am 1. Januar, wohin Sie wie oft bis zum 31.12. fahren werden?[7] Gut, nicht immer grätscht eine Pandemie dazwischen, aber auch in den Jahren 1945 bis 2019 soll hin und wieder Unvorhergesehenes passiert sein.

---

5   https://fahrkarten.bahn.de/privatkunde/bahncardrechner/bahncard_rechner_start. post#stay

6   https://www.vcd.org/service/vcd-bahncard-rechner/

7   Wenn doch: Gehören Sie vielleicht zu den Leuten, die das Kursbuch noch auswendig können?

Doch sollten Sie je Gefahr laufen, dass Sie der Gedanke beschleichen könnte: »Hätte Tante Ritas Beerdigung nicht noch zwei Tage warten können; der Super-Sparpreis ist grad vergriffen«, dann ist die BahnCard 50 vielleicht genau das Richtige für Sie.

Es sei denn … aber rechnen Sie doch einfach selbst. Am Ende werden Sie eh jammern, Sie hätten sich falsch entschieden, wie so viele. Wobei Psychologen sagen, dass es in solchen Lebenssituationen keine falschen Entscheidungen gibt, sondern nur dumme oder kluge Entscheidungen. Und die trifft frau/man indem sie/er die zwei Binnensysteme, mit denen jeder von uns Dinge bewertet, in Einklang bringt: den Verstand und das Unbewusst-Emotionale, den »Bauch«. Praktisch gesehen kann es also sein, dass Ihr Verstand eine 50er-Bahncard kaufen will, Ihr Bauch aber zur 25er rät. Oder aber genau umgekehrt. Oder dass erst beide anderthalb Stunden für die BahnCard 50 sind und dann wieder für die BahnCard 25 – und dann, wenn Sie sich eben schon über den Gleichklang freuen, der Bauch sich auf die 50er festlegt, und zwar langanhaltend, und der Verstand genauso vehement die 25er einfordert. Es kann aber auch andersherum sein (und wenn Sie zwecks Ablenkung zwischendrin nachsehen, ob Ihr Herd aus ist oder nicht, wird es nur noch schlimmer). Sie können jetzt natürlich zwei Bahncards kaufen, eine 50er und eine 25er, sicherheitshalber, und dann sehen, was passiert. Oder Sie lesen weiter.

Mit was für einem Ticket kommen Sie am günstigsten ans Ziel?

Neulich auf dem Mannheimer Bahnhof. Ein massiger Mann nähert sich mit schnellem Schritt, hinter sich einen Rollkoffer herziehend. Hinter dem Rollkoffer folgt an einer unsichtbaren Leine eine massige Frau, die ihrerseits wiederum einen Rollkoffer zieht.

An einem Automaten stoppen beide, starren auf das Display und beginnen zu diskutieren. Dann fängt der Mann an, auf dem Automatendisplay herumzudrücken. Nicht lange, da zieht die Frau kopfschüttelnd ein Smartphone aus der Tasche, um es ebenfalls zu bedienen, offenbar in Konkurrenz zu dem, was der Mann tut. Die zwei beginnen zu diskutieren. Immer lauter, beide tippen immer aufgeregter, und dann hört man den Mann trotz des Bahnhofslärms »Scheiße!« brüllen, und schließlich, noch lauter: »Scheiße! Viel zu viel Auswahl! Da wirst du verrückt! Scheißbahn, los, wir fahren mit dem Auto, da fragt mich keiner!!«. Und beide ziehen so ab, wie sie gekommen sind.

Tatsächlich: Zumindest wenn man nach Schnäppchentickets jiepert, ist das Angebot der Bahn nicht sehr übersichtlich. Wer auf ebay kein 19-Euro-Ticket für jetzt 56 Euro ersteigern oder warten will, bis Lidl und Konsorten zwischen klimafeindlichem Zwiebelmett und Nacken-Koteletts ein paar Bahntickets fürs gute Gewissen raushauen, dem bleibt die über www.bahn.de erreichbare Angebotsseite der Bahn. Wer sich dort umsieht, findet eine auf den ersten Blick bunt-verwirrende Auswahl an Spartickets, Superspartickets, Gruppensparpreisen, Länder-Tickets, Quer-durchs-Land-Tickets … – nur das vielen von früher und von feuchtfröhlichen Ausflügen mit Hund bekannte Schöne-Wochenende-Ticket gibt es nicht mehr. Doch lassen Sie sich von der Auswahl quälen und flüchten wieder, wie das Mannheimer Paar am Bahnhof, ohne daran zu denken, dass in Ihrem Kopf die zwei oben erwähnten Entscheidungssysteme gegeneinander toben, dann machen Sie vielleicht einen groben Fehler. Und lassen sich im Fernverkehr Sparpreise, gar Super-Sparpreise durch die Lappen gehen, bis zu 6 Monate im Voraus zu haben und schon für unter 20 Euro – ein Traum!?

Okay, ein paar Dinge sollte man wissen: Es gibt von diesen Billigtickets immer nur begrenzte Mengen, und die Kontingente werden von der Bahn nach undurchschaubaren Kriterien festgelegt. Je näher der Reisetermin rückt, darin steckt allerdings eine gewisse Logik, denn überall in der Dienstleistungsgeschäftswelt werden Frühbucher gelockt und Spätbucher gemolken, desto weniger Sparpreise gibt es allerdings und desto weniger Rabatt. Manche Bahninsider schwören, dass Tickets, die man sechs Monate im Voraus bucht, am günstigsten sind (und wenn man der Typ dafür ist und sich obendrein neulich, also vor sieben, acht Jahren, für die richtige Bahncard entschieden hat – Bingo). Wer eine Günstigfahrt haben will, tut in jedem Fall gut daran, um die zwei Wochen im Voraus zu buchen. Und damit noch kurz zum wesentlichen Unterschied zwischen Spar- und Super-Sparpreis: Ein zum Super-Sparpreis geschossenes Ticket lässt sich nicht stornieren, ein zum Sparpreis erworbenes aber schon, zumindest vor dem Gültigkeitstag. Allerdings: Die Rückgabe kostet 10 Euro, und für den Rest der Summe bekommt man einen Gutschein.

Sind Sie schon etwas später dran, so etwa eine Woche vor dem Fahrtermin, müssen Sie bei den Sparpreisen und Supersparpreisen schon geschickt auswählen, wenn Sie einen guten Deal machen wollen: Laut einer Untersuchung des Verkehrsclubs Deutschland hilft es nicht, ausgerechnet dann zu fahren, wenn alle fahren, also am Sonntagabend, Montagmorgen oder Freitagnachmittag. Außerdem sollten Sie tunlichst Züge in den Tagesrandzeiten nehmen, also frühmorgens, möglichst vor 6 Uhr, und abends nach 20 Uhr. (Ja was denn? Wollen Sie nun schlafen oder sparen?). Echte Checkerprofis machen dann noch den Klassenvergleich und prüfen, ob zum Beispiel für die 1. Klasse noch Supersparpreise verfügbar sind, die günstiger sind als die 2.-Klasse-Schnäppchentickets, die sie eigentlich haben wollten, die aber bereits vergriffen sind.

Aber dabei, oh bestechende Bahnlogik, muss es nicht bleiben:

Gibt es keine Sparangebote mehr und hat man noch ein paar

Tage Zeit, bis der Wunschzug fährt (oder ist sogar bereit, im Notfall heimlich den unter Rabattjägern vielgeschmähten Normalpreis zu bezahlen), kann es sich lohnen, cool zu bleiben und dann noch mal zu schauen: Häufig kommt es vor, dass auf einmal, oh Wunder, wieder Schnäppchentickets zu haben sind. Das hat nichts mit Ihnen persönlich zu tun. Sondern damit, dass die Bahn noch freie Plätze an die Frau oder den Mann bringen will.

Noch zwei Tipps für Extremsparer: Löschen Sie im Buchungsmenü das Häkchen bei »Schnelle Verbindungen bevorzugen«. Warum? Langsamere Verbindungen – über Nebenstrecken – dauern zwar (viel) länger, sind aber oft (viel) günstiger als die Fahrt mit dem IC oder ICE. Und manchmal kann es lohnend sein, kein Ticket nach Passau zu buchen, sondern eins nach Linz, oder keins nach Stuttgart, sondern eins nach Zürich. Denn manchmal gibt es unterschiedliche Preisrahmen für Sparpreise innerhalb Deutschlands und innerhalb Europas, sodass es sein kann, dass die Fahrkarte ins Ausland billiger ist. Denn schließlich hindert Sie niemand, einfach trotzdem in Passau oder in Stuttgart auszusteigen.

Kann gut sein, dass Ihre beiden Entscheidungssysteme im Kopf jetzt allmählich zu rotieren beginnen. Weil Sie absolut nicht die- oder derjenige sind, die/der es sich zeitlich leisten kann, Stunden und Tage nach Schnäppchen zu suchen (sagt das System »Verstand«) oder Sie einfach so was von keinen Bock auf diese Mühsal haben (so das System »Bauch«). Aber wenn Sie zu Ihren Eltern nach Heilbronn fahren, wollen Sie trotzdem nicht das einzige Schaf im Großraumwagen sein, das den vollen Preis bezahlt hat? Gute Nachrichten – die Bahn hat da was für Sie entwickelt: Auf www.bahn.de und im DB Navigator können Sie bei der Suche nach Verbindungen einfach ein Häkchen bei »Unsere Bestpreise anzeigen« setzen – und die Bahn macht den Vergleich für Sie. Normale Preise, Sparpreise, Super-Sparpreise, alles dabei. Natürlich aus purem Eigennutz: Wenn Sie für die Hälfte nach

Heilbronn kommen, dann können Sie doch glatt zwei-, nein: dreimal fahren!

Und wenn selbst dieses Tool Sie nicht weiterbringt: Nehmen Sie in Bahnchefs Namen den Normalpreis. Der heißt jetzt Flexpreis und lohnt sich nicht nur dann, wenn Sie eine BahnCard 50 haben, sondern auch dann, wenn Sie sich von Mama und Papa überreden lassen, doch einen Tag länger zu bleiben.

Andererseits: Wenn Sie es als Bahncardeigner, egal ob 25 oder 50 Prozent, schaffen, einen Spar- oder Supersparpreis zu erwischen, bekommen Sie auf den noch mal satte 25 Prozent Rabatt![8]

Und wo kaufen Sie jetzt die Fahrkarte?

Wie gesagt: All das kriegen Sie bequem daheim vom Computer oder mit der App vom Kaffeetisch aus. Im Vergleich zu den zugigen Schalterhallen von einst mit ihren nervtötenden Warteschlangen und den zu den Kaffeepausen (oder nach Belieben der Bahnbeamten) zuklappenden Bedienfensterchen an den Schaltern ein Quantensprung in die Moderne! Sie suchen sich online die passende Zugverbindung, die passende Wagenklasse, den passenden Platz, stellen und drucken sich selber Ticket nebst Reservierung aus, tun also alles, was noch vor ein paar Jahrzehnten nur die Bahnleute konnten – lediglich die Kontrolle des Tickets im Zug ist bislang noch dem Bahnpersonal vorbehalten.

Obwohl, nein, da ist doch jetzt der Komfort-Check-in: Mit dem bestätigt man selbst, per Browser oder App und im Zug, dass man seinen Sitzplatz erreicht und ein gültiges Ticket hat. Der Zugbegleiter, so die Bahn, »wird über Ihren Check-in informiert,

---

8 Für den Fall, dass Sie gerade überlegen, ob, wenn das so ist, es auch die BahnCard 25 tut, da der Rabatt bei den Sparangeboten, die Sie immer nehmen, genauso hoch ist wie mit der viel teureren BahnCard 50: Ja, das tut es!

sodass er Sie nicht mehr kontrolliert. Auch bei Personalwechsel entfällt die Kontrolle.« Es ist in der Tat ein erhebendes Gefühl, wenn alle Umsitzenden (Hobbybahnfahrer) kontrolliert werden, nur man selber (Profibahnuser) nicht – »Hey, Herr Schaffner, was ist mit ihm? Wieso werde ich hier bei jedem Personalwechsel drangsaliert, aufgeweckt, kontrolliert und diskriminiert – aber der Typ dahinten darf einfach weiterpennen? …«

Apropos Hightech, und da es schon ausführlich erwähnt wurde, nur kurz: Natürlich bietet die Wunderapp DB Navigator fürs Smartphone all die Möglichkeiten der Ticketbuchung, die es auch online gibt, und noch viel mehr. Nicht mehr dabei ist der »Verspätungsalarm«, der sich zur hellen Freude des Reisenden ab und an per Mail oder per SMS meldete. Manchmal leider selbst zu sehr *just in time*, dann hieß es aufspringen, den Koffer von der Ablage reißen und durch die sich schließende Wagentür nach draußen hechten, um den just anvisierten Regionalzug am Gleis gegenüber zu erreichen. Der aber, fatale Koinzidenz, in fast demselben Augenblick die Türen schloss, dafür jedoch genau die Engstelle glücklich umrumpeln würde, an der man mit dem ICE, in dem man vorher saß, drei Stunden sinnlos vergeudet hätte. Erreichte man besagten Regionalzug nicht mehr oder kam zu spät und klatschte wie ein verzweifelter Frosch gegen die sich schließende Tür, musste man vielleicht bis zum Morgengrauen auf dem zugigen Bahnhof ausharren, aber der Versuch war's wert … Manchmal trudelten die Verspätungsalarme auch erst ein, nachdem man auf dem winterkalten Bahnhof schon fast eine Stunde auf den hoffnungslos verspäteten Zug gewartet hatte, und teilten einem mit, dass der Zug, auf den man wartete, hoffnungslos verspätet sein würde. Sie merken schon: Für experimentierfreudige Naturen mit viel Tagesfreizeit ein echt cooles Feature. Doch die Bahn ersetzte den »Verspätungsalarm« unlängst durch die »Benachrichtigung zur Reise«. Die kommt per Push-Nachricht. Also deutlich schneller.

Zurück zur Ticketbeschaffung. Wer sich eher nach analogen

Alternativen sehnt, hat erst einmal die Hotline 0180 6 99 66 33 zur Auswahl, in früheren Bahn-Zeiten bekannt als »Hotline des Grauens«. Damaliges Markenzeichen: Abbruch der Verbindung nach einem 20-minütigen Beratungsgespräch unmittelbar vor dem Abschluss des Verkaufsvorgangs – oder auch schon früher, etwa nach der anspruchsvollen Frage, für welchen Preis man denn nun sein Fahrrad/seinen Hund/sein Kind mitnehmen könne. Keine Sorge, heute sind Technik und Mitarbeiter deutlich stabiler, serviceorientierter und kompetenter. Zumindest hofft man das, wenn man nach Abschluss des Verkaufsgesprächs der Ticketzustellung per Post harrt.

Kommen wir zum anderen ehemaligen Kristallisationsort von Bahnkunden-Seelenqual, den Schalterhallen. Heute befinden sich an ihrer Stelle Bahnhofsbuchhandlungen oder Edeka-Märkte. Daneben stößt der geneigte Kunde auf deutlich kleinere Reisezentren, nun, eher: DB-Flagship-Stores, in denen es nettes Personal gibt (das eigentlich auch nur tut, was Sie daheim auch könnten). In denen die Warteschlangen absehbar sind. Wo selbst ein 2.-Klasse-Kunde auf einer Lounge-Bank entspannen kann. Apropos Lounge: Dort gibt es noch mehr von den gepolsterten Bänken, wenn auch vollere, und auch dort kann man sich sein Ticket buchen lassen, während man einen Gratis-Tee oder eine Saftschorle schlürft; Voraussetzung, man darf hier sein.[9]

Und wenn Sie es besonders eilig haben, können Sie natürlich Ihre Fahrkarte in den Fernzügen der Bahn zum »Bordpreis« kaufen. Bordpreis heißt für Fahrkarten im ICE oder IC ein Aufschlag von 19 Euro. Außerdem muss die Zugbegleiterin oder der Zugbegleiter es Ihnen abnehmen, dass man ihr oder ihm aktiv und sofort Bescheid gegeben hat, dass man eine Karte benötigt – und nicht erst, als die Ticketkontrolle auf Sie zukam. Sonst wird man im Nu zum Schwarzfahrer (und zahlt das Doppelte, min-

---

9 Wie man dazu kommt, vgl. hinten.

destens aber 60 Euro mehr) – ein Status, den man sich übrigens in Nahverkehrszügen automatisch erwirbt, sobald man ohne Fahrkarte einsteigt, in der naiven Hoffnung, der einem mit lauerndem Blick entgegenschreitende Zugbegleiter sei ein Freund und Helfer …

Sonst gäbe es neben analogen Möglichkeiten zum Ticketerwerb noch die »DB-Agentur«, in der Regel ein Reisebüro mit der Lizenz zum Verkaufen von DB-Fahrkarten. Die kann man sich entweder als Handy-Ticket speichern oder, wenn die Agenturinhaberin sie nicht ausdruckt, auch gleich am Bahnhof rauslassen. An einem Ticketautomaten.

Ja, es gibt sie noch, die rot-weißen Apparate. Fragen wir jetzt nicht, wieso man die Fahrkarte nicht auch gleich komplett an einem von ihnen gebucht hat, wenn man sich doch sowieso dort wieder anstellen muss, um sie auszudrucken.

Fragen wir auch nicht, ob die Bedienung der Apparate über Touchscreen in diesen Zeiten wirklich so hygienisch ist.

Konzentrieren wir uns lieber auf die störenden Nebeneffekte dieser Art der Fahrkartenbeschaffung. Angefangen bei den drängelnden Kiebitzen (»Können Sie nicht schneller? Mein Zug fährt!«) bis hin zu kapuzentragenden Jugendlichen, die kichernd hinter einem stehen und ganz versessen darauf sind, gleich diesen Blechtrottel mit der angeblich todsicheren Zahlenkombination »2431« zu knacken. Wüsste man Bescheid, könnte man ihnen mit der Information weiterhelfen, dass diese Zahlenkombi vor Jahren angeblich tatsächlich funktioniert hat – allerdings bei den Snackautomaten auf den Bahnsteigen. (Die Jugendlichen daraufhin so: »Hey, das ist KEIN Snackautomat? Schwörst du? Wofür ist das Teil dann da?«) Und dann können immer noch Hunde oder Mitreisende auftauchen, die den Automaten benötigen, um in seinem Schutz ein dringendes Geschäft zu verrichten.

Eine in Zeiten der Videokonferenzen deutlich angesagtere Spielform der Ticketautomaten sind die Videoautomaten (oder gar Videoreisezentren), bei denen Ticketkäufer über Kamera, Mikro und Bildschirm mit einer Bahnfrau oder einem Bahnmann sprechen können, die oder der in einem Videozentrum in Braunschweig, Kempten, Ludwigsburg, Saarbrücken, Schweinfurt oder Villingen-Schwenningen sitzt.[10] Dennoch, nach dem Verkaufsgespräch und nachdem der Kunde bezahlt hat, materialisiert sich das Ticket greifbar vor ihm. Quasi als Zugabe, verspricht die Bahn, kann man »die begleitenden Aktivitäten des Beraters auf einem Monitor neben dem Bildschirm verfolgen«. Ob sich hinter diesen begleitenden Aktivitäten nun eine Stepptanzeinlage verbirgt, eine Bahn-Kaffeepause von 1982 in Originallänge oder etwas ganz anderes – ach, am besten sehen Sie einfach selber nach!

Welche Zugverbindung klappt – und welche garantiert schiefgeht

Es gibt beim Bahnfahren nur eine ganz große Regel, die dummerweise viel zu selten beherzigt wird. Steigen Sie nicht um! Andernfalls verdoppeln oder verdreifachen Sie die Chance auf eine massive Verspätung.

Die zweite essenzielle Regel könnte vielleicht noch lauten: Wenn Sie nicht in Fahrradpendelweite eines Knotenbahnhofs[11] wohnen, ziehen Sie um. Sofort. Und falls Sie vorhaben, diese gut gemeinten Ratschläge zu ignorieren, sollten Sie vielleicht wenigstens weiterlesen.

---

10 Wir hätten an dieser Stelle liebend gerne auch Bangladesch oder zumindest Köln-Porz aufgeführt, aber das wäre gelogen.

11 Die Tatsache, dass die Deutsche Bahn ihre großen Bahnhöfe mit viel Verkehr »Knoten« nennt, lässt schon das Knäuel erahnen, das droht, sobald mal ein Zug im Gleis stehen bleibt.

Die erste Lektion, die der unbedarfte Bahnkunde auf der Zugreise lernt, ist eine wettbewerbspolitisch höchst fragwürdige, aber leider am eigenen Leib hin und wieder erlebte. Wenn es schon eine Umsteigeverbindung sein muss – buchen Sie sie bloß, wenn irgend möglich, beim selben Anbieter. Also fahren Sie nicht von Bremen nach Hamburg mit dem Metronom und dann weiter mit dem IC nach Sylt.

Hauptsache, es geht voran, sagen Sie? Gegenfrage: Welchen Anreiz hat ein IC-Lokführer, Metronomkunden glücklich zu machen? Warum sollte er auf Sie warten? Genau. An Tagen, an denen Sie sich leichtfertig einem anderen Takt ausliefern, werden Sie erleben, wie pünktlich die Deutsche Bahn sein kann. Vor allem, wenn Sie es selbst mal nicht sind.

Lektion Nummer zwei: Glauben Sie Ihrer App nicht. Die Vorzüge des DB Navigators wurden hier schon angepriesen. Aber die grün hinterlegte Information »Anschluss vsl. erreichbar« kann viel bedeuten, aber heißt oft gerade eines nicht: dass Sie den Anschluss wirklich erreichen. »Anschluss vollseltenleider erreichbar« wäre die ehrliche Übersetzung.

Und so kommt es immer wieder zu Wutausbrüchen kundiger Vielfahrer, die mit einem Screenshot der angeblich erreichbaren Verbindung dem gerade abfahrenden ICE hinterherrennen, als ob sie tatsächlich glaubten, den Zug würde das zur Umkehr bewegen.[12] Sparen Sie sich diesen Verlust menschlicher Würde, achten Sie lieber auf großzügige Anschlusspausen von möglichst einer halben Stunde.

Lektion Nummer drei: Auch auf Zugstrecken gibt es Staus, vor allem dann, wenn verschiedene Verkehre zusammenkommen. Nah- und Fernverkehr und dazu noch der größte Feind des

---

12 Ja, manche rufen dabei sogar Dinge wie »Bleib hier! Komm zurück! Ich hasse dich, du Schwein!« und noch Schlimmeres, was wir hier der jugendlichen Leserinnen wegen besser verschweigen.

ICE, die Güterlok mit 30 Wagen voller Braunkohle (und zumindest hoffentlich elektrisch und mit Ökostrom betriebener Lok). Mischverkehr, so nennen sie diesen Mix höchst unterschiedlicher Geschwindigkeiten und Ambitionen bei der Bahn, und er macht die Reise mancherorts zur Geduldsprobe. Im Ruhrgebiet etwa oder zwischen Nürnberg und Würzburg. Sie müssen sich nun nicht drei Wochen vor der geplanten Fahrt ans Gleis stellen und die vorbeifahrenden Züge zählen, aber ein Blick auf die Landkarte kann nicht schaden. Wer von Norddeich quer durch Ostfriesland nach Hannover fährt, kommt vermutlich besser durch als ein Pendler von Mönchengladbach nach Münster. Das sollte man bei der Reiseplanung bedenken.

Und nun wird es Zeit für Lektion vier: Behalten Sie die Nerven. Die Anschlussangst ist unter Bahnfahrern das, was die Reichweitenangst bei Elektroauto-Novizen ist. Sie ist da, sie ist berechtigt, und sie fährt immer mit. Für Hochzeiten, Trauerfeiern oder Vorstellungsgespräche sollten sie mindestens eine Zugverbindung Puffer einplanen: Wenn sie unterwegs einen Zug verpassen, sollten Sie sicher sein, dass es einen Zug danach gibt (besser noch zwei Züge). Nirgends sind die Nächte trauriger als an verlassenen Großstadtbahnhöfen. Es sei denn, Sie stranden an einem verlassenen Kleinstadtbahnhof.

Was Sie dabeihaben sollten, wenn Sie mit der Bahn fahren

Mal ehrlich: Wenn Sie ans Zugfahren denken, was wäre der größte mögliche Albtraum? Also vorausgesetzt, die Welt geht nicht unter, während Sie unterwegs sind, und es passiert auch keine andere Katastrophe. Vorausgesetzt, der Zug fährt, hat keine Schäden und ist sogar einigermaßen pünktlich, die Leute im Zwischenwagenbereich sind freundlich und bringen Sie nicht zu Fall, Ihre Platzreservierung hat funktioniert, und Ihr Sitzplatz ist nicht von einem gewaltbereiten maskenverweigernden Querdenker besetzt. Weiter vorausgesetzt, es ist weder ein zu heißer Sommer noch ein zu kalter Winter und auch kein außergewöhnlich stürmischer Herbst oder Frühling. Und last, but not least versucht niemand, Ihren Koffer mit schmutziger Wäsche zu klauen, in der Annahme, er sei voll nagelneuer Laptops – also all das einmal vorausgesetzt, was wäre er jetzt, der größte denkbare Albtraum?

Genau. Am schlimmsten wäre es, wenn Sie im Zug merken, dass Sie etwas nicht dabeihaben, das Sie ganz dringend brauchen. Und zwar genau jetzt.

Etwa ein (funktionierendes) Ladegerät für Ihr Smartphone. Auf dem sich die App DB Navigator befindet, in die Sie wiederum Ihr Ticket samt Bahncard geladen haben, super Sache und enorm platzsparend, weswegen Sie die Originalcard aus Gewichtsgründen daheim gelassen haben und den Ausdruck ihres Tickets noch dazu, den nun kein Mensch mehr braucht – außer Ihnen, und zwar augenblicklich. Denn erstens ist Ihr Handy aus, weil der Akku schwächelt. Und zweitens steht vor Ihnen eine freundliche, aber konsequente Zugbegleiterin und will Ihr Ticket sehen, und zwar sofort.

Oder Ihnen fällt beispielsweise auf, dass Sie einen Pullover oder eine Jacke vermissen, weil es draußen zwar hochsommerliche 30 Grad sind, aber die vorsorglich gewartete und einwandfrei funktionierende Klimaanlage den fast leeren Großraumwagen auf gefühlte 17 Grad herunterkühlt. Und Sie, eingestiegen im Top, irgendwann keine Kraft mehr haben, Sit-ups und Liegestütze zu machen, um Ihren Kreislauf auf Temperatur zu bringen und zu halten.

Oder aber Sie bräuchten dringend drei Liter Frischwasser und Tücher, die sich benässen und über Gesicht und Kopf hängen lassen, weil es draußen hochsommerliche 30 Grad sind und die Klimaanlage wider Erwarten keinen so guten Job macht wie oben beschrieben. Ja, im Gegenteil, obwohl Sie sich schon alle entbehrlichen Kleider vom Leib gerissen haben, beschleicht Sie das alarmierende Gefühl, Sie (und Ihre Mitreisenden) seien Sardinen in einer Konservenbüchse, die ein Sadist in einen Topf mit kochendem Wasser geworfen hat.

Oder denken wir an den für viele Bahnfahrer mindestens ebenso unangenehmen Fall der Fälle: Sie steigen in München in den ICE nach Berlin oder Hamburg, nach einem arbeits- oder sonstwie entbehrungsreichen Tag und mit einem Mordskohldampf. Was erst mal nichts macht, denn laut Bahn ist »ein gastronomisches Angebot, ein Bordrestaurant und/oder Bordbistro« ja »fester Bestandteil des Services im Fernverkehr«. Und so freuen Sie sich auf (O-Text) »Fusilli« mit Tomaten-Feta-Soße, Chili con Carne (»Neue Rezeptur«) oder das Angebot des Monats: »Beef-Spare-Ribs mit Pommes frites & Kürbisdip & Bitburger Premium Pils«.

Wobei, freuen ist gehörig untertrieben. Ihnen heult die Schwarte, seit drei Stunden hätten Sie schon etwas essen müssen, und nur die Aussicht, es im Bordbistro gleich richtig krachen zu lassen, hat Sie noch auf den zitternden Beinen gehalten.

Und dann? Dann kommt sie, die vernichtende Durchsage – »… dieser Zug verkehrt heute leider ohne Bordrestaurant und Bistro …«. Ob nun »aus technischen Gründen«, »umständehalber« oder gar wegen »Verengungen im Gleisbereich«[13] ist völlig egal: Für Sie bricht eine Welt zusammen. Erst mal nur kurz, denn trotz Ihres knurrenden Magens können Sie noch den Rest der Durchsage verfolgen, wonach es eine Snackverkäuferin im Zug geben soll. Aber nachdem Sie sich auf die Suche nach der Verkäuferin gemacht, diese gefunden (sie lächelte wie ein Engel) und sich bei ihr hastig eine Butterbreze und ein Sandwich aus-

---

13 Oh ja, wir haben diese Formulierung tatsächlich so gehört.

gesucht haben, strecken Sie ihr die Kreditkarte entgegen – und sie (lächelnd wie ein Teufel) teilt Ihnen mit, sie nehme leider nur Bargeld. Bargeld, und nichts anderes, Bargeld, das sich weder in Ihrem Geldbeutel noch in einer Ihrer Hosen-, Rock- und Jackentaschen in ausreichender Menge findet. Die smarte Verkäuferin (nun nicht mehr lächelnd) möchte sich auch keineswegs darauf einlassen, Ihnen lediglich eine halbe Butterbreze zu verkaufen, einfach, weil ihr Geschäftsmodell das nicht vorsieht. Ja, sie weigert sich sogar standhaft, denn auch das sieht ihr Geschäftsmodell nicht vor, irgendetwas anderes anzunehmen, das Sie ihr vor lauter Hungersnot entgegenstrecken, einen Kugelschreiber, dieses Buch, Ihre teuer aussehenden Ohrringe.

Und nun stecken Sie, noch fünf, sechs Stunden Fahrt vor sich, schon mitten im nächsten Dilemma: Sollen Sie diesen ungastlichen Zug auf dem nächstbesten Bahnhof verlassen, dort zum nächsten Gastrobetrieb hasten, Burger und Pommes in sich hineinfuttern, bis Ihre schmählich vernachlässigte innere Natur genug hat, und dann entspannt den nächsten Zug nehmen? Wenn diese Option allerdings warum auch immer ausscheidet, wird es für manche Leute existenziell. Und erschreckend schnell ist es nun Zeit für eine grundlegende Frage: Hungern, betteln – oder klauen?

Wir haben keine Statistik vorliegen, wie viele Zugreisende sich in einer Situation wie dieser für welche Option entscheiden. So oder so darf man wiederum nicht vergessen, dass ein mit 200 km/h dahinrasender Fernzug ein geschlossenes System ist, aus dem es kein schnelles Entrinnen gibt. Egal ob man unterzuckert im Zwischenwagenbereich zusammenbricht (wo der Teppich, vor allem in der 2. Klasse, wirklich fürchterlich schmeckt). Ob man, nachdem man seine Mitreisenden erfolglos um Nahrungsmittel angehauen hat, sich schamvoll im WC versteckt[14]. Oder ob man einer

---

14 Nur bis die Zugbegleiterin kommt, Sie wissen ja, was dann passiert.

schwächlich aussehenden Frau eine Rolle mit Schokodoppelkeksen entreißt, aber von ihr unerwarteterweise durch den ganzen Zug verfolgt wird, so lange, bis man sich wiederum in der Zugtoilette eingeschlossen hat. Welche die Frau, nun gar nicht mehr schwächlich, von außen mit schrillen Kampfesschreien und Fußtritten traktiert. Während Sie im Inneren hoffen, dass die Tür noch so lange halten wird, bis Sie alle Kekse in sich hineingestopft haben.

Sie merken also schon: Es gibt Situationen, in die man nicht wirklich geraten möchte. Umstände, unter denen es in der Bahn furchtbar unangenehm werden kann, wenn Sie nicht vorbereitet sind. Und dagegen hilft nur eins: Alles, aber auch wirklich alles Notwendige dabeizuhaben.

Bei der Frage, was notwendig ist, sollte man ruhig davon ausgehen, dass in den Zügen prinzipiell funktionierende Toiletten, Bistros und Restaurants, Apparate zum Heizen und/oder Kühlen sowie WLAN vorhanden sind – aber praktisch nie alles zusammen funktioniert. Am besten also, man hat sicherheitshalber alles dabei, was man benötigt, um gut ans Ziel zu kommen und sämtliche denkbaren Umstände unbeschadet zu überstehen. Kann sein, dass Sie jetzt sagen: Was für ein Unsinn – ich kann doch nicht für alle Eventualitäten etwas dabeihaben, das kann ich unmöglich mitschleppen …! Sicher, natürlich muss man manchmal Kompromisse machen. Manchmal auch weniger. Der Autor dieser Zeilen etwa hat im Zug immer dabei:

- Bargeld, Kredit- und EC-Karte sowie ein iPhone mit Corona-App und Apple Pay und ein telefonkartenchipgroßes Stück Gold (für den Zugbegleiter, der einem den letzten Hubschrauber ruft, während die Mitreisenden beginnen, ihre Zähne ins Mobiliar zu schlagen)
- ein funktionierendes Smartphone mit den Bahn-Apps DB Navigator, DB Zugradar und DB Netze sowie Apps von Mietauto- und Carsharinganbietern, eingeschalteten Ortungsdiensten und einer Übersetzer-App (für die »englischen«

Durchsagen der Zugbegleiter), dazu auch als Ersatzgerät noch ein Tablet mit jeweils mindestens einem Ladegerät und einer kleinen, gut geladenen Powerbank (oh ja, es gibt noch Züge ohne Steckdose; und außerdem, was nutzt die schönste Steckdose, wenn im Zug der Strom ausfällt?)

- ein Laptop und Arbeitsmaterialien, um zu arbeiten – auch dann, wenn die Fahrt eigentlich nicht lange dauern soll (denn das kann sich ändern), inklusive Ladegerät
- einen WLAN-Stick (falls es mal wieder kein WLAN gibt)
- schalldämmende Bluetooth-Kopfhörer (samt Ladegerät)
- analoge Klone sämtlicher digital vorhandenen Reisedokumente (auch der Bahncard!)
- eine kleine Reiseapotheke, bestehend aus Schmerzmitteln, Schlafmitteln (Schlafbrillen werden unterschätzt!), Antiallergen-, Verbands- und Desinfektionsmitteln (wer entsprechend anfällig ist, sollte sich obendrein vom Arzt seiner Wahl einen Stimmungsaufheller empfehlen lassen und in ausreichender Menge mit sich führen)
- Lesestoff zum Ablenken und Überleben, aus Gewichtsgründen in digitaler Form
- Zipp-Pullover, Jacke, dicke Strümpfe, Dreieckstücher, Tempotaschentücher
- Minitaschenlampe
- Wasser und Nüsse und dunkle Schokolade für zwei Tage
- unabhängig davon noch einmal so viel Reiseproviant, dass man das Doppelte der planmäßigen Fahrzeit locker ohne Restaurant/Bistro überstehen kann
- Zahnbürste, Zahnpasta und Deo
- einen auseinanderfaltbaren Campingbecher (den man nicht nur zum Einfüllen von Trinkwasser verwenden kann)
- Multifunktionspapiertücher

Ergänzende Ausrüstung für Neurotiker:
- Ersatzladegeräte und eine zweite Powerbank mit Handkurbel

Ergänzende Ausrüstung für Pessimisten:
- Taschenmesser (mit Angelausrüstung), Schwimmtaschenlampe,
- Hammer oder Ähnliches (man weiß ja nie)
- Kotbeutel (aus dem Hundebedarf)

Ergänzende Ausrüstung für Optimisten:
- eine Flasche Schnaps (für den Zugbegleiter, zum Tauschen, und man weiß ja auch nie)

Ergänzender Ausrüstungstipp für schlechtes Wetter von der Deutschen Bahn (!)[15]:
- ein kleines Handtuch, mit dem Sie sich im Zug abtrocknen können
- Wechselkleidung (»eine zusätzliche Weste[16] oder eine neues Paar Strümpfe«)
- eine Plastiktüte für den nassen Regenschirm[17]
- eine alte Tageszeitung zum Ausstopfen Ihrer nassen Schuhe (die Autoren dieses Buches raten allerdings zu einer neuen Wochenzeitung, die sich vorher noch hervorragend lesen lässt)

Und, das muss jetzt sein, denn es ist wahr, auch wenn es nicht neu ist: Sie sollten selbstredend auch dieses Buch dabeihaben.

---

15 Falls Sie uns nicht glauben – hier: https://inside.bahn.de/lifehacks-schlecht-wetter/

16 Was man unter »Weste« versteht? Hören Sie bitte auf, hier ist schließlich nicht die Rede von einem »Wams« oder einer »Robe«.

17 Sie haben ganz recht: Hat man die Tüte, wäre auch der Schirm ganz sinnvoll.

Mythos Sitzplatzreservierung

Neukunden sind immer wieder überrascht davon: Bei der Deutschen Bahn kann jedefrau und jedermann, ohne einen Sitzplatz reserviert zu haben, einfach in den Zug stolpern. Aber reservieren kann man trotzdem. In den Fernverkehrszügen (ICE, IC/EC) geht das online oder per DB Navigator so komfortabel, als stünde man im Kundenzentrum, nein, noch komfortabler, denn in welchem Bahngebäude kann man schon im Schlafanzug herumstehen, ohne sich groß Gedanken zu machen? So können Sie entspannt nicht nur zwischen Großraum und Abteil, Ruhe- oder Telefonierbereich, Fenster oder Gang wählen, Sie können auf der grafischen Sitzplatzanzeige auch durch alle Wagen des Zuges scrollen und nach Gefühl oder sorgfältigem Abwägen ganz gezielt den Sitz Ihrer Wahl aussuchen. Zu Buche schlug so eine Reservierung bei Fertigstellung dieses Buches mit vier Euro in der 2. Klasse; in der 1. Klasse ist sie inklusive (braucht man kein Ticket, weil man schon eins hat, macht das 5,30 Euro). Und das Tolle daran, die Bahn ist bisher nur noch nicht darauf gekommen, damit zu werben: Der Preis für die Reservierung bleibt gleich. Völlig egal, ob man nur von Hamburg nach Kiel oder von Kiel nach Garmisch-Partenkirchen fährt …! (Und überlegen Sie nur: Letzteres lohnt sich unter diesem Aspekt auf einmal viel mehr.)

Die sprichwörtliche Kinderfreundlichkeit der Bahn greift übrigens auch hier: Familien bis zu fünf Personen zahlen zusammen höchstens acht Euro für eine Reservierung quer durch ganz Deutschland. Für alle, die spätestens jetzt begeistert anfangen zu rechnen, ein Hinweis: zu einer fünfköpfigen Familie gehört nach den Kriterien der Bahn mindestens ein Kind.

Fast noch mehr als Kinder liebt die Bahn beim Reservieren aber offensichtlich die Pendler: Die nämlich können im Fern- und Regionalverkehr eine Dauerreservierung buchen: 46-mal derselbe Platz für nur 41,40 Euro in der 1. oder 2. Klasse – das ist weniger als ein Euro pro Fahrt! Kleiner Pferdefuß, der Pendler mit Homeoffice vielleicht ins Grübeln bringt: die Reservierungen müssen binnen 31 Tagen aufgebraucht sein.

Und wo wir schon bei den Bahnbevorzugten sind, gleich noch zur Chefarztbehandlung: Jeder Besitzer einer BahnCard 100 der 1. Klasse hat pro Jahr ein Kontingent von 100 Sitzplatzreservierungen zur Verfügung. Und dann gibt es ja noch die Bahncomfort-Plätze[18]....

Um es so zu sagen: All das klingt doch gut. Wieso ist dann in der Überschrift dieses Kapitels von einem Mythos die Rede?

Nun, es gibt auch bei der Bahn einen Unterschied zwischen Theorie und Praxis. Die Sitzplatzreservierung – und das trügerische Glück, sie zu haben – ist die Theorie. In der Praxis kann sich das Glück allerdings umgehend in nichts auflösen.

Etwa wenn:
- die Reservierungsanzeige ausfällt
- der Zug so voll oder man selber so verpeilt ist, dass man binnen 15 Minuten seinen reservierten Platz nicht erreicht. Lachen Sie nicht: Die längste Variante des ICE 4 hat 13 Wagen und ist 374 Meter lang. Da kann es schon dauern, sich mit zwei Kindern und zwei Koffern durch überfüllte Sitzlandschaften, Gänge und das Bordbistro von dem einen Ende bis zum anderen durchzukämpfen, wo man reserviert hat. Dumm heißt in dem Fall: Sie kommen nicht binnen 15 Minuten, nachdem der Zug abgefahren ist, zu Ihren sorgsam reservierten Plätzen, sondern erst 15 Minuten und eine Sekunde danach – und Ihre Plätze sind nicht mehr reserviert. Aus Sicht der Bahn völlig zu Recht, denn, um die Beföderungsbedingungen zu zitieren, die Platzreservierung wird le-

---

18 Mehr zu diesen sagenumwobenen, heiß umkämpften Plätzen später.

diglich »bis 15 Minuten nach Abfahrt des Zuges aufrechterhalten«. Aus Ihrer Sicht kann das aber eine Katastrophe
bedeuten. Dann, wenn auf Ihren Plätzen, die Sie endlich völlig abgekämpft erreicht haben, völlig legal schon drei rüstige
Rentner herumlümmeln.

In dem Fall kann es zwar sein, dass Sie sich Ihre Sitze mit guten oder bösen Worten zurückerobern können. Die Wahrscheinlichkeit ist allerdings größer, dass das nicht klappt und
Sie erneut auf Platzsuche gehen müssen.

• Sie Ihren reservierten Platz nicht finden. Weil der Wagen aus
internen Bahnorgagründen einfach nicht dabei ist. Weil der
Zug Verspätung hat und und/oder der vorgefahrene Zug eigentlich ein Ersatzzug für den ist, in dem Sie Platz 47 in Wagen 28 reserviert haben. Und in diesem neuen Zug gibt es
teuflischerweise keinen Wagen 28, so eichhörnchenhaft Sie
auch im Zug hin und her springen. Unfairerweise kommt die
aufklärende Durchsage erst dann, wenn Sie sich selber schon
für verrückt halten.

• der Zug, in dem Sie zuerst saßen, Verspätung hatte, sodass Ihr
Anschlusszug weg war. Und Sie einen späteren Anschlusszug
nehmen mussten, in dem Sie natürlich nicht reserviert hatten[19]

Offizielle Zahlen, wie oft Sitzplatzreservierungen nicht klappen,
gibt es erwartungsgemäß nicht. Vor einigen Jahren veröffent-
lichte der Fahrgastverband Pro Bahn die Schätzung, dass Tag
für Tag Zehntausende gebeutelte Bahnkunden ihre gebuchten
Plätze nicht einnehmen könnten, auch ökonomisch kein zu
unterschätzender Faktor. Der zudem die Frage aufwirft, ob es
sich in Anbetracht der Risiken überhaupt lohnt, das Geld für

---

19 Sagen Sie jetzt spontan: »Da bin ich doch selber schuld!«? – Sie sind ein guter Bahnkunde.

eine Reservierung auszugeben.[20] Manche Bahnkunden halten es tatsächlich für lohnender, das Geld in einem Bordbistro-Kaffee zu investieren, gerade auf einer kürzeren Strecke und wenn man sowieso Lust auf einen Kaffee hat. Einziger Haken: Es soll tatsächlich Tage geben, an denen das Bistro geschlossen hat oder auch die Kaffeemaschine. Warum das so ist, und immer dann, wenn man selber sich im Zug befindet, dazu kursieren in der (Leidens-)Gemeinschaft der Bahnfahrer unterschiedlichste Theorien, natürlich auch zum Auftreten eines Reservierungsproblems bis hin zum Aberglauben, bestimmte Wagen- und Platznummern und -kombinationen – ungerade/gerade, unter 22/über 55, alle Nummern, die die Ziffern 19, 94, 9, 4 oder 1 enthielten (das Jahr der großen Bahnprivatisierung) – beförderten Reservierungspannen noch zusätzlich, ja, riefen sie sogar hervor. Womit sich die Platzreservierung mit all ihren Begleiterscheinungen zumindest für hier und jetzt dorthin empfiehlt, wohin sie nach Ansicht vieler (viel zu vieler?) Pechvögel längst gehört: ins Reich der Mythen. Der Autor dieser Zeilen würde trotzdem immer reservieren, auch wenn er vielleicht gar nicht fährt. Man weiß ja nie …

---

20 Funfact für Bahnfreunde mit einem Hang zu Verschwörungstheorien: Der vorliegende Text entstand in einem Zug der Deutschen Bahn zwischen Nürnberg und Hamburg. Und an dieser Stelle, kurz vor Fulda, näherte sich ein Mitfahrgast dem Autor und zeigte ihm eine Reservierung, die auf exakt den Sitzplatz ausgestellt war, auf dem der Autor, der gleichfalls reserviert hatte, saß und in die Tasten hieb. Doch, Doppelreservierungen, zufälligerweise exakt zeitgleich ausgeführt und zeitgleich bestätigt, kommen in jedem System vor. Aber woher wusste die Bahn, dass der Autor eben an diesem Text saß …?

Wie lebt es sich im Zug mit der BahnCard 100?

Sie wollen noch mal wissen, was man alles mit einer Bahn-Card 100 anstellen kann? Als er 25 Jahre alt war, reiste der Münchner Videospielredakteur Eric Hoffmann fast jedes Wochenende nach Sylt oder nach Rügen, nach Berlin oder Hamburg. Das war für ihn ganz einfach, denn schließlich musste er Bahn fahren – er wohnte im Zug.

Herr Hoffmann, Sie sind ein DB-Vielfahrer der ganz besonderen Art. Und ein extrem treuer dazu. Was hat Sie bewogen, gleich ganz in die Bahn zu ziehen?
Der Anfang meiner Vielfahrerei hatte einen eher traurigen Hintergrund. 2016 lebte ich einige Wochen mit dem Verdacht auf Lymphdrüsenkrebs. In dieser Zeit konnte ich nur beim Bahnfahren richtig abschalten. Ich bin dann von meiner Heimat in Saarbrücken nach Westerland gefahren, und je weiter ich wegkam, desto eher hatte ich das Gefühl, meine Sorgen und Ängste hinter mir zu lassen. Später kaufte ich mir eine BahnCard 100 für die 1. Klasse. Und dann konnte ich mir einen beruflichen Traum erfüllen und in der Videospielbranche arbeiten, als Autor für ein Spielemagazin. Die Bahncard hatte ich da noch. Der Job war in München, aber da fand ich einfach keine Wohnung. Also bin ich täglich von Saarbrücken nach München gependelt.

800 Kilometer täglich?
Ja. Ich habe das nur gut zwei Wochen durchgehalten. Das war sehr anstrengend. Und ich dachte mir dann, da kann ich ja gleich im Zug wohnen.

Andere Menschen ziehen dann doch um und machen Kompromisse!

Ja, aber ich habe wenig verdient. In München kostete oft schon ein Zehn-Quadratmeter-Zimmer in einer WG rund 600 Euro. Dann habe ich gerechnet und gedacht: für 658 Euro kriege ich die Bahncard 1. Klasse, kann sonnabends an die Küste fahren und in der DB Lounge kostenlos essen und trinken ...

Tagsüber mag das funktionieren. Aber wie fanden Sie Schlaf im ICE?

Das war schwierig, und die sechs Monate von März bis Oktober waren auch nicht erholsam. In vielen Nächten habe ich nur zwischen zwei und vier Stunden Schlaf bekommen. Privatsphäre gab es auch nicht. Meist habe ich um 18:28 Uhr den ICE von München nach Frankfurt genommen und dort um 23:24 Uhr den IC nach Hamburg. Der fuhr die ganze Nacht durch das Rhein- und Ruhrgebiet und war gegen 7 Uhr in Hamburg.

Das klingt so, als hätten Sie nicht um 9 Uhr zurück im Büro in München sein müssen.

Die Kernarbeitszeiten bei uns waren von 10 bis 18 Uhr. Mein Arbeitgeber hat mir signalisiert, dass ein komplettes Homeoffice nicht geht, aber der Kompromiss war vier Stunden Train-office und vier Stunden Anwesenheit in München. Da war ich dann von 14 bis 18 Uhr im Büro. Und dann ging es ja auch schon wieder Richtung Frankfurt.

Sie sind über 1,90 Meter groß und legten sich zum Schlafen ...

Quer über drei Sitze. Ins Abteil.

Sind Sie jetzt Stammkunde beim Orthopäden?

So schlimm war das gar nicht. Rückenbeschwerden habe ich nicht bekommen. Aber spartanisch war es schon. Ich hatte nicht mal eine Decke dabei, nur ein kleines Kopfkissen. Aber ich habe die Heizung im Abteil hochgedreht, und durch das sanfte Schaukeln und meine große Erschöpfung bin ich am Ende überall eingeschlafen. Die Leute, die sagen, sie können in der Bahn nicht einschlafen, sind einfach nicht müde genug.

Sport blieb bei diesem Leben natürlich auf der Strecke?

An Vereinssport war nicht zu denken. Aber bewegen musste ich mich trotzdem. Mein Leben war ja sehr fahrplanbestimmt. Manchmal musste ich rennen, vor allem an Kopfbahnhöfen wie in Frankfurt. Wenn da ein Zug falsch herum in den Bahnhof einfuhr, war ein 400-Meter-Sprint nötig, um den Anschlusszug zu erreichen.

Und Ihre Kantine war die DB Lounge?

Ja genau, da gibt es kleine Mahlzeiten für 1.-Klasse-Fahrer gratis. Am liebsten mochte ich Chili con Carne. Die Kartoffelsuppe wurde leider ebenso aussortiert wie die Bionade Holunder, die ich gern getrunken habe.

Anders als die Lufthansa in ihrer First Class hat der ICE leider (noch) keine Duschen und keine frischen Schlafanzüge für jeden Gast.

Duschen konnte ich bei Sanifair in den großen Bahnhöfen, das kostete sechs bis sieben Euro. Zum Waschen bin ich alle 14 Tage ins Saarland zu meinem Vater gefahren, und Unterhosen oder Socken habe ich mir hin und wieder unterwegs günstig eingekauft. Und schön war immer, wenn ein Zug am Abend eine große Verspätung hatte. Dann hat mir dann die Bahn das Hotelzimmer bezahlt.

Was haben Sie gemacht, wenn Sie selber einen Zug verpasst haben?
Dann bin ich einfach am nächsten Gleis in einen anderen Zug eingestiegen. Wenn ich in Berlin einen ICE nach Hamburg verpasst habe, bin ich mit dem Regionalexpress nach Frankfurt (Oder). Hauptsache, warm und trocken.

Hatten Sie eine Lieblingsstrecke?
Von Karlsruhe Richtung Konstanz durch den Schwarzwald ist es schön, die fahre ich oft einfach mal zum Spaß. Oder von München nach Salzburg mit Railjet. Aber auch der letzte Weg nach Sylt, die Strecke von Niebüll nach Westerland, ist toll.

Und am Wochenende hatten Sie nicht genug vom Zug?
Da hatte ich frei und endlich Zeit für die ganz lange Strecke. Hoch nach Sylt zum Currywurstessen in Westerland. Da am Strand zu sitzen, das war Erholung. Abends bin ich dann zurück nach Frankfurt.

Hätten Sie dieses Leben auch in der 2. Klasse führen können?
Als meine Bahncard abgelaufen war, habe ich das kurz erwogen, aber die Auslastung in der 2. ist zu hoch. Eine Voraussetzung für meinen Lebensstil war, spontan in jedem Zug einen Sitzplatz zu bekommen. Das ging nur in der 1. Klasse.

Was haben Ihre Mitmenschen zu Ihrem Nomadentum gesagt?
Mein Vater kann das bis heute nicht nachvollziehen. Alle anderen haben das einfach nur belächelt. Die wissen, ich bin jemand mit einem gewissen Hang zum Verrückten.

Mal ganz ehrlich: War das nicht furchtbar anstrengend?
Körperlich schon, aber ich bin auch stolz darauf, so lange durchgehalten zu haben. Man tendiert ja immer dazu, Ideen zu verwerfen, weil man denkt, das ist unmöglich. Ich habe das durchgezogen, auch wenn ich am Ende die Arbeit in München beendet habe.

Nur der Bahn bleiben Sie treu. Gerade haben Sie eine Ausbildung zum Lokführer bestanden.
Ich bin jetzt Triebfahrzeugführer bei DB Regio. Meine Frau hat die Ausbildung mit mir zusammen begonnen und ebenfalls bestanden. Wenn alles klappt, lassen wir uns ins Saarland versetzen. Da können wir uns dann auch eine Wohnung leisten.

WISSEN
Ist die Bahn denn wirklich so umwelfreundlich?

Sie ahnen vielleicht schon: Wenn wir so fragen, kann es sein, dass es mit der Umweltfreundlichkeit der Bahn nicht ganz so einfach ist, wie es in der Werbekampagne des Konzerns aussieht. Aber die ist wirklich beeindruckend. Da wurden nicht nur rote Streifen auf den Zügen durch grüne ersetzt (wie schon auf der Bahncard), und Bahnchef Richard Lutz wird nicht müde zu wiederholen: »Bahn fahren ist aktiver Klimaschutz.« Wer sich auf der Kampagnenwebsite https://gruen.deutschebahn.com/de umsieht, könnte vor lauter Grün, Wasser, springenden Fischen und umweltbewussten Menschen glatt glauben, er sei auf den Seiten der Umweltschutzorganisation Nabu gelandet. Und tatsächlich prangt da auch der selbstbewusste Slogan: »Deutsche Bahn – mit uns sind Sie Umweltschützer.« Zwischen mehr als 150 Maßnahmen der Bahn zur Rettung unserer

Umwelt, darunter Sparen von Plastik, Spenden von Trinkwasser und die Schaffung neuer Lebensräume für bedrohte Vogelarten wird natürlich auch erwähnt, dass bereits rund 140 Millionen Reisende im Fernverkehr mit 100 Prozent Ökostrom unterwegs seien (und das bei einer Einwohnerzahl in Deutschland von 83 Millionen Menschen!). Und dass bis zum Jahr 2038 der gesamte Bahnstrom vollständig aus Ökostrom stammen soll, bevor, bis 2050, die Deutsche Bahn komplett CO_2-neutral sein will.

Hehre Ziele, aber zum Klimaschutz gibt es keine Alternative. Nur noch mal zur Erinnerung: Auf der Weltklimakonferenz in Paris hat die Staatengemeinschaft im Jahr 2015 ihr Ziel bekräftigt, den weltweiten Temperaturanstieg so weit zu begrenzen, dass die Folgen beherrschbar bleiben. Konkret: Die Staaten bekennen sich völkerrechtlich verbindlich dazu, die Erderwärmung auf unter zwei Grad zu begrenzen. Und das kann nur auf einem Weg erreicht werden: die Produktion und den Ausstoß von Treibhausgasen zu reduzieren – so stark wie möglich, und zwar schnell. Denn mit dem Klima verhält es sich wie mit einem Riesentanker, der ewig braucht, bis er auf Kurskorrekturen endlich reagiert – nein, es gibt noch einen Unterschied: Der Tanker reagiert irgendwann und folgt dem Kommando des Ruders und das berechenbar. Beim Klima mit all seinen Kipppunkten und sich gegenseitig beeinflussenden, einander verstärkenden und aufschaukelnden Faktoren weiß man nicht genau, wie die Reaktion am Ende ausgeht. Und trotzdem, das war den Architekten der Weltklimakonferenz klar, muss die Menschheit handeln, bevor es zu spät ist[21]. Die unterzeichneten Staaten haben sich zu immer neuen, alle paar Jahre ehrgeizige-

---

21 Apropos Temperaturanstieg: Das Jahr 2020 etwa war bei Entstehung dieses Buches dabei, als eines der heißesten Jahre in die Klimageschichte einzugehen, wovon die meisten Menschen nichts mitbekamen, da nur ein großes Thema die Medien in Atem hielt: Corona.

ren Klimazielen verpflichtet: Bis zum Jahr 2030 will die EU die Treibhausgase im Vergleich zu 1990 um 55 Prozent verringern. Die deutsche Bundesregierung hatte seit Jahren das Ziel angepeilt, die CO_2-Emissionen bis 2020 um vierzig Prozent gegenüber 1990 zu reduzieren – und hat dieses Ziel ironischerweise wohl ausgerechnet infolge der Corona-Pandemie doch noch knapp erreicht: Dem Klimaschutzbericht 2019 zufolge fehlten noch etwa vier Prozent zu den vierzig. Um die 705 Millionen Tonnen CO_2 produzierte Deutschland im Jahr 2019 laut Schätzungen des Bundesumweltamtes. Der Löwenanteil davon stammt aus drei Quellen:

An erster Stelle mit etwa 244 Millionen Tonnen steht die Stromerzeugung. Bei uns – in anderen EU-Ländern schlägt man die Hände über dem Kopf zusammen – setzt man nämlich zum großen Teil noch auf Kohle. Der deutsche Strommix, Stand 2020, besteht zwar zu 50,5 Prozent aus erneuerbaren Energien, aber fast ein Viertel der Energie stammt immer noch aus Stein- und Braunkohle. Würde man diese Kraftwerke einfach abschalten, hätte Deutschland vorerst keine Sorgen mehr mit den Klimazielen. Immerhin: Dank der erneuerbaren Energien entsteht bei der Stromerzeugung mittlerweile ein Drittel weniger CO_2 als im Vergleichsjahr 1990.

An zweiter Stelle im Ranking, mit etwa 170 Millionen Tonnen CO_2-Emissionen, kommt die Industrie, allen voran Stahl- und Zementwerke, Raffinerien und die chemische Industrie. Auch hier ist in den letzten Jahren etwas passiert; die Industrie erzeugt etwa ein Viertel weniger CO_2 als 1990.

So gut wie nichts, wir erwähnten es anfangs schon, aber hat sich bei der dritten großen CO_2-Quelle getan: dem Verkehrssektor. 162 Millionen Tonnen CO_2 blasen wir durch Transporte und Mobilität in die Luft, den Löwenanteil davon macht unser Individualverkehr auf der Straße aus. No-Fun-Fact: Daran hat sich seit 1990 so gut wie nichts verändert. Und das, obwohl die Motoren immer besser und effizienter werden. Wie das sein kann, beantwortete Ottmar Edenhofer vom Potsdam-Institut für Klimafolgenforschung dem Bayerischen Rundfunk kurz und bündig so: »Wir haben effizientere Autos, aber zur gleichen Zeit fahren wir mit schwereren Autos, und wir fahren sehr viel mehr.« Ökonomen sprechen vom Rebound-Effekt: Weil immer mehr PKW gefahren wird, weil deutlich mehr LKWs über unsere Straßen rollen, verpufft jeder technische Fortschritt. »Diese Herausforderung«, schreibt das Umweltbundesamt, »kann nur in Kombination mit Maßnahmen wie einer Erhöhung der Verkehrseffizienz oder einer veränderten Verkehrsmittelwahl gelöst werden.«

Helfen könnten da zum Beispiel Elektrofahrzeuge. Sie fahren abgasfrei. Der Energieverbrauch von Elektromotoren ist geringer und effizienter als bei Verbrennungsmotoren. Und natürlich sind die Elektris besonders klimaschonend, wenn sie mit »grünem Strom« fahren.

Doch trotz hoher staatlicher Förderungen und hoher Zuwachsraten betrug der gesamte Anteil der E-Autos auf unseren Straßen Stand 2020 gerade mal drei Prozent.[22] E-Tanken sind immer noch so selten, dass man bei längeren Fahrten seine Reiseroute nach ihnen planen muss, und auch sonst kann es sein, dass die Fahrt zum Abenteuer wird. Dann nämlich, wenn die Elektrozapfstelle kaputt ist, woraufhin dem E-Mobilisten nur die energiesparende Schleichfahrt zur nächsten bleibt, quälend langsam und unter Abschalten sämtlicher nicht unbedingt lebensnotwendiger Energieverbraucher wie Klimaanlage, Scheibenwischer, Licht, Musik ...

Somit – und Abenteuer erleben kann man da erst recht – landen wir wieder bei der Bahn. Bei der ist Elektroantrieb quasi

22 Bei den Neuzulassungen legten Elektroautos zuletzt jedoch zu. Jedes zehnte Auto, das im Herbst 2020 neu zugelassen wurde, hatte einen E-Antrieb.

schon Standard: 90 Prozent der »Verkehrsleistung« werden elektrisch erbracht, S- und U-Bahnen, Regionalbahnen, Fernzüge, Straßenbahnen – sie alle fahren großenteils mit Strom. Im Vergleich sind die Bahnen deshalb tatsächlich das klimaschonendste motorisierte Verkehrsmittel: Eine Zugreise produziert im Schnitt über 70 Prozent weniger CO_2 als eine mit dem Auto, 85 Prozent weniger als mit dem Flugzeug und beim Gütertransport 75 Prozent weniger als der LKW. Nebenbei werden auch deutlich weniger Stickoxide und andere Luftschadstoffe ausgestoßen. Und es wird nicht immer mehr kostbare Fläche verbraucht und versiegelt, wie das beim Bau von Straßen und Parkplätzen für den Straßenverkehr von Jahr zu Jahr der Fall ist; die Fläche, die die Bahn für sich in Anspruch nimmt, bleibt in etwa gleich. Lauter klare Pluspunkte für den Schienenverkehr.

Kein Wunder also, dass Experten und Bundesregierung auf eine bestechende Idee kamen: Wenn man es nur hinbekäme, dass viel mehr Menschen Zug fahren, dass wieder viel mehr Waren auf Schienen transportiert werden – dann lässt sich unser CO_2-Ausstoß enorm senken. (Und das, ohne sofort die Kohlekraftwerke abzuschalten …!)

Nicht nur Deutschland hat solch einen ehrgeizigen Plan. EU-weit gibt es das Ziel, bis zum Jahr 2050 die Hälfte des Güterverkehrs über 300 Kilometer Distanz per Bahn oder Schiff abzuwickeln. Und bis dahin soll die Eisenbahn auch den größten Teil (!) der Personenbeförderung über mittlere Distanzen übernehmen. Wow! Und noch mal: Die Bahn ist DAS Verkehrsmittel der näheren Zukunft, da gibt es kein Vertun und keine Alternativen.

Nun gut, vor Corona-Zeiten, als man ganz unbefangen noch dicht an dicht reiste, gab es eine Berechnung des Umweltbundesamtes, nach der Fernbusse noch besser wegkamen. So ein Vehikel, kalkulierte das Amt 2018, produziere pro Person und Kilometer 29 Gramm CO_2-Äquivalente (das sind alle Klimagase, der Einfachheit halber umgerechnet auf den klimatischen Effekt von

CO_2). Die Bahn dagegen komme im Fernverkehr auf immerhin 32 Gramm, im Nahverkehr sogar auf 57 Gramm. Vorteil für den Bus!

Zu diesem Ausgang der Berechnung trug allerdings bei, dass die Leute vom Umweltbundesamt für die Bahn den durchschnittlichen deutschen (und nicht den bahnspezifischen, dazu bitte weiterlesen) Strommix zugrunde legten.

Doch bevor Sie nun zum nächsten Busbahnhof spurten: Fährt solch ein Fernbus etwa elektrisch? Noch lange nicht. Die Akkus der Elektrobusse auf dem Markt reichen bestenfalls um die 300 Kilometer weit, dumm, wenn man von Garmisch nach Hannover und wieder zurück schrubben muss; und selbst wenn Zeit wäre, unterwegs aufzuladen und den Fahrer zwangsweise schlafen zu schicken: Dafür bräuchte man, Arghhh!, ein hervorragendes Netz von E-Tanken …

Und außerdem: Kann man, wenn einem auf der Fahrt die Beine einschlafen, in Fernbussen ganz von vorne nach hinten laufen und zurück, und das drei, vier Mal, um sich Bewegung zu verschaffen?

Ja, man kann. Aber spätestens dann wird man vom Busfahrer eingefangen und an der nächsten Raststätte ausgesetzt.

Oder kann ein Fernbus etwa mit falscher Wagenreihung einfahren?

Nein, kann er nicht.

Sehen Sie. Bleiben wir lieber bei der Bahn.

Und kommen wir endlich zum Ökostrom. Denn nur wenn die Antriebsenergie aus Solar-, Wasser- oder Windkraftanlagen stammt, ist ein Elektrofahrzeug erst richtig klimaschonend. Und seit Anfang 2018 verspricht die Bahn allen Kunden in ICE-, IC- und EC-Zügen innerhalb Deutschlands eine Fahrt mit 100 Prozent Ökostrom, »Das ist grün. Und zukunftsweisend«.

Gegen Letzteres ist erst mal nicht viel zu sagen. Obwohl das, wir erwähnten es bereits, bedeutet, dass die Kunden im Nahverkehr eben nicht hundertprozentig ökologisch fahren, und genau das rein technisch ein Ding der Unmöglichkeit ist. Denn es gibt nur ein Bahnstromnetz – wie will man es da schaffen, den Strom innerhalb von korrespondierenden Leitungen so aufzuteilen, dass allein die Fernkunden rein ökologisch fahren? Einigen wir uns darauf: Die 100 Prozent Ökostrom sind eher eine Rechengröße.

Aber schlecht ist dadurch die Sache mit dem Ökostrom bei der Bahn nicht, im Gegenteil, das Unternehmen ist tatsächlich ein leuchtendes Vorbild: Nach Bahn-Angaben fahren die elektrisch angetriebenen Züge des Konzerns in Deutschland[23] zu über 60 Prozent mit Strom aus erneuerbaren Energien – das ist deutlich besser, als im deutschen Strommix. Ein Großteil des grünen Bahnstroms kommt Experten zufolge aus Kraftwerken, die extra für die Bahn Energie produzieren; nur ein kleinerer Teil stammt aus zugekauften Ökostromzertifikaten, die als weniger nachhaltig gelten. Die Bahn werde innovative Modelle mit Windenergie und Wasserkraft in den nächsten Jahren weiter ausbauen, versprach der Bahnchef.

60 Prozent erneuerbare Energie – das heißt allerdings auch, dass die übrigen knapp 40 Prozent des Bahnstroms weiterhin von Atom-, Gas- und Kohlekraftwerken abgedeckt werden. Auf der Grundlage langfristiger Verträge, die so gar nicht zum grünen Image der Bahn als oberster Umweltschützer auf Schienen passen. 110 Megawatt Bahnstrom etwa liefert, Stand März 2020, das Braunkohlekraftwerk Schkopau, Sachsen-Anhalt, das bis 2034 am Netz bleiben wird. Und da ist noch ein anderes Kraftwerk, das dem Konzern das grüne Image gründlich verdirbt: Datteln 4. Das Kraftwerk am Dortmund-Ems-Kanal wirkt wie ein ironischer Anachronismus zum deutschen Ausstieg aus der Kohle-Stromgewinnung: Drei der vier Kraftwerksblöcke aus den 1960er Jahren sind seit 2014 verdientermaßen stillgelegt; der vierte Block, ein

---

23 Stand Oktober 2020.

ab 2007 gebauter 1100-Megawatt-Kaventsmann, ist am 30. Mai 2020 nach jahrelanger Bauverzögerung in Betrieb gegangen, als gäbe es keine Klimaerwärmung. Und nicht nur zur Empörung der Umweltschützer, sondern auch der Bahn. Denn 2007, damals war die Bahn noch nicht das Lieblings-, sondern das Stiefkind der Verkehrspolitik, und ein Bahnchef namens Hartmut Mehdorn sparte und baute ab, wo er konnte, um die Bahn schlank an die Börse zu bringen, hat sich der Konzern mehr als 400 Megawatt Leistung des 1100-Megawatt-Kraftwerks günstig gesichert. Und diese 400 Megawatt, die für ein Viertel aller deutschen elektrisch fahrenden Züge sowie für den gesamten Strombedarf der Bahn in Nordrhein-Westfalen reichen, diese 400 Megawatt, ohne die Datteln 4 niemals so groß gebaut worden wäre – die muss der Konzern dem Kraftwerk nun jedes Jahr abnehmen. Ob er will oder nicht.

Und er will eher nicht. Es gab diverse vergebliche Versuche, aus dem Deal auszusteigen. Aber nicht mal Ronald Pofalla konnte helfen. Die Kohlekommission, die ausgerechnet vom Bahn-Infrastrukturvorstand und früheren Bundesminister für besondere Aufgaben geleitet wurde, hatte der Bundesregierung empfohlen, Datteln 4 nicht ans Netz gehen zu lassen. Der Regierung aber war, Pofalla hin, Pofalla her, die Entschädigung für den Kraftwerksbetreiber zu teuer, die sonst fällig gewesen wäre. So wird Datteln 4 bis in die 30er Jahre Kohlestrom an die Bahn liefern und dem Schienenkonzern eine noch bessere Ökobilanz verhageln.

Das wurmt auch die Bahn. Ende 2020 beschaffte sie sich über drei neue Lieferverträge weitere 780 Gigawattstunden Ökostrom aus Wasserkraft, Windkraft und Sonnenenergie. »Die neuen Verträge sichern uns künftig acht Prozent Grünstrom«, rechnete Bahnchef Richard Lutz vor.

Aber der Kohlestrom ist nicht der einzige Rußfleck auf der grünen Weste der Bahn. Denn die ganze Ökostromrechnerei und der beachtliche Wert von über 60 Prozent, sie gelten nur für einen Teil der Züge der Deutschen Bahn: den nämlich, der sich elektrisch fortbewegt. Das geht aber längst nicht überall im deutschen Bahnnetz. Für den, der den Slogan von den 100 Prozent Ökostrom im Fernverkehr im Kopf hat, klingt das erst einmal unglaublich: Insgesamt sind nur gut 60 Prozent aller Bahnstrecken elektrifiziert. Was dem durchschnittlichen ICE-Reisenden gar nicht auffällt; zu den 20 000 Kilometern Schienen mit Elektroanschluss zählen nahezu sämtliche Hauptstrecken des Personen- und Güterverkehrs. Abseits dieser Trassen aber wird es schnell düster: Auf vielen weniger stark frequentierten Strecken gibt es noch zahlreiche Lücken oder gar keine Zugelektrik. Und da man bei den Zügen nicht alle paar Kilometer zwischen Elektro- und konservativem Antrieb wechseln kann, wummern auch über teilweise elektrifizierten Schienenstrecken in der Regel die alten Dieselloks. Von den über 7000 Triebwagen und Lokomotiven der Bahn fahren noch 2380 mit Diesel, teilte die Bundesregierung dem FDP-Abgeordneten Torsten Herbst auf dessen Anfrage 2018 mit.[24]

Peinlich ist vor allem der Vergleich mit anderen Ländern. In der Schweiz, wir kommen noch auf dieses Bahnwunderland, liegt der Elektrifizierungsgrad bei 100 Prozent, aber selbst in Italien sind mehr als 70 Prozent der Bahnstrecken mit Strom befahrbar. Dass sich die Zustände in Deutschland verbessern müssen, darüber herrscht große Einigkeit. Allerdings muss man auch etwas tun.

Der Bahneigentümer, die Bundesregierung, hat das Ziel ausgegeben, dass bis zum Jahr 2025 rund 70 Prozent aller deutschen Bahnstrecken mit elektrischen Oberleitungen oder Stromschienen versehen sein sollen. Dieses Vorhaben klingt kein bisschen überambitioniert, bedenkt man, was klimatechnisch und weltweit auf dem Spiel steht. Doch allein um das zu schaffen, rechnete der Verband Allianz pro Schiene vor, müsse die Bahn das bisherige Elektrifizierungstempo glatt versiebenfachen.

---

24 Im Herbst 2020 schloss die Bahn mit Siemens Mobility einen Vertrag zur Lieferung neuer Zweikraftlokomotiven, die sowohl mit Diesel als auch elektrisch fahren können.

III. WARTEN VOR DER ABFAHRT

Auf dem Bahnsteig, im Bahnhof – oder in der Lounge?

21 Millionen Menschen betreten täglich in Deutschland einen Bahnhof. Und nun lassen wir die mal alle fünf Minuten warten. Nur fünf Minuten. In der Bahnwelt, das wissen Sie schon und darüber werden Sie gleich noch mal lesen, ist das praktisch eine Minute weniger als nichts. Aber in unser aller Leben sind das zusammen über 100 Millionen Minuten Warten am Tag – oder 36,5 Milliarden Minuten im Jahr. Und nun teilen wir das nur aus Spaß durch die Jahresarbeitszeit einer Angestellten mit 40-Stunden-Woche. Das Ergebnis verstört. Es lautet 345 643. Mit anderen Worten. Wir Bahnkunden warten Tag für Tag so viel, wie alle 300 000 Mitarbeiter der Bahn zusammen arbeiten. Anders gedacht: Wäre die Bahn pünktlich, bräuchte sie keine Mitarbeiter mehr, weil wir alle gemeinsam … Und vielleicht ist das schon des Rätsels wahre Lösung: Die Bahn rechnet intern erst ab sechs Minuten mit Verspätungen, damit keiner auf die Idee kommt, dass alle Mitarbeiter überflüssig wären, wenn sie nur wirklich pünktlich wäre …[1]

Aber warten ist unvermeidlich. Überlegen wir also nun lieber, wie wir taktisch klug warten. Im Winterhalbjahr hat man die

---

1 Wenn Ihnen diese Kalkulation zu schnell ging und Ihrem mathematikbegeisterten Nachbarn auch, lässt Ihnen der Autor dieser Zeilen gerne gegen eine saftige Schutzgebühr die Originalberechnung zukommen.

Wahl zwischen Pest und Cholera (neudeutsch: Corona). Will heißen: Wir haben schon verloren, ehe die Reise losgeht. Entweder wir werden uns erkälten oder unseren Zug verpassen oder beides; da hilft auch jede noch so klug programmierte App und Gleisanzeige nicht wirklich weiter. Zehn Minuten angezeigte Verspätung sind nämlich manchmal im Nu nur fünf. Und wer den Bahnsteig verlässt, um sinnvollerweise etwas zu erledigen statt mit malmenden Backen aufs leere Gleis zu starren, bis der Zug einfährt, der reagiert ganz anders auf die angekündigte Verspätung, als würde er ausharren, nämlich fast schon schizophren: Er hofft, dass die Bahn bloß nicht *zu* pünktlich sein möge, damit er selber nicht unpünktlich, also zu spät zurück am Gleis ist.

Der Mensch geht ja nicht einfach so in die Bahnhofshalle, um dann abrupt umzudrehen und zurückzuspurten. Er hat Ziele: einen Kaffee, einen Haferflockenbrei von Haferkater oder ein Smoothie. Und sollten nicht Briefmarken erworben werden? All das aber sorgt nun für zusätzlichen Stress, denn jetzt ist man nicht mehr nur der Bahn ausgeliefert, sondern gleichzeitig dem Verkaufspersonal – das den ganzen Tag nur Kunden bedienen darf, die es aber wirklich ganz furchtbar eilig haben.

Entsprechend abgestumpft reagieren die McPaper-Verkäuferinnen auf die Bitte, doch schnell das Wechselgeld rauszurücken. »Brauchen Sie noch Kugelschreiber? Nein? Aber Briefumschläge? Da haben wir gerade eine Aktion …« Wer dann den Zug verpasst, weil er nicht nach zehn, sondern erst nach elf Minuten zurückkehrte, wird zwar seines Tages nicht mehr froh, hat aber immerhin Briefmarken und Umschläge im Gepäck.

Aber, aber, sagt nun der Vielfahrer: Ich warte in der Lounge. Lounge, das klingt nach Exklusivität und weiter Welt. Doch wer erst mal drin ist in der DB Lounge, guckt nicht auf den Hafen von New York, sondern auf die Innenstadt von Hannover, auf Bahnhofskacheln (Düsseldorf) oder auf ein Reisezentrum (Frankfurt). Wenn man denn ein Plätzchen ergattert. Es gibt mittlerweile so viele Bahncomfort-Kunden, dass dort am Teeautomaten schon mal für das Rumgestehe im Zwischenwagenbereich geprobt wird. Und zum anderen ist diese Lounge oft so abseitig gelegen, dass es ein paar Minuten dauert, ehe man sie gefunden hat – und wieder ein paar, bis das richtige Gleis erreicht wird. Immerhin sind Tageszeitungen umsonst, und ab und zu gibt es Eis. Und meistens natürlich den Stoff, nach dem Pendler süchtiger sind als nach Kaffee: Strom. Aber wehe, wehe, wenn ich auf das Ende sehe. Wenn also der Zug plötzlich nicht mehr in 20, sondern in zehn Minuten kommen soll. Dann geht das Gerenne los, Rollkoffer verkeilen sich in der Tür, die Entspannung im roten Loungesessel ist dahin, das Ladegerät womöglich vergessen, und der Vielfahrer muss während des Rennens eine furchtbare Entscheidung treffen: Verzichtet er auf das Gerät – oder auf den Zug?

Nein, entspannter wartet es sich am Gleis. Mit Glück gibt es dort – wie in Frankfurt oder am S-Bahn-Gleis Hannover – unweit des Wagenstandsanzeigers eine Bäckerei. Mit Pech gibt es nicht einmal ein Dach. Aber Regen. Dann kommt der Moment, wo man glückliche Pärchen um deren Jack-Wolfskin-Zwillingsoutfit beneidet. Oder es kommt endlich der Zug.

Warum sehen die Bahnhöfe von innen alle so gleich aus?

Sind Sie schon einmal in Altötting eingestiegen? Das kennen Sie nicht einmal? Sollten Sie aber! In Altötting ist nämlich nicht nur die berühmte Gnadenkapelle zu finden, sondern ab sofort auch ein Wallfahrtsort für Bahnfahrer: der Bahnhof des Jahres 2020. Die Allianz Pro Schiene, ein gemeinnütziger Verein, der sich für eine Stärkung der Eisenbahn in Deutschland engagiert, zeichnet jedes Jahr einen anderen Bahnhof aus. Im Falle Altöttings gefiel der Jury, wie unproblematisch man von dort wieder wegkommt,[2] aber auch das Angebot für Radfahrer sei ein Vorbild für alle Bahnhöfe in Deutschland. Zu den Altöttinger Highlights, das sei kurz verraten, gehören überdachte Abstellplätze, Ladestationen für Elektrofahrräder, eine Werkbank mit Werkzeugen für die Reparatur von platten Reifen und Co – und eine eigene Umkleidekabine für die Bicyclisten (!). Accessoires, »für einen Bahnhof dieser Größenordnung bundesweit fast einzigartig«, sagt Allianz-Geschäftsführer Dirk Flege: »So stellen wir uns einen Bahnhof im ländlichen Raum vor.«

Und wie, liebe Leserin und lieber Leser, stellen Sie sich einen Bahnhof vor? Wenn Sie auch mal an das Innere denken, die Wege, und das Drumherum, die Einkaufsmöglichkeiten? Oder wurden Sie schon jeder Kreativität beraubt und können sich kein bisschen vorstellen, wozu man da noch Fantasie braucht, malträtiert von der Bahnhofsrealität in Bielefeld, Dortmund, Freiburg, Kiel? In Metropolen wie diesen hilft einem heute fast nur das Ortsschild am Gleis weiter. Daneben oder darunter ist der deutsche Bahnhof immer ziemlich gleich. Es riecht nach Baguettes von Crobag, je nach Region decken sich Pendler und sonstige Reisende mit Klopapier, Deo-Sticks und Wasser von dm, Rossmann oder Müller ein. McDonald's und Burger King dürfen ebenso wenig fehlen wie eine Douglas-Parfümeriefiliale und Ditschbrezeln, die wirklich nur die fünf Minuten schmecken, die sie warm sind. Schnäppchenjäger decken sich bei Yorma's ein, einer Bäckerei mit angeschlossenem Kiosk (oder umgekehrt). Starbucks und Coffee Fellows zeugen von Gentrifizierung im Bahnhof; lokale Gastwirte sind spärlich gesät. Aber irgendwo findet sich immer doch die eine fiese Pinte, die mal Zapfhahn heißt und ein andermal nicht minder kreativ Bierbar und die auf wer weiß was für eine Art das Rauchverbot umschifft.

---

2   Lachen Sie nicht. Eins der Hauptargumente für München als Wohnort ist ebenfalls, wie schnell man von dort aus wieder wegkommt, in dem Fall nach Italien.

So sieht es aus in Köln, in Düsseldorf, in München, Frankfurt und in Hamburg. Und da hilft es auch nicht, dass die Gebäude von außen teilweise herrschaftliche Schönheit ausstrahlen.

Die innere Uniformität hat natürlich ihren Grund. Die Mieten sind enorm, und Einzelkämpfer können sich, wenn sie ihre Apfeltaschen und Schokocroissants mit Crobag um die Wette backen, nur so lange behaupten, wie sie ohne Schlaf auskommen. So hat Deutschlands größter Gastgeber, wie sich die DB Station und Service in Anspielung auf die täglich 21 Millionen Reisenden und Besucher gern selbst nennt, den deutschen Bahnhof zur Langeweile erzogen.

Und galant verschwiegen, dass immer weniger Empfangshallen Gäste empfangen. Anfang des Jahrtausends zählte die Bahn noch Bahnhöfe in ihrem Besitz. Fast 500 weniger sind es heute. Aber geht man davon aus, was man sich landläufig unter einem Bahnhof vorstellt, sind es noch mal deutlich weniger. Das Schicksal der Bahnhöfe treibt die Allianz Pro Schiene um. Und ganz besonders ihren Geschäftsführer Dirk Flege.

Was macht einen schönen Bahnhof aus?

Herr Flege, warum verfallen so viele alte Bahnhöfe?
Ein Bahnhof ist in der Statistik der Deutschen Bahn nicht unbedingt ein ehrwürdiges Bahnhofsgebäude vielleicht noch mit großer Bahnhofsuhr, für diesen Titel reicht schon ein Haltepunkt mit Wartehäuschen. Streng genommen reden wir jetzt also über die tatsächlichen Bahnhofsgebäude in Deutschland, das sind rund 2800. Von denen hat die Deutsche Bahn 2000 verkauft. Und die sind oft in erbärmlichem Zustand, mal gehören sie der Kommune, mal privaten Investoren …

Privaten Investoren?
Allein der britische Immobilienfonds Patron Capital kaufte
500 Bahnhofsgebäude. Man versprach sich 2007, im dem Jahr
wurde der Deal abgewickelt, offenbar Traumrenditen, da die
Grundstücke oft in bester Lage waren.

Und die blieben aus, und die Gebäude verfielen?
Im schlimmsten Fall schon. Alles hat seine Ursache in einem
großen Fehler der Bahnprivatisierung. Da ging es plötzlich
vor allem um Wachstum und Profit. Nicht jeder Bahnhof
lässt sich profitabel betreiben. Doch das musste er auf einmal.
Jeder Bahnhof war ein eigenes profit center. Da, wo der Umsatz nicht stimmte, wurde verkauft.

Rächt sich das heute?
Was ich zumindest immer vermisst habe, ist eine Debatte
im Bundestag über den Umgang mit diesem Volksvermögen.
Denn die Verkaufserlöse waren am Ende lächerlich. Da hätte
ich mir mehr Engagement gewünscht.

**Dreht sich denn jetzt der Wind? Kauft die Bahn ihre
Höfe wieder zurück, wie manche Kommune ihr Stadt-
werk?**
Wir erleben ganz sicher eine Renaissance. Das fing an mit
Bürgerbahnhöfen wie Leutkirch in Schwaben, einer der ersten Bahnhöfe, wo eine Genossenschaft gegründet wurde, um
ihn zurückzukaufen. Auch in Cuxhaven haben sich Bürger
zusammengetan, und ehe ein Einkaufszentrum aus dem
Bahnhof wurde, haben rund 100 Leute Geld investiert. Im
thüringischen Rottenbach wird der Bahnhof ebenfalls wieder
zum Mittelpunkt der Stadt, so etwas zu sehen ist schön ...

Was macht einen Bahnhof aus, wie ihn sich die Menschen wünschen?
Er ist nicht irgendwo am Reißbrett entstanden, sondern hat eine individuelle Note. In Oberstdorf ist der Bahnhof mit einer Holzfassade verkleidet, da fühlt man sich gleich in Bayern angekommen. Im Skisportort Winterberg ist das Dach einer Skischanze nachempfunden. Und das geht auch bei Gebäuden, die der Deutschen Bahn gehören: Im Kerpener Stadtteil Horrem entstand 2014 Deutschlands erster »Umweltbahnhof«[3], der, verkleidet mit schwarzem Schiefer, in die Landschaft passt. Und dazu gehört ein regionales Speisenangebot. Über Mannemer Dreck[4] freue ich mich in Mannheim immer ganz besonders. Die Gretchenfrage ist doch die: Lädt der Bahnhof zum Verweilen ein? Bleibe ich länger als nötig? Wer die Frage mit ja beantwortet, könnte in einem Kandidaten für den Bahnhof des Jahres unterwegs sein. Ein Bahnhof muss leben, aufgestellte Automaten reichen da nicht, denn die Bahnreisenden wollen am Bahnhof mit echten Menschen Kontakt aufnehmen.

Echte Menschen? Die Bahn selbst spricht etwas abstrakter von ihrem Bahnhofserlebnis, das die 3-S-Strategie prägen soll: Service, Sicherheit und Sauberkeit. Nun soll noch ein viertes dazukommen. S wie Super-Internet soll es nun auch noch geben. Das macht den Bahnhof zwar nicht schöner, aber man entkommt ihm gedanklich leichter. Noch ist das Versprechen so wolkig wie die Datenmengen, die an den großen Bahnhöfen durch die Gebäude schweben. Im Sommer 2020 waren gerade 12 Prozent der Bahnhöfe (641 von 5376) kostenlos per WLAN zu erreichen.

---

3   Nach Angaben der Deutschen Bahn waren Bau und Betrieb CO_2-neutral.
4   Heißt wirklich so und meint ein Makronengebäck aus Mannheim.

Ein Dauerärgernis ist die Barrierefreiheit. Dazu muss man nicht einmal im Rollstuhl sitzen. Es genügt, mit einem Kinderwagen zu versuchen, einen ICE zu erreichen, der auf dem Bahnsteig im Obergeschoss abfährt. Dabei erreicht der Puls Werte wie sonst nur beim 400-Meter-Lauf – während man sich eingezwängt in einem von aller Hetzigkeit befreiten Fahrstuhl auf eine gefühlt sehr lange Reise Zentimeter für Zentimeter nach oben schiebt (von Fahren kann bei Fahrstühlen der Deutschen Bahn nun wirklich keine Rede sein). Bei der Bahn weiß man natürlich, dass kein Fahrgast je auf die Idee käme, sich über das Tempo zu beschweren. Dieser ist ja schon heilfroh, dass sich die oft versperrten Türen überhaupt geöffnet haben, sich der gläserne Aufzug dann tatsächlich in Bewegung setzt und dass er ihn wieder verlassen darf, noch bevor das Kind im Wagen laufen gelernt hat.

Aber immerhin will die Bahn an den Bahnhöfen bis zum Jahr 2024 über 100 Millionen Euro investieren: in ein intelligentes System für Reisendeninformationen. Die Daten sollen – endlich, endlich! – konsistent sein. Das bedeutet: Was in der Bahnhofshalle angezeigt wird, präsentiert die Bahn zeitgleich genau so (und wirklich nicht anders) am Gleis und in der DB-App. Wenn Sie nun lächeln und sich fragen: so what, ist das nicht selbstverständlich?, dann sind Sie wahrscheinlich noch nicht ganz so lange Kunde der Deutschen Bahn.

Aber an den Bahnhöfen tut sich tatsächlich noch mehr. Dort soll es künftig nicht nur Park+Ride-Parkplätze geben, Ladesäulen für Elektrofahrzeuge, Platz für Bikesharing und E-Scooter. Der Bahnhof soll für die Menschen tatsächlich (wieder) einen ganz anderen Stellenwert bekommen. Und jetzt wird es überraschend. Denn das sagt nicht irgendwer, das sagt die Bahn.

Wie man die Menschen wieder in die Bahnhöfe lockt

Meike Niedbal, Expertin für nachhaltige Innovationen, verantwortet das Produkt- und Portfoliomanagement für die DB Station&Service AG und entwickelt als Leiterin von Smart Cities neue Nutzungskonzepte für Bahnhöfe. Warum eigentlich?

Frau Niedbal, was sind »neue Nutzungskonzepte für Bahnhöfe«, und wieso sind die nötig?
Früher waren Bahnhöfe Treffpunkte, an denen man als Reisender kaum vorbeikam. Das hat sich heute geändert. Wir wollen, dass Bahnhöfe – nicht nur für Reisende – ein wichtiger Bestandteil unseres Alltags werden. Wir möchten sie wieder mehr im Bewusstsein der Menschen verankern.

Bahnhöfe haben sich schon deshalb aus unserem Alltag entfernt, weil man sie eigentlich auch als Bahnfahrer nur noch hastig durchqueren muss, um zum Zug zu kommen. Früher kaufte man in der Schalterhalle ein Ticket. Das lässt sich heute alles online erledigen oder per App ...
Ja, und Autofahrer haben erst recht keinen Bezug mehr zu Bahnhöfen. Wir wollen Menschen einladen zu kommen. Sie sollen an den Bahnhöfen Dinge und Serviceleistungen finden, die ihren Alltag erleichtern.

Was bedeutet das konkret?
Zuerst, das ist klar, muss die Basisqualität stimmen: Sicherheit, Sauberkeit, gute Gestaltung, Wohlfühlen. Wir stellen uns auch neue Angebote vor. Etwa Coworking Spaces, wie wir sie schon am Berliner Hauptbahnhof eingeführt haben.

93

Jeder kann dort arbeiten, ob Bahnkunde oder nicht. In Zukunft könnte es allerdings für unsere Fahrgäste günstiger sein ...

Warum sollte man gerade in einem Bahnhof arbeiten wollen?

Das hat jede Menge Vorteile, sei es, weil man dort sowieso vorbeikommt, sei es, weil man noch niemals so schnell auf Dienstreise gehen konnte. Wir wollen an den Bahnhöfen außerdem Locker Boxen einrichten, an die man seine Pakete liefern lassen kann. Von Paketdiensten, aber auch von Lebensmittelhändlern oder Onlinehändlern. Wenn man also von der Arbeit kommt und am Bahnhof aus- oder umsteigt, kann man sein Paket gleich aus der Box holen. In Hamburg testen wir das gerade. Denkbar wäre auch, dass wir alle möglichen Bürgerservices in die Bahnhöfe holen. Sich anmelden, den Reisepass erneuern, all das kann man dann quasi im Vorbeigehen erledigen ...

Das klingt praktisch. Die Bahnhöfe als neue Zentren für all das, was man in seinem Alltag erledigen muss.

Nicht nur muss. Was wir in den Bahnhöfen machen, ist eine höchst individuelle Geschichte. In Köln-Mülheim beispielsweise haben wir den Vorplatz mit einem Programm bespielt: Kino, Theater, Kochabend ... Und in Ahrensburg und Freising haben wir Pilotprojekte mit einer App laufen, die es belohnt, wenn Leute mit dem Rad zum Bahnhof kommen: Wenn ich als Bahnkunde genug Kilometer zurückgelegt habe, kann ich Gutscheine einlösen. Zum Beispiel für Kaffee oder für den Buchladen. Oder, das ist besonders nett: Für mich wird eine 25 Quadratmeter große Blumenwiese gesät.

Eine Blumenwiese? Neben der ein Schild steht, dass ich Held 100 Radkilometer geschafft habe?
So ähnlich. *Was dabei wichtig ist: Wir planen nicht nur in den Städten, sondern eben auch auf dem Land. Wenn wir aus der Corona-Pandemie etwas gelernt haben, dann, wie gut wir uns alle auf neue Situationen einstellen können. Nun müssen wir uns mit diesem Schwung dem Thema nachhaltige Mobilität widmen. Und fragen: Was müssen wir tun, damit die Leute ihr Auto stehen lassen und das letzte Stück zur Arbeit mit dem Zug fahren? Wir sind gerade dabei, ein »Potenzialfeld ländlicher Raum« aufzumachen, wir sprechen auf dem Land mit den Leuten, was die sich wünschen, für was sie den Bahnhof ansteuern würden. Da sagen viele: Ich würde dort so gerne mal einen richtig guten Kaffee bekommen. Aber es kommen auch Wünsche wie: Bürgeramt, Bibliothek, Postamt, Sozialeinrichtungen …*

Viele Leute, die auf dem Land leben, klagen, dass sie gar nicht erst zum Bahnhof kommen und auch nicht das letzte Stück zum Job in der Innenstadt mit der Bahn fahren können. Weil sie an den Park+Ride-Stationen nie einen Parkplatz finden …
Ja, das ist sehr relevant. Es gibt einige Gegenden, wo wir über Erweiterungen von Parkplätzen nachdenken. Aber es ist auch ein Thema, dass selbst Menschen, die nur zwei, drei oder vier Kilometer entfernt leben, mit dem Auto kommen. Wie bringe ich sie dazu, solche Kurzstrecken zu Fuß oder mit dem Rad zurückzulegen?

Zu erreichen, dass die Leute nicht mit dem Auto kommen, ist vor allem bei Regen und im Winter eine Herausforderung …
An diesem Punkt, und wo es auf die flexible Mobilität im ländlichen Raum ankommt, kann die Bahn-Tochter Ioki ins

Spiel kommen. In und um Hamburg gibt es bereits Pilotpro-
jekte, bei denen umweltfreundliche On-Demand-Shuttles
die Menschen zu Hause abholen und zum Bahnhof bringen –
oder auch anderswohin. Das klappt hervorragend.

Und man muss endlich nicht mehr ewig auf den fast lee-
ren Bus warten.
Die Menschen in die Züge zu bekommen funktioniert nicht
von allein, da müssen wir uns richtig anstrengen. Aber wir
haben da ganz gute Ideen.

Ab wann können die Bahnkunden damit rechnen, dass
die umgesetzt werden?
Wir sind mittendrin. Einige Services laufen bereits. Bis wir all
unsere 5700 Bahnhöfe erschlossen haben, dauert es zwar, aber
wir versuchen in ICE-Geschwindigkeit voranzukommen.
Denn das große Ziel heißt ja Verkehrsverlagerung und Mobi-
litätswende.

Trotz ICE-Geschwindigkeit: Bis alle Bahnhöfe wieder erblüht
sind, wird es noch eine lange Reise, und bis dahin finden Aus-
steiger Trost an Bahnhöfen wie an jenen, die von der Allianz pro
Schiene als Bahnhöfe des Jahres ausgezeichnet wurden. Zum Beispiel am Hundertwasserbahnhof in Uelzen mit seinen schiefen
Treppen und bunten Dächern. Da sprießen nicht nur Sträucher,
da arbeitet auch eine große Photovoltaikanlage. Innen schillern
Mosaike, Farben und die Rundformen ohne Ecken und Kanten,
die so typisch sind für die Werke des österreichischen Künstlers
und Architekten Friedensreich Hundertwasser, nach dessen Konzept das Gebäude als Projekt der Weltausstellung Expo 2000 um-
gebaut wurde.
Und zum Abschluss noch ein kleiner Trost für Menschen, die

dafür gehänselt werden, dass sie wohnortbedingt in Kassel-Wilhelmshöhe ein- oder aussteigen. Auch der dortige ICE-Bahnhof nämlich, wir wissen es genau, wird zu Ruhm und Ehre durch eine Auszeichnung der Allianz pro Schiene kommen – nein, liebe Leser, die Sie schon einmal in Kassel-Wilhelmshöhe ausgestiegen sind, bitte beruhigen Sie sich, es wird wohl noch circa 1000 Jahre dauern. Aber es wird zwangsläufig passieren, da jeder deutsche Bahnhof laut den Richtlinien der Allianz nur einmal ausgezeichnet werden kann. Wer in Kassel-Wilhelmshöhe noch nie ausgestiegen ist, dem sei gesagt: Sie haben nicht viel verpasst. Außer vielleicht einer Erkältung infolge fieser, polarartiger Zugluft.

IV. WARTEN AUF DEN ZUG

Wann kommt er endlich?

Aber warum, verdammt noch mal, kommt und kommt an diesem Morgen, Mittag, Abend der Zug nicht? Sie kennen dieses Gefühl natürlich. Stehen vom DB Navigator gesteuert in Abschnitt B, weil Sie wissen: Das ist der direkte Weg zu den noch unreservierten Plätzen.[1] Doch nur Minuten vor der Abfahrt enthüllt dann die Anzeige: fünf Minuten später. Was sind schon fünf Minuten? Also noch schnell auf dem Smartphone zwei WhatsApp-Nachrichten geschrieben und die nächste Nachricht auf dem Display fast verpasst: Heute vom Gleis gegenüber *und* mit 20 Minuten Verspätung.

20 Minuten! Die Wut bricht sich jetzt vor allem unter Gelegenheitsfahrern, nun ja, Bahn.[2] Flüche, Verwünschungen und bittere Schwüre (»Nie wieder Bahn, ich wollte ja eigentlich sowieso mit dem Auto …«) übertrumpfen einander.

Doch Sie bleiben ganz cool. Denn Sie wissen, bald schon wird alles besser. Denn Sie haben dieses Kapitel gelesen und wissen, was da gerade bei der Bahn alles passiert.

Schon in diesem Sommer nämlich, ab Juni 2021, werden extralange ICE-Züge deutsche und Schweizer Bahnhöfe ansteuern. Das hat schon Symbolwert: Airbus und Boeing holen ihre Rie-

---

1 Mehr zu dieser genialen Taktik verraten wir Ihnen später.
2 Auch Pendler, die nicht auf sich aufpassen, droht eine Erhöhung des Stresshormons Cortisol. Ein möglichst kurzfristig anberaumter Gleiswechsel hilft, dieses wieder abzubauen.

senvögel vom Himmel und motten A380 und Jumbo-Jet ein. Die Bahn hingegen schickt den XXL-ICE auf die Strecke (angeblich ohne garantierte XXL-Verspätung). Zunächst von Hamburg in die Schweiz (auf dass die Eidgenossen vor Neid erblassen mögen), ab September dann auch zwischen Nordrhein-Westfalen und München. 13 Wagen und 918 Sitzplätze hat der Zug – Rekord. Die umgekehrte Wagenreihung wird dann im schlimmsten Fall zum Sportabzeichentraining, von Nase zu Nase misst der Zug 374 Meter. 50 dieser Riesen sollen künftig über das Bahnnetz sausen.

Insgesamt werden in diesem Jahr 325 ICE dafür sorgen, dass Sie, liebe Bahnfahrerin und lieber Bahnfahrer, sich am Gleis höchstens auf ihre weiß-rote Pommes konzentrieren müssen; der weiß-rot lackierte Zug rollt dann so selbstverständlich ein, wie Sie es sich heute noch gar nicht vorstellen können. Und damit steigt die Chance, dass Sie in einem dieser nagelneuen XXL-Züge Platz nehmen können. Was für ein Unterschied zur Reise im ICE 1, der genau vor 30 Jahren, am 29. Mai 1991, erstmals planmäßig über deutsche Gleise fuhr und – am damals neuen ICE Bahnhof Kassel-Wilhelmshöhe – vom damaligen Bundespräsidenten Richard von Weizsäcker mit den Worten »Der Hochgeschwindigkeitsverkehr in der Bundesrepublik Deutschland ist damit eröffnet« das Ausfahrsignal erhielt. Diese alten ICE-Züge werden gerade nach und nach ausgemustert. Sie sind zwischen 30 und 40 Jahre alt, manche haben 20 Millionen Kilometer auf den Rädern, das entspricht 26-mal einer Fahrt zum Mond und wieder zurück. Und mit jedem Kilometer steigt die Wahrscheinlichkeit, dass es Probleme gibt. An der Bremshydraulik, beim Stromabnehmer, beim Sandstreuer der Bremsanlage[3] – das ist dann schon ein Teil der Antwort auf die Frage, warum der Zug heute oft nicht pünktlich kommt.

Fahrzeugprobleme sind seit Jahren die Hauptursache, wegen

---

3 Der Sand wird wirklich nur zum Bremsen benutzt, und keinem Bahnmanager in die Augen gestreut, um Misslichkeiten im Betriebsablauf zu übersehen.

der die Pünktlichkeitsquoten um 75 Prozent dümpeln (und das mit sechs Minuten bahneigener Kulanz). Nach interner Bahnstatistik führen Kapazitätsengpässe, kaputte Weichen und Signale weit weniger zu ungeplanten Verspätungen.

Dazu muss man auch wissen: Nicht die heutigen Bahnlenker haben das zu verantworten, sondern die früheren. Ein Topmanager erklärt es so: »Wir ernten in fünf bis zehn Jahren, was wir heute entscheiden. Bis in die 2000er Jahre hinein sollte die Bahn vor allem Geld verdienen.« Dem Staat als Eigentümer wurde sogar Jahr für Jahr eine Dividende von 500 Millionen Euro gezahlt (!). Das Ziel war: wenig investieren, möglichst viel Geld rausziehen. Dieses Ziel – immerhin – erreichte man zeitweise erreicht. Der Folgeeffekt, so der Bahnmanager: »Mit dem Investitionsprogramm sind wir eigentlich zu spät dran.« Um noch einmal das Bild vom Tanker zu bemühen, der Hunderte von Metern weiterfährt, bis er auf eine Kurskorrektur reagiert: Es wird Jahre dauern, die Bahn wieder pünktlicher zu machen.

Zum Trost lassen wir Sie noch kurz teilhaben am Geheimprojekt mit dem Kürzel HGV[4] 3.0. Merken Sie sich den Namen, er wird Ihnen noch viel Freude bereiten. Denn dahinter steckt der ICE der Zukunft, den die Bahn gerade entwickelt. Er wird – aktuellen Planungen zufolge – emotionaler sein als der aktuelle, eher kühle ICE 4. Einer, der sich mit dem Projekt beschäftigt und dessen Namen wir noch nicht nennen können, verspricht wieder mehr Exklusivität: »Gucken Sie mal, wie Speisewagen in Filmklassikern gezeigt werden, bei James Bond oder North by Northwest. Das ist der Inbegriff der Reisekultur, und da müssen wir hin.« Oh ja – Sean Connery ist gegangen, aber das Feeling kommt zurück. Adieu Mikrowellen-Systemgastronomie mit Laugensnack und Currywurst …![5] Es soll auch wieder Abteile geben.

---

4   Das Kürzel HGV steht für Hochgeschwindigkeitsverkehr.
5   Siehe dazu auch unser Interview mit dem Restauranttester Christian Rach auf Seite 216.

Aber für ein vielfach gefordertes Extra wird auch im HGV 3.0 kein Platz sein: Sportgeräte müssen Sie auch künftig selbst mitnehmen. Obwohl für ein Fitnessprogramm wahrscheinlich doch gesorgt ist; selbst der XXL-ICE kann unerwartet in umgekehrter Wagenreihung kommen.

Oder später.

Wie aus einer klemmenden Tür eine halbe Stunde Verspätung wird

Im Herbst 2019 strebte die Deutsche Bahn mal wieder in die weite Welt. »Mit dem Regionalexpress nach Tansania.« So stand es auf Plakaten in Westfalen. Ein Regionalexpress hielt auf einem Werbeposter vor einem Elefanten, im Hintergrund war der Kilimandscharo zu sehen. Das war ein bisschen hochgestapelt, dafür, dass im Grunde nur die Tatsache beworben wurde, wonach der Regionelexpress 6 direkt zu den Flughäfen Köln/Bonn und Düsseldorf fährt (von wo aus allerdings kein Flieger direkt nach Tansania geht, aber lassen wir das). Häme ist dem Konzern in solchen Momenten immer sicher. In diesem Fall kam sie von Twitternutzer Robert B. Fishman, der schrieb: »Die @DB_Bahn will uns nach Tansania bringen, schafft es aber nicht mal von #Hamm nach #Bielefeld. 35 Min. zu spät enden die Fahrten in Gütersloh …. #DB tut alles, um ihre Kunden loszuwerden.«

Da fiel es wieder, das kleine Wort, das Bahnnutzern schneller Herzrhythmusstörungen beschert, als sie Bahnbonuspunkte sammeln können – Hamm. Wussten Sie, dass in Hamm einmal die Exilregierung Frankreichs lebte? Dass dort seit bald 20 Jahren einer der größten hinduistischen Tempel Europas steht und dazu noch seit 1984 der größte Glaselefant der Welt (die Serengeti lässt grüßen).

Wie sollen Sie, liebe Leserin und lieber Leser, das auch

mitbekommen, wenn Hamm heute vor allem für eins steht: Kopplungsprobleme, missglückte Zugteilungen und vielleicht noch verspätet herbeihechelnde Lokführer. In den Augen des durchschnittlichen Fernbahnkunden ist Hamm DER Ort, an dem bei der Bahn schiefgeht, was auch immer schiefgehen kann. Und wenn dort einmal etwas schiefgegangen ist, nimmt das Unheil erst recht seinen Lauf. Und irgendwie stimmt zumindest Letzteres.

Dabei ist in Hamm – das, Sie werden so überrascht sein wie wir, nach wie vor auch von Nichtbahnern bewohnt wird – eigentlich nur ein Eisenbahnknotenpunkt. Der Ort, an dem sich zwei Züge aus Westfalen zu einem vereinigen und in Richtung Berlin weiterfahren. Oder umgekehrt, aus einem ICE in Richtung Ruhrgebiet zwei ICEs werden, einer Richtung Köln/Bonn und einer Richtung Düsseldorf.

Aber dabei kommt eben zusammen, was sich durch das gesamte Netz der Deutschen Bahn zieht und gefühlt mit jeder Baustelle noch zunimmt – eine gewaltige, fast bösartige Komplexität.

Die Zugteilung in Hamm sorgt dafür, dass aus einem verspäteten ICE zwei werden. Und weil bei Zugverkehr in die andere Richtung der eine nicht ohne den anderen losfahren kann, da sich beide Züge schließlich zu einem vereinigen müssen (den Akt selber merken viele Bahnkunden gar nicht)[6], genügt es, wenn einer von beiden Verspätung hat, damit die sich am Ende auf beide auswirkt. Und ehrlich gesagt können wir froh sein, dass sich die Verspätung nicht auch noch vervierfacht, wenn es mal beide Züge erwischt hat.

Aber der Dominoeffekt genügt vollauf. Dieser Effekt, vor dem man auch bei der Bahn Angst hat, entsteht, wenn sich eine

---

6 Falls Sie nun spontan an den »kleinen ICE« denken, der Ihren Kindern und auch Ihnen im Zug solche Freude bereitet, müssen wir Sie enttäuschen: Der kommt auf anderem Wege zustande.

Zugverspätung auf viele andere auswirkt. Würde der ICE 789 Richtung Süden in Hannover auf verspätete Reisende aus Richtung Hamm warten, dann zögen sich diese Verspätungen flugs durch das gesamte Netz. Denn der wartende ICE fährt ja nicht ohne Stopp durch nach München. In Göttingen beispielsweise müssten Anschlussreisende warten, bis er einträfe, aber auch der ICE 690 nach Berlin Ostbahnhof und der ICE 77 nach Basel, nicht zu reden von den ganzen Regionalzügen ... und so geht es weiter in Kassel (wollen Sie da wirklich frierend am Gleis warten?), in Würzburg, Nürnberg. Und noch etwas kommt hinzu im dicht und dichter getakteten Netz der Deutschen Bahn. Jede Zugverspätung sorgt auch bei nachfolgenden Zügen für die nächste, einfach weil beispielsweise langsamere Güterzüge nicht wie auf einer Autobahn zur Seite fahren und Platz machen können für die Schnellzüge. Wenn der Disponent (so heißen die mächtigen Menschen bei der Bahn, die entscheiden, ob ein Zug wartet oder nicht) sich gegen das Warten auf die armen Reisenden aus Richtung Hamm entscheidet, kann das auch daran liegen, dass der Güterzug den ICE sonst überholt, vor ihm auf den Schienen herumschleicht, und der ICE dann wegen fünf Minuten im Endeffekt eine halbe Stunde verliert.[7] Und so wundert es nicht, dass Bahnvorstand Ronald Pofalla eine Südfrucht im Netz der Deutschen Bahn nicht unbedingt schmackhaft findet,

---

7   Die Bahn schreibt dazu: »Wären also durch das Warten eines Zuges mehr Reisende von Verspätungen betroffen und gibt es noch dazu gute Alternativverbindungen, weil der Bahnhof einen Knotenpunkt darstellt, wird der Anschlusszug nicht warten, um insgesamt möglichst wenig Verspätungen zu verursachen. Ein Beispiel: 30 Reisende befinden sich in einem Zug, der Verspätung hat, und erreichen ihren Anschluss nicht wie geplant. Würde der Anschlusszug warten, wären jedoch 13 weitere Anschlüsse gefährdet und über 300 Reisende von Verspätungen betroffen. Der Disponent wird in einem solchen Fall die Entscheidung treffen, den Anschluss für die 30 Reisenden nicht warten zu lassen, damit die 13 Anschlusszüge durch die 300 Reisenden pünktlich in Anspruch genommen werden können.« Ist Ihr Kind gut in Mathe? Lassen Sie es ausrechnen, wie es sich verhält, wenn die Verspätung a) fünf und b) neun Minuten beträgt!

so erzählt er im Interview mit der ZEIT: »Die engste Stelle im ganzen Netz ist die berühmte Banane. Das ist die Strecke von Köln nach Dortmund.« Rund 570 Züge täglich rollen da durch. Mit enormen Folgen: Probleme gebe es normalerweise schon in Streckenabschnitten, die zu 100 Prozent ausgelastet sind, wenn da nicht alles laufe wie am Schnürchen. »Der Streckenabschnitt zwischen Köln und Dortmund«, so Pofalla, »ist bis zu 140 Prozent ausgelastet. Wenn da eine Tür klemmt und der Zug deshalb 30 Sekunden später abfährt, hat das eine Reihe von Folgen, die zwei Stunden später bei einem Zug dazu führen können, dass der plötzlich eine halbe Stunde verliert.« Der Türklemmeffekt bei der Bahn hat demnach viel weitreichendere Auswirkungen als der vielfach zitierte Schmetterlingseffekt, der bisher als Sinnbild für unvorhersehbare Kettenreaktionen herhalten muss. Sie, liebe Leserinnen und Leser, kann das natürlich nicht schrecken, denn Ihnen ist längst bekannt, dass Bahn fahren eine Wissenschaft für sich ist.

Apropos Verspätung: Wann wartet ein Zug überhaupt auf verspätete Reisende eines anderen Zuges, und ab wann wird die Lage hoffnungslos? Eine empirisch von den Autoren belegte Regel besagt: Ober sticht Unter. Wer von einem verspäteten Regionalexpress in den ICE steigen will, der kann zwar beten, wie er will, aber er wird den ICE selten erreichen. Umgekehrt ist die Chance größer. Vor allem, wenn der Fahrplan – zum Beispiel abends oder am Wochenende – dünner wird. Mit etwas Glück steht der Regionalexpress noch am Gleis, wenn der ICE mit 15 Minuten Verspätung eintrudelt. Spätabends ist die Chance auf wartende Züge am größten. Denn bevor die Bahn einigen Dutzend Spätreisenden ein Hotelzimmer oder Taxi spendiert, versemmelt sie lieber die eigene Verspätungsstatistik.

Aber auch verspätete Fernzüge holen bisweilen Verspätungen auf. Es gab schon Fahrten nachts von Köln nach Hannover, da fuhr der Zug mit 20 Minuten Verspätung los und kam in Hannover einige Minuten vor der geplanten Ankunft an. Reisen, die sonst nur im »Zurück in die Zukunft«-DeLorean[8] möglich schienen – in solchen Momenten liebt man sie, die Bahn.

Wie kann es sein, dass der Zug auf den Lokführer warten muss?

Was kann der Mann oder die Frau in der Lok dafür, wenn ein Zug zu spät ist? Wie holt man Verspätungen trickreich wieder auf? Und woran hakt es noch im Zugverkehr, fragten wir Claus Weselsky, Lokomotivführer und Vorsitzender der Gewerkschaft Deutscher Lokomotivführer (GDL).

Herr Weselsky, Sie sind in Kreischa bei Dresden aufgewachsen. Wie kamen Sie zur Reichsbahn?
Eigentlich wollte ich zur Marine. Ein möglicher Weg dahin war die Ausbildung bei der Reichsbahn zum Dieselmotoren-Schlosser. Ich habe mich dann während der Lehre für die Laufbahn zum Lokomotivführer entschieden.

Wie hat ein Reichsbahner damals auf die Deutsche Bundesbahn geschaut?
Gar nicht, warum sollte ich? Unser Beruf war recht militärisch organisiert mit hohem Verantwortungsbewusstsein und hohen Wissenstand über Vorschriften, Fahrzeug und das Bremsverhalten von Zügen: Denn das Fahren ist gar nicht so entscheidend, im Bremsen liegt die Kunst.

---

8 Marty McFly kam kam immer zu spät zum Frühstück und nie pünktlich zur Schule, aber eines Tages kam er um Jahre zu früh.

War die Reichsbahn damals pünktlicher als die ICE-Flotte heute?

Absolut. Wir alle kannten die Pünktlichkeitsziele und wie man sie wieder erreicht. Die Zugpünktlichkeit wurde systematisch überwacht. Für Berufspendlerzüge galt die höchste Überwachungskategorie drei. Schon bei einer Verspätung von einer Minute wurden alle Hebel in Bewegung gesetzt, um die Züge wieder pünktlich zu machen. Der Schlüssel dazu war nicht, schneller zu fahren, sondern schnell zu beschleunigen und schnell zu bremsen. Der Bremsweg sollte – unter Einhaltung aller Sicherheitsvorgaben – ausgereizt werden. Die Bremskurve kann kein Computer abbilden. Da holt man viele Verspätungsminuten raus.

Wie gewinnt man Zeit beim Bremsen?

Heute ist die Ausbildung oft so flach, dass die Lokomotivführer das Streckenprofil kaum kennen und dann die Zugkraft gar nicht richtig steuern können. Die Digitalisierung und Automatisierung stellt dem Lokomotivführer Hilfsmittel zur Verfügung, zum Beispiel wann er bremsen oder beschleunigen soll. Aber Menschen mit guter Ausbildung sind dazu viel besser in der Lage. Denn es spielt auch eine große Rolle, ob man mit Laub auf den Schienen durch eine Regenfront fährt oder im Sommer bei trockener Hitze. Das macht ein guter Lokomotivführer besser als ein PC, der stets auf absolute Sicherheit programmiert ist. Mit der Folge, dass oft viel zu früh gebremst wird. Das kostet dann bei jedem Halt ein, zwei Minuten.

Wann haben Sie zuletzt einen Zug gesteuert?

Meine letzte Fahrt war 1992 in einem Doppelstockzug von Pirna nach Dresden/Meißen. Das ist meine Stammstrecke gewesen. Ich war damals schon im Personalrat engagiert.

*Sie engagieren sich seit über 30 Jahren in der Gewerk-
schaft. Sind seit über zehn Jahren GDL-Vorsitzender.
Hat sich das Bahnfahren in dieser Zeit verändert?*
Früher war Pünktlichkeit das höchste Gut, auch bei der Deutschen Bundesbahn.

Na ja, Verspätungschaos gab es auch in den 80er Jahren.
Klar gab es auch früher Verspätungen. Aber Pünktlichkeit,
Zuverlässigkeit im Anschluss und Sicherheit, das war unser Ehrenkodex. Dem wurden viele Prozesse untergeordnet.
Heute tönt die Bahn immer noch: Drei Viertel der Züge sind
pünktlich. Aber 25 Prozent der Fahrgäste erleben eine Verspätung und buchen vielleicht nicht mehr bei uns. Das ist wert-
vernichtend. Mich als Eisenbahner trifft das ins Mark.

**Die Kunden sind doch wenigstens froh, wenn sie zuver-
lässig von A nach B kommen.**
Solange Sie im ICE von einem Verkehrsknoten zum anderen fahren, von Berlin nach Hamburg oder von Köln nach
Frankfurt, sind zehn oder 20 Minuten Verspätung ein Klacks.
Damit kann man umgehen. Aber wehe, Sie müssen umsteigen.
Da sind zehn Minuten Verspätung oft ein Drama. Dann stehen sie am Bahnhof dumm rum, und Ihnen wird Lebenszeit
geklaut. Das wird von niemandem gemessen, aber im Bauchgefühl der Reisenden sinkt die Sympathie für mein Unternehmen dann rapide. Nur in der Statistik der Bahn spielt das
keine Geige.

**Wie kann es sein, dass ein Zug auf einen Lokomotivfüh-
rer wartet?**
Da kriege ich immer einen Wutanfall, wenn ich im ICE sitze
und dann kommt die Durchsage: Wir warten noch auf den
Lokomotivführer. Da bleibt doch beim Zuggast das Gefühl,

der hat es verpennt. Aber entweder kommt dieser Lokomotivführer aus einem verspäteten anderen Zug, oder es handelt sich um einen internen Fehler unserer Planung. Anstatt das klar zu benennen, wird die Schuld auf den Lokomotivführer geschoben. Das ist nicht fair.

Steckt dahinter ein grundsätzliches Problem?
Zum einen gibt es eine enorme Arbeitszeitverdichtung und dann die unrealistische Planung. Heute können Sie in fünf Minuten zum Beispiel in einem Kopfbahnhof wie Leipzig eine Zugwende machen. Ein Lokomotivführer steigt an der Spitze des einfahrenden Zuges aus, und sein Kollege steigt am anderen Ende des Zuges in die entgegengesetzte Fahrtrichtung in den Triebkopf ein. Wenn bei Zugverspätungen der ankommenden Züge nicht genügend zeitlicher Spielraum bis zur nächsten Leistung vorhanden ist, die vom ankommenden Lokomotivführer gefordert ist, dann wird genau diese unrealistische Planung auch in der Praxis nicht funktionieren. Allerdings ist dies durch den Lokomotivführer weder zu verantworten noch durch ihn abwendbar.

Weil zu knapp geplant wird?
Wenn ich zur Minute 15 in Leipzig ankomme und zur Minute 35 nach Berlin weiterfahren soll, dann ist jede Minute Verspätung bei der Ankunft in Leipzig Gift für die Anschlussbeziehung. Eigentlich müsste dann eine vor Ort anwesende Bereitschaft den zweiten Zug nach Berlin fahren, damit sich nicht weitere Verspätungen auftürmen. Diese Bereitschaften wurden in der Vergangenheit aus Kostengründen einfach wegrationalisiert, und nur durch unsere knallharten Forderungen finden diese Bereitschaften langsam wieder in den Betriebsalltag zurück.

Wie erklären Sie sich, dass jedes Kind Lokomotivführer werden will und Sie doch Personalknappheit haben?

Wollte …! Ich kenne eine Zeit, da war Lokomotivführer der Traumberuf für fast jedes Kind. Aber ich musste miterleben, wie mein ehrenwerter Beruf in die Grütze gefahren wurde. Denn heute wollen viel weniger Jugendliche Lokomotivführer werden. Wenn der eigene Vater oder Onkel schlecht über diese Arbeit redet, und der sagt, Lokomotivführer ist kein Traumberuf mehr, suche dir etwas anderes, dann tritt genau dieser negative Effekt eines Imageverlustes verstärkt ein. Mit der Privatisierung gingen die Löhne systematisch runter, und die Verdichtung der Arbeitszeit nahm zu. Die Lokomotivführer, die noch begeistert von ihrem Beruf redeten, waren die Ausnahme. Das war der vorprogrammierte Tod auf Raten für einen ehrenwerten Beruf. Zum Glück haben wir seit 2008 unsere eigenen Tarifverträge durchgesetzt und in allen Eisenbahnverkehrsunternehmen nach oben angepasst. Heute sind wir auf einem wirklich beachtlichen Einkommensniveau angelangt und müssen uns nicht mehr verstecken. Zusätzlich positiv wirken die wesentlich verbesserten Arbeitszeitregeln, um die Inanspruchnahme in einem Schichtbetrieb, der rund um die Uhr aufrechterhalten werden muss, auch für Lokomotivführer und ihre Familien verträglich zu gestalten. Angesichts dieser Verbesserungen steigen auch wieder der Zulauf und das Interesse an unserem Beruf.

WISSEN
Wie unpünktlich die Bahn wirklich ist. Und was sie dagegen tut

Der ehemalige Bahnchef Rüdiger Grube redete gerne davon, dass die Deutschen positive Erlebnisse nur ein- bis zweimal weitererzählen, schlechte Dinge hingegen mehr als zehnmal. Wie er das ermittelt hat, bleibt sein Geheimnis. Und doch ist es bemerkenswert, mit welchem Gleichmut Autofahrer in den Stau fahren, um dort eine halbe Stunde ihrer Zeit in den Wind zu schießen – und anderntags vor Wut ins Sitzpolster ihres Vordermanns im ICE beißen, weil ihr Zug Mannheim sieben Minuten später als geplant erreicht. Ein Grund für diese Überreaktion ist sicherlich das Gefühl, ausgeliefert zu sein und sei es dem Kerl gegenüber, der – Maskenpflicht hin oder her – in seinen Döner mit Extra-Zwiebel beißt. Diese Unfreiheit sorgt für enorme Stressspitzen (Stichwort: Kampfjetpilot; mehr dazu hinten), auch weil eine Verspätung auf unbestimmte Zeit bei der Bahn tatsächlich das meint, was sie verheißt.

Aber wie pünktlich ist sie denn nun wirklich, die Deutsche Bahn? Die Antwort ist einfach: Wir wissen es nicht. Denn unterwegs wird so viel getrickst und getunt, dass es fast unmöglich ist, eine objektiv richtige Antwort zu geben. Fangen wir mit den offiziellen Pünktlichkeitsangaben an, die regelmäßig von der Bahn veröffentlicht werden. Erste interessante Erkenntnis: Der Nahverkehr – über den sich Tag für Tag so viele ärgern – ist deutlich pünktlicher als der Fernverkehr. Mit dem fahren viel weniger und ärgern sich gefühlt genau so viele. Und nun kennen wir endlich den Grund.

Im Herbst 2020 waren 80 Prozent der Fernverkehrszüge weniger als sechs Minuten verspätet. Jeder zehnte Zug war mehr als 15 Minuten zu spät. Das bedeutet: Von 20 000 Fahrten im Fernverkehr waren 2000 deutlich später am Ziel als geplant (und wenn die Mitfahrer das dann jeweils zehnmal weitererzählen, hat die Bahn ihr Image wieder weg, denn dann ist ja gefühlt jeder Schnellzug zu langsam gewesen …). Da tröstet es wenig, wenn die Bahn verkündet, dass sich die Werte gegenüber dem Vorjahr deutlich verbessert hätten. Eines ist klar: Der Herbst 2020 ist für die Bahn ein vergleichsweise milder. Kein Drängeln am Bahnsteig, kein Fahrplan auf Kante – wie soll das nur werden, wenn doppelt oder dreimal so viele Pendler mit der Bahn zur Arbeit wollen?

Vielleicht hilft viel ja viel. Denn wie erwähnt läuft es im Nahverkehr deutlich reibungsloser. Nur einer von 100 Zügen ist mehr als 15 Minuten verspätet, und 95 Prozent der Züge sind mit höchstens sechs Minuten Verspätung unterwegs (die allerdings einen Unterschied machen, wenn man am Bahnhof von Neustadt am Rübenberge zähneklappernd eine halbe Stunde auf den nächsten Bus warten darf, weil einem der erste um eine Minute vor der Nase wegfuhr). 780 000 Fahrten werden somit im Nahverkehr mehr oder weniger pünktlich zurückgelegt.

Wie kommt es also, dass der Fernverkehr so viel unpünktlicher ist? Die Antwort der Bahn darauf klingt wie ein statistisches Proseminar, und man sollte sie daher in voller Länge genießen: »Für die Ermittlung der Gesamtpünktlichkeit werden die Ankunftspünktlichkeiten eines Zuges an jedem seiner Verkehrshalte zwischen Abfahrts- und Zielbahnhof gemessen. Diese werden dann ins Verhältnis zur Grundgesamtheit der Verkehrshalte oder Messpunkte gesetzt und ergeben somit die Pünktlichkeit eines Zuges. Fährt ein Fernverkehrszug beispielsweise von Hamburg nach Berlin mit Halt in Wittenberge sechs Minuten verspätet in Wittenberge ein, so hat dieser Zug, selbst bei pünktlicher Ankunft in Berlin, eine Pünktlichkeit von lediglich 50 Prozent, da er statistisch gesehen 50 Prozent seiner Verkehrshalte mit Verspätung erreicht hat.«

Jetzt haben wir ihn also endlich, den Grund, warum der ICE auch in Montabaur, Uelzen, Bitterfeld oder Bielefeld hält. Es sind nicht die Bundestagsabgeordneten, die einen Halt für ihren Wahlkreis fordern – es ist die erhöhte statistische Wahrscheinlichkeit für Pünktlichkeit. Haltemuster nennt man das übrigens im Bahnbetrieb. Und wären nicht die noch komplizierteren »Laufwegsmuster« der Bahnkunden, wären die Fernverkehrszüge womöglich längst pünktlicher als die (Nahverkehrs-)Eisenbahn.

Der Fernverkehr ist nämlich, wen wundert's, »mit seinen langen Laufwegen anfälliger für Störungen«.

Und schließlich hat der Regionalzug unterm Strich einen ziemlich unfairen Wettbewerbsvorteil, wie die Bahn auf ihrer Homepage notiert: »Hinzu kommt, dass Verspätungen an Wenden wieder eingeholt werden können, indem man die Wendezeit verkürzt. Da ein Regionalzug wegen der kürzeren Laufwege wesentlich häufiger wendet, kann er entsprechend häufiger Verspätungen wieder abbauen.« Aha!

Aber auch der DB-Fernverkehr trickst beim Wenden. Zum Beispiel, indem der Fahrplan in den größten Städten einfach verkürzt wird. Da endet dann die Fahrt des ICE nach Hamburg Altona schon in Hamburg Hauptbahnhof und die Haltestellen Dammtor und Altona, wo der Zug noch später wäre, werden erst gar nicht mehr angefahren (zum Ärger des Reisenden, der fest damit rechnete, durchzufahren, und sich dann mitsamt Rad, Rucksack und Hundekorb am Hauptbahnhof wiederfindet). Und da der Zug von Altona auch nicht mehr zurückmuss, sondern gleich im Hauptbahnhof stehen bleibt, hat er, bevor er sich von dort auf die Rückfahrt macht – gut 30 Minuten wieder reingeholt.

Wo wir schon bei den Finessen der Pünktlichkeit sind: Besonders extreme Formen der Verspätung fließen gar nicht erst in die Statistik ein, nämlich ausgefallene Züge. Das bestätigt uns der Bahngewerkschafter Claus Weselsky: »Wenn die Verspätung auf 40 Minuten steigt, weiß ich als Eisenbahner, die Kiste fährt nie mehr. Denn nach einer Stunde kommt ja meist schon der nächste Zug. Und der ausgefallene verschwindet aus der Statistik.« Aus der Verspätungsstatistik. Denn, liebe nun möglicherweise staunenden Leserinnen und Leser: Wie groß ist die Verspätung eines Zuges, der sein Ziel niemals erreicht? Genau – unendlich groß. So würde ein einziger Zug die gesamten Pünktlichkeitsberechnungen der Deutschen Bahn derart durcheinanderwirbeln, dass die Folgen fürs Management unabsehbar wären. Das Streichen des kompletten Zuges aus der Statistik dagegen, so Weselsky, »hilft dem Topmanagement, das heute auch danach entlohnt wird, wie pünktlich die Bahn ist«.

Wenn Sie sich also das nächste Mal darüber ärgern, dass Ihr Zug ausfällt, sehen Sie es doch solidarisch. Ihr Zugausfall mag vielleicht Ihre Wochenendplanung über den Haufen werfen. Aber er hilft ein paar Managern, auf die ganz Deutschland in schöner Regelmäßigkeit einprügelt, gewaltig.

Noch mal schnell zur Definition von »pünktlich«. Die Bahn hat bekanntermaßen für sich und damit für die ganze westliche Welt festgelegt, dass mit dem Zeigerschlag der sechsten Minute die Unpünktlichkeit beginnt.[9] Im fernen Osten, in Japan, käme das einer verkehrspolitischen Kapitulationserklärung gleich. Dort rollt der Shinkansen-Zug in knapp zweieinhalb Stunden von Tokio ins 500 Kilometer entfernte Osaka. Mit einer Höchstgeschwindigkeit von 270 km/h und faszinierender Pünktlichkeit. Durchschnittliche Verspätung: 30 Sekunden (etwaige Taifune und sonstige Unwetter berücksichtigt!). Der Shinkansen fährt (wie der TGV in Frankreich) auf einem eigenen Hochgeschwindigkeitsnetz. Da stört kein Güterzug und kein Regionalexpress mit Halt in Bienenbüttel. Und sobald sich in einem Zug eine Verspätung von einer Minute abzeichnet, wird die Einsatzzentrale alarmiert.

Die Lokführer in Deutschland kämen dann aus dem Telefonieren gar nicht mehr heraus. Aber es gibt Hoffnung. Sie lastet auf den Schultern von Christopher Eichholz und Tobias Körner. Diese Männer könnten als Heroen in die Geschichte deutscher Verkehrspolitik eingehen. Wenn sie denn Erfolg haben. Der eine, Eichholz, ist Leiter des Lagezentrums Pünktlichkeit der DB Netz AG. 2018 gegründet und nur einem Ziel verpflichtet: die Pünktlichkeit der täglich 40 000 Züge im deutschen Schienen-

---

9 Die einzig schlüssige Antwort finden Sie in diesem Kapitel auf Seite 85.

netz zu steigern.[10] Rund 25 Mitarbeiterinnen und Mitarbeiter kämpfen mit ihm, hochspezialisierte Leute. Unterstützt werden sie von digitaler Technik, mit deren Hilfe sie Abertausende Daten analysieren und Empfehlungen mit Wirkung auf eine bessere Pünktlichkeit ableiten.

Jetzt gerade haben sie ermittelt, welche Folgen der Unfall eines Lasters an einer Eisenbahnbrücke für die Pünktlichkeit in den nächsten Tagen hat. Es geht dabei immer ums große Ganze, denn genau das, so erzählt es Eichholz, wurde bisher zu oft ignoriert: »Jedes Geschäftsfeld hat zunächst für sich geguckt, aber kaum einer aufs gesamte Netz.«

Eichholz ist ein wandelndes Verspätungslexikon. Fragt man ihn, was gestern auf der Strecke Hannover–Hamburg los war, antwortet er: »Ein kurzfristiges Oberbauthema, F1 in der Höhe von Maschen.« Die Übersetzung findet sich in der Richtlinie Kodierung der Zusatzverspätungen (die heißt wirklich so und wird von DB Netz herausgegeben). F1 ist demnach ein Schienenfehler.

Tobias Körner ist der Leiter Entwicklung Betrieb (betriebliche Exzellenz) im Bereich Fahrplan und Verkehrsleitung der DB Fernverkehr AG. Seine Truppe soll dafür sorgen, dass selbst bei einer deutlichen Erhöhung der Fahrgastzahlen die Bahn pünktlich rollt.

Da gibt es zum Beispiel die Initiative PlanStart an neuralgischen Bahnhöfen wie z. B. Köln, Hamburg, Berlin oder Frankfurt. Die Beteiligten versuchen, den gesamten Abfahrtsprozess punktgenau zu organisieren. Von der Bereitstellung über den Personaleinsatz, den Zustieg der Reisenden bis hin zum rechtzeitigen Schließen der Türen.[11] Das Ziel: 80 bis 90 Prozent der Züge

---

10 Wenn Sie nun überlegen, ob es sich bei dieser Passage um eine satirische Einlage unsererseits handelt: Oh doch, es gibt das Lagezentrum Pünktlichkeit. Wir schwören!

11 Gut, werden Sie sagen, warum wird das nicht schon immer so gemacht? Aber lieber spät als nie.

sollen mit einer Verspätung von maximal einer Minute abfahren, also fünf Minuten pünktlicher sein, als die Bahn erlaubt (ja, man steigt schwer durch, aber dieses Mal meint die Minute wirklich nach Fahrplan!). Körner sagt: »Das kennt man ja von zu Hause, wer zu spät losgeht, fängt an zu hetzen und ist am Ende selten pünktlich.«

PlanStart habe sich in über vier Jahren bewährt. Eine Vorzeigeregion ist der Knoten Köln, hier gehen statt einst 50 heute fast 88 Prozent der Züge wie geplant auf die Reise. Körner hat den Anspruch, diese Pünktlichkeit möglichst 800-mal zu erreichen. Pro Tag. Denn so viel Fernverkehrszüge fahren täglich durch Deutschland.

Für 2021 haben sich die Pünktlichkeitsprofis viel vorgenommen. Sie wollen zum Beispiel Fahrradfahrern auf dem Bahnsteig unter den Lenker greifen. »Das Ein- und Ausladen der Räder kostet oft zu viel Zeit, da müssen wir schneller werden«, sagt Körner. Bahnsteigteams sollen dafür sorgen, dass die Züge flotter abfahren, etwa indem Reisendenlenker (haben mit Fahrradlenkern nichts zu tun) die Fahrgäste über den gesamten Bahnsteig verteilen sollen, damit nicht alle dort stehen und einsteigen, wo die Rolltreppe hochgefahren ist. Oder man will Zug- und Lokführern bei der Abfertigung der Züge helfen. Denn wenn es ganz blöd läuft, sieht der Lokführer gar nicht, dass er schon losfahren darf. Weil die Handlampe oder Kelle der Zugchefin zur Abfahrt leuchtet oder winkt, aber die arme Frau am Gleis inmitten einer Horde menschengroßer Hamster feststeckt, die gerade Junggesellenabschied feiern und partout nicht einsteigen wollen. Die Lösung: Künftig erteilt die Zugchefin den Auftrag zur Abfahrt dem Lokführer per App.[12]

Aber mal angenommen, der Zug kommt pünktlich los. Wa-

---

12 Eine Zugbegleiterin erzählte uns jedoch schon wieder von WLAN-Problemen am Dortmunder Hauptbahnhof. Im Zweifel also bleibt es dabei: Kelle raus und Abfahrt.

rum ist er am Ende doch zu spät? Dafür gibt es so viele Gründe wie Haltepunkte in Deutschland. Besonders kurios waren zuletzt diese hier: Unweit des Loreleifelsens im Rheintal stürzte ein Heißluftballon ab und landete mitten in einer Böschung. Die Bergung blockierte die Gleise auf der vielbefahrenen Strecke Mainz–Bingen–Koblenz–Köln und sorgte bei über 50 Zügen für massive Verspätung. Weil der moderne ICE ohne Kuhfänger unterwegs ist, war der Lokführer auf der Strecke Hannover–Berlin machtlos, als sich ihm eine Herde Schafe und Ziegen auf dem Gleisbett in den Weg stellte. Keines der Tiere wollte einsteigen, aber auf der vielbefahrenen Strecke verspäteten sich daraufhin über 70 Züge. Aus Fußballfans auf dem Weg ins bahnnahe Frankfurter Stadion werden regelmäßig »Personen im Gleis«. Auch Pflückerinnen von Brom- und anderen Beeren sorgen regelmäßig für Verspätungen, wenn sie im Jagdeifer der Bahnstrecke zu nahe kommen. Und wehe, wenn Hochzeits- oder Partygesellschaften auftauchen: Auf der Müchener S-Bahn-Stammstrecke kam es schon zu Kurzschlüssen, wenn die Feiernden versehentlich in Gleisnähe Heliumballons fürs Brautpaar steigen ließen und die sich in der Oberleitung verfingen. Eichholz vergleicht die Bahn gerne »mit einem Autobauer. Der hat seine Produktionsbänder in geschützten Werkshallen. Unser Produktionsband verläuft aber unter freiem Himmel und ist so zahlreichen Einflüssen ausgesetzt«, sagt so der Pünktlichkeitsexperte.

Doch in den meisten Fällen ist die Bahn selbst schuld. Etwa jede zweite Verspätung wird ausgelöst durch »Zugfolgenprobleme«. In Japan kommen die kaum vor, da fahren auf dem Schnellzuggleis nur Schnellzüge. In Deutschland aber rollt bis auf wenige Ausnahmen alles auf denselben Gleisen, und – wir erwähnten es bereits – dieser Mischverkehr, die Abwechslung von Güterzügen und dreimal so schnellen ICEs, bremst die Züge regelmäßig aus.

Um das Wachstum von morgen zu stemmen, hilft nur Bauen.

Mehr Schienen, mehr Weichen, mehr Signale. Von Angermünde (Streckenausbau) bis Würzburg (Bahnsteigsanierung). Es gibt sogar schon die App DB Bauarbeiten, Maulwurf inklusive. Von bis zu 800 Baumaßnahmen pro Tag berichtet das Lagezentrum Bau. Es gibt ganze Korridore, in denen einzelne Baustellen zusammengefasst werden.

Und auch hier trickst die Bahn gewissermaßen. Offiziell teilt sie uns mit: »Im Fahrplan werden bei allen Strecken von vornherein Bauzuschläge mitgedacht. Wenn das nicht ausreicht, tüfteln die Bahn- und Netzbetreiber schon Monate im Vorfeld darüber, wie eine Baustelle im Fahrplan eingeplant werden kann.« Manche Strecken werden somit im Fahrplan schon prophylaktisch langsamer gemacht. Körner, der Fahrplan- und Verkehrsmanager, hält das für einen Hebel, am Ende den Fahrplan einzuhalten. »Verspätungsabbau«, sagt Körner, gehe nun einmal vor allem über »Reserven im Fahrplan«. So verlängerte sich die Fahrzeit zwischen Hannover und Hamburg oder Hamburg und Berlin im Laufe der Jahre um jeweils ein paar Minuten. Und wenn gebaut wird, dann dauert es umleitungsbedingt von Hannover nach Göttingen plötzlich nicht eine gute halbe Stunde, sondern fast doppelt so lange. Als Verspätung zählt das natürlich nicht.

Und zur Not geht es auch noch ganz anders: Als die Unpünktlichkeit mal wieder aus dem Ruder lief, hatte der damalige Bahnchef Grube die Eingebung, manche Baustellen einfach schnell zu schließen und auf einen späteren Zeitpunkt zu vertagen. (Etwa so, wie ein Kind die Sachen, die es aufräumen soll, unterm Bett versteckt.) Und siehe da: Die Pünktlichkeit stieg wieder. So geht Management. (Also falls Ihr Kind so etwas macht: Keine Sorge, es kann immer noch Bahnchef werden.)

V. EINSTEIGEN

Wieso steht der Zug jetzt ständig verkehrt herum am Gleis?

Immer wieder lädt die Bahn zum beliebt-gehasst-gefürchteten Allemalnachhintenundalleanderenmalnachvorn: Dann nämlich, wenn ein Zug »in umgekehrter Wagenreihung« einfährt und alle strategisch-ausgeklügelten Einstiegsplanungen, jeden noch so perfekt ausgesuchten Lauerpunkt auf dem Bahnsteig im Nu zur Makulatur werden lässt. Wie oft das passiert, ist ungewiss. Die Bahn selbst spricht von »immer wieder«, und wenn die Bahn das tut, ist damit zu rechnen, dass es auch weiterhin vorkommen wird.

Wie es dazu kommt, dass der Zug wie von Zauberhand verkehrt herum am Gleis steht, dazu kursieren vielerlei Mythen. Einige erzählen vom haltlosen Chaos, das bei der Bahn tobe und von dem sich die umgekehrte Wagenreihung quasi als Spitze des Eisbergs zeige. Andere behaupten, die Bahn fahre aus (fehlenden) Kapazitätsgründen seit Jahren ein unbarmherziges Kundenvergrämungs- und -vergraulungsprogramm, wieder andere berichten von einer geheimen, großangelegten Fitnessaktion der Bundesregierung, dem einzigen Aktionär der Deutschen Bahn AG. Eindeutig ins Reich der Märchen gehört dagegen die Existenz einer historischen Zugwendeanlage in Ostdeutschland namens »Drehscheibe von Nebra«. Die Bahn selber erklärt das Entstehen einer umgekehrten Wagenreihung[1] auf ihrer Webseite damit,

---

1 Auf ihrer Webseite unter: https://inside.bahn.de/umgekehrte-wagenreihung

dass ein Zug durch eine Umleitung auf der Strecke oder durch einen ausgelassenen oder zusätzlichen Halt an einem Kopfbahnhof einmal mehr oder einmal weniger die Fahrtrichtung wechselt als vorgesehen. Und natürlich könne der Zug dann wieder »in die richtige Richtung« wenden, indem man nämlich einen weiteren Kopfbahnhof auf der Strecke auslasse, oder den Zug in einem und um einen Durchgangsbahnhof wende. Aber verzichte man auf den Halt an einem Bahnhof, würden die dort wartenden Fahrgäste einfach »stehen bleiben«[2] und die Wendeaktion funktioniere nur bei genügend Zeit. Und der Lokführer müsse noch aus dem Triebwagen steigen, ans andere Zugende laufen und dort in den anderen Triebwagen klettern. Eine Mühsal, die Bahnkunden bei jeder umgekehrten Wagenreihung absolvieren, zwar ohne Triebwagen, aber doch mit Triebabfuhr (Flüche, Schreie, Gerempel). Aber dass der Lokführer eigens erwähnt wird, geschieht sicher nicht ohne Grund. Will man vorzeitige Erschöpfung beim raren Zugpersonal vermeiden? Tatsächlich, fährt die Bahn fort, sei es besser, wenn »ein zweiter Triebfahrzeugführer zur Verfügung steht« – sicher, die beiden könnten sich den langen Weg zum anderen Zugende wie beim Stafettenlauf aufteilen. Aber ist das Erscheinen eines zweiten Lokführers in Zeiten knappen Personals nicht ein frommer Wunsch?

Das ist wohl auch der Bahn klar. Meist entscheide sich die Transportleitung gegen ein solches Wendemanöver, schreibt das Unternehmen, »und damit für die Pünktlichkeit. Die Rechnung dabei ist denkbar einfach: Lieber ein paar Meter mehr laufen, anstatt den Zug mit 30 Minuten Verspätung abfahren und ankommen zu lassen.« (Und der letzte Satz ist kein Appell an den Lokführer.)

---

2 Und stellen Sie sich vor, was bei den Fahrgästen los wäre, die sich im Zug befänden und ebendort aussteigen wollten.

Es gibt allerdings Bahninsider, die behaupten, dass der Zeitfaktor oft überhaupt erst schuld an der umgekehrten Wagenreihung sei. Für das Wenden sei einfach keine Zeit mehr, weil die dafür eigentlich eingeplanten Minuten schon bei irgendeiner Störung draufgegangen seien.

Wie auch immer: Als Bahnfahrer muss man mit dem Phänomen zurechtkommen. Wie das? Früher gab es zwei Optionen: Man erfuhr rechtzeitig von der falschen Reihenfolge der Wagen, informierte sich anhand der Pappschildchen des Wagenstandsanzeigers darüber, wo der Wagen halten würde, in dem man reserviert hatte, und hatte genug Zeit und geometrische Kenntnisse (vielleicht auch einen Zirkel dabei), um die neue Position des Wagens auszurechnen und sich samt Gepäck dorthin zu begeben.

Es konnte allerdings vorkommen, dass der Wagen doch weiter vorne oder weiter hinten zum Stehen kam und man sich samt Gepäck flehend und fluchend durch alle anderen kämpfen musste (die ihrerseits dasselbe taten).

Oder man erfuhr erst während der Einfahrt des Zuges aus einer blechern-übersteuerten Durchsage von der umgekehrten Wagenreihung und verlegte den Nahkampf mit Gepäck in den Zug (wo die Begegnungen mit anderen Reisenden noch intensiver abliefen als auf dem Bahnsteig).

Dank der App DB Navigator gibt es seit wenigen Jahren einen dritten, den Königsweg: Dort, wo unter »Reiseauskunft« oder »Meine Reise« die Details zur Verbindung stehen, findet sich ein nettes kleines Icon, das einen stilisierten Zug mit den Buchstaben »A, B, C« darstellt. Klicken Sie auf dieses Icon, öffnet sich eine Grafik, die zeigt, welche Klasse und welcher Wagen Ihres Zuges in welchem Gleisabschnitt halten wird – und zwar, das ist das Sensationelle: nicht laut Plan, sondern in Wirklichkeit! Wie das funktioniert? Mittlerweile ist jeder ICE-, IC- und Eurocity-Wagen mit einem RFID-Chip ausgestattet. Der wird an Verkehrsknotenpunkten von Ausleseanlagen erfasst. Und die leiten die Infos an einen Zentralcomputer weiter, der wiederum die App speist.

Wer kurz vor Abfahrt den DB Navigator zu Rate zieht, weiß, wo »sein« Wagen halten wird, und spart sich kopfloses Gerenne und Gehetze. Außerdem verrät die Grafik auch, ob es ein Kleinkindabteil gibt, wo BahnComfort- oder Ruhebereich zum Stehen kommen und – eine weitere kleine Sensation – ob das Bordrestaurant tatsächlich an Bord sein wird oder ob es ratsam ist, sich schnell noch am Kiosk einzudecken.[3]

Und wieso fährt der Zug auf einmal auch noch auf einem anderen Gleis ab?

Hier kommen wir zu einem weiteren Mysterium der Bahn, einem, vor dem sogar unser digitales Zeitalter samt der App DB Navigator kapitulieren muss: Es geht darum, dass Ihr Zug auf einmal von einem anderen Gleis abfährt als vorgesehen. Die Betonung dabei liegt bei »auf einmal«, denn dieses Event geschieht manchmal so plötzlich, dass auch die clevere Bahn-App davon noch nichts weiß und selbst die Push-Benachrichtigung zu spät kommt, wenn sie denn kommt. Und dann beginnt sie, die Königsdisziplin der Bahn: das große Rennen. Frauen und Männer samt Gepäck setzen sich in Bewegung, pesen den Bahnsteig entlang in den Zentralbereich, rennen zehn Gleise weiter nach rechts und karriolen den Bahnsteig Gleis 12 entlang. All das ohne Rücksicht auf Verluste und schwächere Mitreisende, denn dieser ICE ist die letzte Chance, beispielsweise die bayerische Landeshauptstadt München per Bahn in Richtung Fulda zu verlassen; zumindest heute. Und die Erleichterung, es gerade noch geschafft zu haben, lässt die meisten Mitreisenden später blaue Fle-

---

3 Sofern Sie unseren Rat, Vorräte mitzunehmen, sträflicherweise nicht befolgt haben.

cken, blutende Nasen, sogar angeschrammte Designerköfferchen schnell wieder vergessen. (Die zwei, drei Leute, die aufgegeben haben, suchen erst ein billiges Hotel in Bahnhofsnähe und dann das Hofbräuhaus, um ihren Gram zu ertränken.)

Einmal fest vorausgesetzt, die Bahnmitarbeiter treiben kein teuflisches Spiel mit ihren Reisenden: Wie kommt es immer wieder zu solchen elementaren Situationen? Oft sind es Bauarbeiten, deretwegen der Zug das eigentlich vorhergesehene Gleis nicht anfahren kann (Sie haben recht, das müsste man eigentlich schon vorher wissen – und an die Fahrgäste weitergeben), oder der Zug wurde so umgeleitet, dass er nicht zum geplanten Gleis kommt. Oder das Gleis ist blockiert, vielleicht von einem Trupp Pilzesucher – oder von einem defekten anderen Zug. Geübte Bahnfahrer werden deshalb misstrauisch, wenn das Gleis, auf dem eigentlich ihr Zug einfahren soll, noch wenige Minuten zuvor von einem anderen Zug besetzt wird. Und schieben sich und ihr Gepäck schon mal unauffällig in Richtung Gleisende, um die Ersten beim Spurt zum neuem Gleis zu sein …

Warum ist der Interregio nicht totzukriegen?

Ab und zu passiert es dann doch: Der Zug fällt aus – nein, er fällt nicht ganz aus, es gibt einen Ersatzzug. Ein Begriff, der allenfalls blutige Bahnlaien und neuerdings ICE-Fahrer in Sicherheit wiegt,[4] alle anderen, gerade wenn von Nahverkehr die Rede ist, wissen: Nun benötigen sie jeden Milliliter des Adrenalins, das ihnen ins Blut schießt. Denn alle Reservierungen, alle Planungen, alle Regeln gelten nun nicht mehr. Oder nur noch eingeschränkt – mehr dazu später. Aber dann, wenn sie es geschafft haben, sich in den pflichtgemäß uralten, abgeschrammten Zug

---

4 Wieso ICE-Fahrer? Lesen Sie einfach weiter.

vorzukämpfen, der, ebenso erwartungsgemäß, nur halb so lang ist, wie der reguläre gewesen wäre – werden manche in Jahrzehnten Ersatzverkehr gestählte Bahnfahrer auf einmal weich. Dann nämlich, wenn sie Pastellfarben sehen und verschlissene mintgrüne Polster. Und erkennen: Dieser Zug ist eigentlich ein alter Interregio. »Interregio« – schon beim Klang dieses Namens leuchten die Augen, und dann geraten viele ins Schwärmen. Gerade ein Jahrzehnt dauerte sie, die Hochphase dieser heute fast ausgestorbenen Zuggattung – und doch schaffte es der Interregio, sich in dieser Dekade so das Herz der Deutschen zu erobern, dass es danach, er war längst eingemottet, immer wieder Forderungen gab, ihn wiederzubeleben. Es fing alles, Geschichte wiederholt sich, damit an, dass die alte Bundesbahn, Vorläuferin der Deutschen Bahn, Mitte der 80er Jahre enorme Verluste machte. Denn das Verkehrsmittel der Herzen war für die Deutschen ganz eindeutig ein anderes: das Auto.

Um die Menschen zum Umsteigen zu bringen, entwarfen die Entwickler der Bahn eine Zuggattung, die eigentlich schon ein kleines Gegenkonzept zur Behördenbahn und überhaupt der Bundesbahnzeit weit voraus war: einen, so hieß es in der Werbung, »menschlichen Zug«. Alte D-Zug-Wagen wurden aufgemöbelt, umgestaltet und aufgehellt. Statt von den bahnüblichen orange-braunen Sitzen und Vorhängen waren die Fahrgäste auf einmal von Pastellfarben in Mint und Rosa umgeben. Es gab Abteile und Großraumwagen mit viel Glas und ein Bord-Bistro, später konnte man sogar Fahrräder mitnehmen. Die Idee war, einen »Zug zum Wohlfühlen« zu schaffen für Reisen zwischen 100 und 500 Kilometer Länge. Allein das mutete damals fast schon revolutionär an, und, das machte den Interregio besonders beliebt: Er füllte die Lücke zwischen dem unkomfortablen Nah- und dem damals ambitionierten, aber teuren Fernverkehr. Bald fuhren 424 Züge auf 24 Linien 300 Orte in der alten Bundesrepublik an, in der Regel im Zweistundentakt. Die Entwickler der Bahn hatten einen guten Job gemacht, sogar einen zu guten: diese »menschlichen« und komfortablen Züge, die bis zu 200 Stundenkilometer fuhren und meist nur so viel kosteten wie der Nahverkehr, boomten sich umgehend zur Erfolgsgeschichte. Ab dem Jahr 1993 stiegen 68 Millionen Fahrgäste pro Jahr zu. Zu ihren besten Zeiten hatten die blau lackierten Züge mehr Fahrgäste als die Zuggattungen InterCity und das 1991 gestartete Bahn-Flaggschiff ICE.

Und genau diese Beliebtheit war der Sargnagel der Interregios. Denn wenn die Menschen lieber in den Wohlfühlzügen reisten, rechneten sich die deutlich teureren Vorzeigezüge noch weniger. Trotz aller Proteste zog die Bahn die begehrten Züge nach und nach wieder aus dem Verkehr und rechnete vor, dass die Interregios einen Verlust von 300 Millionen D-Mark pro Jahr eingefahren hätten. Zurück blieben enttäuschte Fahrgäste, die nun in teurere Fernzüge umsteigen mussten, die seltener fuhren, weshalb sie nun oft auch nicht schneller am Ziel waren. Und Regionen, die fortan abgehängt vom Zugfernverkehr waren. Als Ersatz für die Interregio-Strecken führten einige Bundesländer sogenannte Interregio-Expresse ein.[5] Die bezahlte nicht mehr die Bahn, das übernahmen nun die Länder. Und weil es auf manchen Strecken wirklich nicht anders ging, ließ die Bahn auf einigen Strecken auch selbst wieder interregio-ähnliche Züge fahren, »IC2« genannte Doppelstockzüge. Doch diese konnten, vor allem in den Köpfen der Ex-Reisenden, niemals mit dem Original mithalten.

Um der Wahrheit die Ehre zu geben: Ein Exemplar der Gattung Interregio führte die Bahn schon im April 2014 wieder ein, und zwar auf der Strecke Berlin–Hamburg. Bis die Bahn sie in die Coronapause schickte, fuhren da ein paar Interregio-Wagen der 2. Klasse, außen »verkehrsrot lackiert«, innen behutsam mo-

---

5 Die Bahnfahrer verballhornten das Kürzel IRE dieser neuen Zuggattung schnell zur Abkürzung von »Interregio-Ersatz«.

dernisiert; die Tickets gab es schon für 19,90 Euro. So seien einige touristische Ziele künftig von Berlin aus leichter per Bahn zu erreichen, sagte der Projektleiter.

Tempi passati, auch dies. Und jetzt, im Ersatzverkehr, wo die Stimmung auf dem Tiefpunkt und man furchtbar durchgeschwitzt ist und obendrein der eine Stehnachbar einem den Ellenbogen in die Rippen bohrt und der andere so verdächtig vor sich hin hustet – da entpuppt sich die abgeschrammte Notbahn auf einmal als »Zug der Herzen«. Ein raffinierter psychologischer Trick, um die kochenden Gemüter zu beruhigen?, fragt sich der Kunde. Und muss sich Sekunden später auflachend eingestehen, dass allein der Gedanke illusorisch ist (man fährt schließlich nicht mit dem Therapeuten, sondern mit der Bahn). Nein, die Karriere als Ersatzzug ist die vermutlich letzte Station dieser Interregiowagen. Und manch altgedienter Bahnfahrer, sobald er dies begreift, weint dann heimlich in die verschlissenen mintgrünen Polster seiner Jugend.

Wie steige ich am geschicktesten in den Zug – und warum sollte ich immer ohne Partner/-in und ohne Gepäck einsteigen?

Aber wie gesagt: Häufiger als ein Ersatzzug ist der Normalfall, der Einstieg in den planmäßigen Zug. Und wie Sie das tun, sollten Sie sich idealerweise gut überlegen. Nein, wir meinen nicht das Öffnen der Türen, obwohl es Bahnkunden gibt, die der Ansicht sind, die runden Buttons neben den Eingängen seien kleine Ampeln. Die dann den Zug verpassen, weil diese Dinger niemals grün werden, und dann bass erstaunt sind, wenn sie erfahren, dass man die Teile betätigen muss. Uns geht es hier um die richtige Vorbereitung und um die korrekte Positionierung auf dem Bahnsteig. Und damit gleich am Anfang zum größten Paradoxon, dem Dilemma aller Bahnreisenden: Weiter vorne haben wir Ihnen völlig zu Recht Dinge empfohlen, die unbedingt in ihr Reisegepäck gehören, damit Sie auch eine unerwartet längere Bahnfahrt bei guter Gesundheit überstehen. Und an dieser Stelle müssen wir Ihnen, ebenfalls völlig zu Recht, raten: Am besten, Sie haben nichts dabei. Kein Gepäckstück, das Sie beim von Vorn-nach-hinten-Rennen am Zug, beim abrupten Gleiswechsel oder dem Ringen um den letzten Platz im Zug behindern kann – ja, am besten, Sie verzichten beim Zugreisen auch auf den Partner oder die Partnerin. Nicht unbedingt deshalb, weil frau/mann selbst in der Bahn jemand Nettes kennenlernen kann. Sondern vor allem, weil dann niemand an Ihrer Seite ist, auf den/die Sie warten müssen, wenn Sie Ihrem Zug entgegenstürzen. Niemand, auf den/die Sie Rücksicht nehmen müssen, wenn Sie den Zug entern. Der/die Skrupel zeigen könnte, wenn Sie alle Tricks ausspielen, um an Ihren Sitzplatz zu kommen (den ein rücksichtsloser Egomane gekapert hat, der wahlweise behauptet, er sei König Ludwig oder der Bahnchef).

Es stimmt natürlich, dass es auch Vorteile haben kann, nicht allein zu reisen: Steigt Ihre Partnerin/Ihr Partner an einer anderen Stelle als Sie in den Zug und versucht, sich ebenfalls auf zwei Plätze zu werfen und diese zu halten, bis Sie zu Hilfe kommen, kann das die Gesamtchancen enorm erhöhen, zumindest theoretisch. (Praktisch müssen Sie bereit sein, all das Ihrem Partner/ Ihrer Partnerin zuzumuten. Wissen Sie, wie viele Beziehungen schon am Gleis scheiterten?[6])

Wie auch immer: In jedem Fall tun Sie gut daran, sich schon so auf dem Bahnsteig zu platzieren, dass es nicht mehr weit bis zum reservierten Platz oder der gebuchten Wagenklasse ist.

Und das beginnt damit, dass Sie mit dem Zug mitsurfen. Der bremst nämlich zweimal. Einmal vor dem Bahnhof und dann noch einmal scharf vor seinem Haltepunkt. Kurz vor der zweiten

---

6 Zugegeben: Wir wissen das auch nicht, aber die Evidenz scheint beachtlich.

Bremsung fährt er im Schritttempo. Stillstand ist der Tod, sang schon Grönemeyer, und so ist es auch am Gleis. Folgen Sie also der nächsten Zugtür, und bei der zweiten scharfen Bremsung machen Sie ihr Kreuz breit und bleiben stehen. Die aussteigenden Gäste werden Ihnen reichlich Platz verschaffen wie ihn vor Ihnen nur Moses im Roten Meer hatte, und dann ganz einfach – hereinspaziert.

Damit Sie dieses Kunststück an der richtigen Tür und nicht völlig vergebens machen, mussten Sie früher dafür komplexe Berechnungen anstellen. Heute reicht der rechtzeitige Blick in die digitale Wagenstandsanzeige der App DB Navigator. Und wenn Sie ein Suchender ohne Reservierung sind: Steigen Sie nicht gleich am Anfang des Zuges ein (denn das tun viele Nichtreservierer), und auch nicht direkt bei den Aufgängen oder Rolltreppen, sondern marschieren Sie den Zug entlang nach hinten. Sie werden sehen: Je weiter Sie gehen, desto leerer werden die Wagen.

Wie kriege ich einen Sitzplatz ohne Reservierung?

Bleiben wir bei dem Ohne-Sitzplatzreservierung-in-einen-Fernzug-Steigen: Eigentlich ist das ja ein No-Go. Sie würden sich schließlich (wahrscheinlich) auch nicht auf ein Fahrrad ohne Sattel oder in ein Auto ohne Fahrersitz schwingen. Aber wie das Leben so spielt – vielleicht sind Sie sparsam, vergesslich oder aber jemand, der die Herausforderung liebt –, kann es dennoch passieren, dass Sie in den Zug springen, und Sie haben ein Ticket, aber keine Reservierung.

Natürlich bleiben Ihnen für den Fall immer die bekannten Habitate der Habenichtse: der Boden im Zwischenwagenbereich (Nichtreservierungsprofis führen klappbare Sitzkissen mit sich, die ursprünglich für die Plastikschalensitzplätze in Fußballstadien gedacht waren). Und dann Restaurant, Bistro oder Speisewagen. Dort kann man das billigste Getränk von der Karte ordern und so lange daran nuckeln, bis die Servicefrau zu Recht darauf hinweist, dass die Tasse schon seit anderthalb Stunden leer sei und man ruhig aufhören könne, so zu tun, als ob. Spätestens wenn man dann das zweite Getränk bestellen muss und aus purem Schuldbewusstsein (und wegen des verächtlichen Blicks der Servicefrau) noch eine Suppe dazunimmt, wird einem klar, dass es mit der Platzreservierung doch deutlich günstiger gewesen wäre.

Von einem weiteren unter Reservierungslosen kursierenden Habitat, der Toilette, ist abzuraten. Erstens ist es verdammt unfair, Mitreisende in Not zu bringen, weil man zwischen Fulda und Fürth eine der wenigen betriebsbereiten Toiletten im Zug blockiert. Und zweitens neigen Zugbegleiter dazu, Toilettendauerbenutzern zu unterstellen, diese hätten nicht nur keine Reservierung, sondern überhaupt kein Ticket. Erklären Sie das mal ganz entspannt, während Sie von einem zornigen rotblonden Zweimeterzugbegleiter durch den ganzen Zug verfolgt werden …

Abraten möchten wir auch von in besonders klugen Kreisen gern geteilten Tipp Kinderabteil. Einmal um Ihrer selbst willen: Selbst wenn Sie Kinder daheim, nicht aber dabeihaben – ist das ein Grund, über Stunden das akustische, olfaktorische und berührungstechnische Los wildfremder Eltern zu teilen? Ganz zu schweigen von Ihrer Kleidung. Wie gut kommt es bei Ihrem wichtigen Termin, wenn sich auf Ihrer Hose ein großer brauner Fleck befindet? (Gut, Sie können jedem auseinandersetzen, dass der aus Schokolade ist. Aber wieso sollte man Ihnen glauben?) Und dann, weil wildfremde Eltern es doch arg seltsam finden könnten, wenn Sie sich einfach so, kinderlos, zu ihnen und ihrem Nachwuchs ins Abteil gesellen und auf die Frage nach ihren eigenen Kindern nur ausweichende Antworten geben (»die kommen gleich, die sind da vorn auf der Toilette«).

Nun also zu realistischen Tipps, wie Sie, ohne reserviert zu haben, an einen Sitzplatz gelangen – vielleicht.

- Kommen Sie früh genug und nicht erst in letzter Sekunde.
- So haben Sie die Chance, vielleicht vor Ihren Mitfahrern im Zug zu sein und einen der letzten nicht reservierten Plätze zu ergattern. Bei Zügen, die auf Ihrem Bahnhof erst eingesetzt werden, also starten, ist es noch lohnender, früh da zu sein: Denn wenn der Zug schon da ist, Ihre Sitzplatzkonkurrenz aber nicht – juhuuu! …
- Meiden Sie volle Züge. In Zügen, in denen mehr Menschen unterwegs sind, sind auch mehr Sitzplätze reserviert. Informieren Sie sich anhand der Männchensymbole in der App DB Navigator, welche Züge leerer sind; es werden die sein, die weder von Wochenendpendlern noch Reisegruppen bevorzugt werden.
- Meiden Sie das Bordrestaurant. Also nicht grundsätzlich (wann doch, dazu später). Sondern nur, wenn Sie auf der Suche nach einem nicht reservierten Platz sind. Denn normalerweise, alte Bahnregel, verteilt der Buchungscomputer die Reservierungen nach beiden Seiten ausgehend vom Speisewagen. Was theoretisch bedeuten kann, dass die ans Restaurant oder Bistro angrenzenden Wagen der 1. und 2. Klasse komplett ausreserviert sind, und Nichtreservierer an den beiden Zugenden noch die meisten Plätze finden – aber seien Sie nicht böse, wenn dieser Tipp nicht hinhaut, denn alte Bahnregeln gelten immer weniger. Und immer mehr Bahnkunden überlassen die Sitzplatzsuche nicht dem Computeralgorithmus, sondern erledigen das in der Reservierungsgrafik selber. Was Sie auch nur begrenzt vor Überraschungen schützt, etwa in Form einer sich erst die Finger lackierenden und dann Döner- oder Mettwurstbrot essenden Sitznachbarin …
- Suchen Sie nach den BahnComfort- und »ggf. freigeben«-Plätzen.

Und das auch, wenn Sie kein Comfort-Kunde sind und auch sonst keinen Anspruch darauf hätten, dass man Ihnen einen »ggf. freigeben«-Platz freiräumt. Denn auf diese Plätze darf sich auch jede und jeder andere setzen – solange der Platz nicht express-reserviert ist und solange kein BahnComfort-User ausgerechnet diesen Platz haben will.

Aber was ist das eigentlich, ein BahnComfort-Kunde? Auf dem Bahnsteig muss man ihn nicht lange suchen. Er steht meist sehr siegessicher am Rande des Gleisgeschehens, gern mit Kaffee und Rucksack für weite Wege präpariert, und rollt dann das Einsteigerfeld von hinten auf. Während Gelegenheitsfahrer irgendwo zwischen den Türen nach Orientierung suchen, hat er im DB Navigator längst das rote Pünktchen am Wagen 7 ausgemacht. Dieser Punkt ist der BahnComfort-Punkt – er bedeutet Macht und Sitzplatz an allen Orten außer Berlin, Frankfurt und München (einfach weil es in Berlin, Frankfurt und München schon so viele BahnComfort-Kunden gibt, dass in diesen Städten doch wieder der Darwinismus um sich greift, den man als Bahn-Comfort-Kunde eigentlich hinter sich gelassen haben wollte).

Der BahnComfort-Bereich misst in einem ICE meist eine halbe Großraumwagenlänge. Dort sitzen sie. Die Pendler, die immer zur gleichen Uhrzeit ihren Kaffee-Thermobecher mit Sicherheitsverschluss öffnen. Die Workaholics, die auf die Tastatur hacken, sowie sich der Zug bewegt. Die Professorinnen, die Klausurensätze voll Arbeit mit in den Zug nehmen. Es sind Bahnfahrerinnen und Bahnfahrer, die alles, aber wirklich alles schon erlebt haben und die nichts mehr aus der Fassung bringt. Außer wenn auch der 13. Zugestiegene fragt, ob man im Bahn-Comfort-Bereich sitzen dürfe. Die Profi-Antwort darauf lautet übrigens: »Natürlich dürfen Sie, aber wenn ein BahnComfort-Kunde kommt, also zum Beispiel ich, dann müssen Sie leider aufstehen.« Die meisten Fragesteller verscheucht so viel Ungewissheit sofort. Denn nichts ist schlimmer als die Angst, nach dem Auspacken von Burger, Pommes und iPad doch noch vom Platz verjagt zu werden.

Woher der BahnComfort-Kunde seinen Status nimmt? Er nimmt ihn nicht, der Status wird ihm verliehen. Die meisten dieser Auserwählten sind schon so lange BahnComfort-Kunden, dass sie sich gar nicht mehr an den Tag erinnern können, als ihre BahnCard 50 silbern wurde (oder, je nach Lesart, mausgrau). An diesem Tag nämlich hatten die Bahncontroller errechnet, dass sie 2000 Punkte erfahren hatten. Die Rechnung ist auch nicht so schwierig: Jeder Euro Umsatz für die Bahn gibt einen Punkt. Wer also für 2000 Euro im Jahr Bahn fährt, ist Premiumkunde.

Und was diese Leute alles dürfen! Sie haben eine Hotline, über die sie auch außerhalb des Comfortbereichs Sitzplätze reservieren können. Sie dürfen kostenlos die DB Lounge an vielen deutschen Bahnhöfen nutzen und dort so viel (Kaffee und Tee) trinken, wie sie wollen. Zeitungen gibt es dort auch und ab und zu im Sommer sogar Eis.

Ihre Schattenseite aber, die dunkle Seite der Macht gewissermaßen, spielt diese Karte erst aus, wenn die Not besonders groß ist. So haben es die Autoren dieses Buches immer wieder als Zeugen erlebt. Wenn Hochschwangere sich im Zwischenwagenbereich auf die Lamellen stützen, weil sie keinen Platz mehr gefunden haben, wenn Senioren sich an ihren Rollator klammern, auf dass er ihnen ein wenig mehr Halt gebe als das Bordbistrosurfen. Und wenn Gelegenheitsfahrer sich nichtsahnend und erschöpft einfach niedergelassen haben im BahnComfort-Bereich. Dann kommt gewiss einer und fragt mit dieser hochnäsigen Pennälerstimme: »Ach, sind Sie auch BahnComfort-Kunde?«

Und hier, liebe Leserinnen und Leser, kommt die einzige Reaktion, die neunmalkluge Comfort-Könige verstehen: Antworten Sie, egal ob es wahr ist oder nicht, deutlich hörbar und so bestimmt, wie Sie es noch nicht einmal vor dem Traualtar wagen würden: »Ja, Sie nicht?« Denn ehe ein BahnComfort-Kunde in einem vollbesetzten Zug einen Zugbegleiter findet, der Ihre Aussage auf Herz und Nieren prüft, sind Sie längst ausgestiegen. Und weil der BahnComfort-Kunde das ja alles schon drei-, viermal erlebt hat, sucht er einfach das Weite. Wenn er denn einen Weg findet durch all die Koffer, Hochbetagten und Berufssoldaten mit Wäschesack.

Und andererseits: Wenn auf den BahnComfort-Plätzen so viele Menschen sitzen, die keine BahnComfort-Kunden sind: Was denken Sie, was passiert, wenn Sie sich diesen Plätzen mit sicherem Schritt nähern, den nächstbesten Sich-Wegducker fixieren und mit fester Stimme fragen: »Sind Sie auch Bahn-Comfort-Kunde?« – wird er dann wirklich nach Ihrer Karte fragen?

(Okay, das gleiche Spiel könnten Sie mit einem »ggf. freigeben«-Platz machen, also mit fester Stimme sagen: »Platz 89, da ist er ja, entschuldigen Sie ...« und sich souverän die Jacke ausziehen. Aber das haben jetzt Sie gedacht, nicht wir, ja? ...)

Was übrigens immer geht und wo man häufig Glück haben kann, obwohl man sich eine Reservierung gespart hat:
• Setzen Sie sich einfach auf einen beliebigen reservierten Platz (nur frei sollte er sein). Denn es ist gar nicht so selten, dass niemand kommt. Weil die Reserviererin krank geworden ist, den Zug verpasst hat, es in Erlangen so schön fand, dass sie länger geblieben ist. Oder weil sie, auch das gibt es, prophylaktisch drei Sitzplätze in drei verschiedenen Zügen reserviert hat, um vorher endlich einmal ohne Zeitdruck ihren Koffer packen zu können. Oder aber sie das Pech hatte, am verkehrten Ende in den Zug zu klettern, in den Zug, der so voll besetzt ist, dass sie ihren, also Ihren Platz, erst nach über 15 Minuten erreicht, dann, wenn die Reservierungsanzeige schon erloschen ist. Und damit erlischt nach der Definition der Bahn leider auch die Reservierung (!). Und damit ist der Sitzplatz frei – für Sie.

Furchtbar fies, wenn dann die arme Frau mit dem schweren Koffer in der 17. Minute angehechelt kommt.

- Glauben Sie nicht an den Wagen, in dem NICHT reserviert wird.
- Mag sein, dass es ihn früher gab: den einen Wagen im Zug, in dem alle Plätze frei zu vergeben waren – first come, first serve. Das allerdings war nicht zu Zeiten, in denen komplette ICE-Garnituren von München nach Berlin düsten, sondern Züge unterwegs waren, deren Waggons flexibel zusammengestellt wurden. Wurde es eng, dann hängte man in dieser seligen Bahn-Vorzeit einfach schnell noch einen Wagen dazwischen (!), und in diesem gab es folgerichtig massenhaft unreservierte Plätze. Heute ist das, wie gesagt, vorbei. Und wenn Ihnen, das kommt vor, ein Zugbegleiter dennoch erzählt, es gebe diesen Wagen, und nach hinten deutet, lächeln Sie nur freundlich. Und gehen Sie nach vorn.
- Hoffen Sie nicht auf das Upgrade in die 1. Klasse.
- Ein weiteres hartnäckiges Gerücht besagt, dass man sich mit einem Ticket für die 2. Klasse einfach auch in die 1. setzen kann, wenn es in der 2. Klasse keinen freien Platz mehr gibt. Doch, wie gesagt, es ist ein Gerücht. Wann und ob Zweitklässler in die Erste versetzt werden, entscheidet nur einer: der Zugchef. Hat der keine Lust auf den Gnadenakt, bleibt Ihnen nur der Zwischenwagenbereich.

Mythos Sitzplatzreservierungsanzeige

Die Sitzplatzreservierungsanzeige in den Fernzügen der Deutschen Bahn ist eine ganz hervorragende Idee – wenn sie funktioniert. In grauer Bahn-Vergangenheit war das oft nicht so, weil die Daten in den Zügen noch per Diskette eingelesen wurden. Und immer bestand die Gefahr, dass dieser kleine Datenträger mit seiner dünnen Plastikhülle den Zug nicht rechtzeitig erreichte oder dass er kaputt war, dass man ihn mit dem neuesten Super-Mario-Spiel verwechselte oder in den Tiefen einer Eisenbahnertasche vergaß … Manchmal brach das entsprechende Chaos in den Zügen (»Das ist mein Sitzplatz. Stehen Sie auf!« – »Da steht nichts, Sie Idiot!«) schon prophylaktisch aus, dann nämlich, wenn der Zug abfahrbereit war, die Anzeigen über den Sitzplätzen aber dunkel blieben oder »ggf. reserviert«, manchmal gar »GGF. RESERVIERT« anzeigten. Dabei dauerte es »nur« ein paar Minuten, bis das Zugpersonal die Diskette eingelegt hatte, die Daten eingespielt waren und der Bordrechner diese bis in den letzten Wagen durchgegeben hatte. Die Reservierungsanzeigen glimmten oft gerade noch rechtzeitig auf, um Handgreiflichkeiten unter den Fahrgästen zu verhindern – es kam aber eben auch immer wieder vor, dass nicht. Für die erhitzten Fahrgäste war die Situation auch deshalb eine Herausforderung, weil das Zugpersonal zwei unterschiedliche Strategien kannte, mit dem Ausfall des Reservierungssystems umzugehen. Die einen Zugchefs sagten durch, dass Reservierungen in diesem Zug nicht gültig seien. Die anderen forderten die Fahrgäste auf, ihre Sitzplätze für Neuankömmlinge mit Reservierungen frei zu machen. Und letzten Endes mussten die Fahrgäste am Ende selber untereinander ausmachen, wer wo sitzen darf und wer wem nachzugeben hat. Und schon hatte man das, was man mit der Platzreservierung hatte vermeiden wollte: puren Verdrängungskampf, das Recht des Schnelleren, Lauteren, Stärkeren. Dass man sich die Euros für die umsonst gebuchte Platzreservierung erstatten lassen konnte, sofern man die Zeit dafür hatte, war nicht wirklich ein Trost.

Aber: Es gibt gewaltige Fortschritte. Zuerst verbesserte die Bahn das störungsanfällige Diskettensystem, respektive: Es schaffte es ab. Heute werden die Reservierungsdaten der Fernzüge drahtlos von einem zentralen Reservierungsserver abgerufen. So können Sie in großen Bahnhöfen noch kurz vor Abfahrt einen regulären Sitzplatz reservieren. Und natürlich: Niemand kann mehr die Diskette vergessen. Grund genug für die Bahn, uns auf Anfrage stolz mitzuteilen: »Die Reservierungsanzeigen in unseren rund 300 ICE-Zügen funktionieren bei der Bereitstellung am Startbahnhof zu weit über 99 Prozent einwandfrei.« Bei der InterCity-Flotte liege die Quote bei rund 98 Prozent. Das sind unglaubliche Werte, aber bevor Sie nun protestieren, weil Sie doch erst neulich … – die Angaben beziehen sich auf die Funktionsfähigkeit der Anzeigen an sich.

Wenn Sie heute in einem Fernzug Ihre gebuchte Reservierung nicht finden, liege das nämlich daran, so die Bahn, dass »aufgrund gelegentlich auftretender Störungen im Bahnbetrieb manchmal ein Ersatzzug fährt«. Und dann also alles wie oben: Stress, Enge, Diskussionen – und am Ende muss man bis Köln, Münster oder gar Hamm im Zwischenwagenbereich herumlungern, obwohl man schon vor Monaten den perfekten Einzelsitz in Fahrtrichtung gebucht hatte.

Wenn der Ersatzzug ein IC ist, konnte das bei Drucklegung dieses Buches noch passieren. (Aber es soll ja auch den einen oder anderen IC geben, der noch heimlich mit Disketten gefüttert wird.)

Ist aber der ausgefallene Zug ein ICE und der Ersatzzug ebenfalls, dann hat die Deutsche Bahn seit einiger Zeit eine fürwahr sensationelle Lösung parat. Und das ist fast noch untertrieben. Wir sprechen von einem Meilenstein der Zugfahrerei. Von einer Entwicklung, die das Zugreisen in Zukunft wesentlich stressfreier machen und die Lebenserwartung langjähriger BahnCard-100-Kunden um mehrere Jahre verlängern wird. Denn seit kurzem wird Ihre alte online oder über die App getätigte Reservierung – automatisch auf den neuen Ersatzzug umgebucht!

Noch einmal mit anderen Worten: Wenn Sie im alten ICE Ihren Platz sicher hatten, dann werden Sie auch im Ersatz-ICE wieder einen Sitzplatz vorfinden. Nein! Doch! Ohh! – das Hetzen, Rammen, Hauen und Stechen, es hat ein Ende!

Gut, es kann zwar passieren, dass Sie einen Fensterplatz gebucht hatten und nun einen Platz am Gang zugeteilt bekommen, oder in den Großraum-Wagen wollten, der Arbeit halber, und sich nun unversehens im Abteil wiederfinden. Aber geschenkt. Was zählt, ist: Sie müssen im Ersatz-ICE nicht mehr kämpfen, nicht mehr verlieren und nicht mehr stehen. Wenn alles klappt.

Danke, liebe Bahn.

Wie Bahn fahren viel schöner sein könnte, auch für Frauen

Svemirka Seyfert schreibt auf ihrem Blog Reise-Zeit (www.reise-zeit.com) über das luxuriöse Reisen. Wenn sie mal nicht unterwegs ist, lebt sie in Hamburg. Und was vermisst die Hotelexpertin und Vielfliegerin in den Zügen der Deutschen Bahn?

Frau Seyfert, Sie sind um die ganze Welt geflogen, in allen denkbaren Fluglinien, teilweise sogar per Privatjet, Sie haben in vielen Hotels gelebt und sich in jeder Menge Flughafenlounges umgesehen. Aber Sie fahren in letzter Zeit auch mit der Deutschen Bahn …
Ich bin gerade mehr in Zügen unterwegs. Ich fahre beispielsweise jetzt nach Santorini in die Ägäis das erste Stück mit der Bahn, also Zug zum Flug, weil es durch Corona nicht mehr so viele Direktflüge ab Hamburg gibt. Und ich hoffe, dass da das WLAN einigermaßen okay ist. Und dass er pünktlich kommt, auf jeden Fall so pünktlich, dass ich meinen Flug noch erwische …

Aus Umweltsicht ist Bahn fahren ja auch nicht schlecht ...
Natürlich, es ist viel umweltfreundlicher als zu fliegen. Aber was mir bei der Gelegenheit immer auffällt und was ich nicht verstehe, ist, dass die Bahn es nicht fertigbringt, das Reisen ein bisschen sinnlicher zu machen. Dass sich niemand dort mal Gedanken macht, wie die Fluggesellschaften oder auch die Hotels es schaffen, dass die Menschen sich wohlfühlen, umsorgt, gut aufgehoben und ein bisschen luxuriös – das ist gar nicht so schwer!

Was müsste die Bahn tun, um für anspruchsvolle Reisende attraktiver zu werden?
Also wenn ich Zug fahre, dann gehe ich vorher in der Bahnhofshalle herum und kaufe: einen Kaffee, der mir auch wirklich schmeckt. Einen guten Saft, der aromatisch ist und mit dem ich mir etwas Gutes tue. Dann noch ein wirklich schmackhaftes belegtes Brot. Und all das nehme ich mit in den Zug ...

Stopp, Frau Seyfert, gute Nachrichten: Man kann in den Fernzügen der Bahn Speisen und Getränke kaufen. Im Restaurant oder im Bordbistro ...
Oh mein Gott, waren Sie da wirklich mal? Nein, also ich würde wesentlich lieber Bahn fahren, wenn ich nach dem Einsteigen einen wirklich guten Kaffee bekäme. Oder ich mit meiner Freundin mit Champagner anstoßen könnte, das wäre fantastisch. Oder ich würde gerne mit den Leuten von meinem Team einen Termin nachbereiten und nachher für alle etwas Leckeres bestellen, das am Platz serviert wird. Vielleicht Sushi, jedenfalls etwas, auf das man sich freut. Die Bahn ist seit 50 Jahren die gleiche, gut, die Technik ist anders, aber was zählt, ist das Erlebnis. Und da braucht die Bahn einen Tapetenwechsel. Und Komfort.

Was vermissen Sie in den Zügen?
Ich bin in Japan mit dem Shinkansen gefahren, der ist so gut ausgestattet wie eine Business-Class im Flugzeug. Und es ist ein Schnellzug, der pünktlich und zuverlässig ankommt. In anderen asiatischen Luxus-Zügen kann man während der Fahrt zum Beispiel Fitness- oder Yogakurse machen …

Fitnesskurse gibt es auch bei der Deutschen Bahn. Etwa, wenn man auf ein anderes Gleis rennen muss, weil der Zug plötzlich von dort abfährt.
Für mich ist entscheidend, dass mein Gefühl angesprochen wird und ich ein Erlebnis habe. Man muss nicht unbedingt Yogakurse im Zug haben. Aber wenn ich daran denke, dass die Bahn bald vielleicht wieder Fernzüge durch ganz Europa fahren lassen will, wie wäre es denn, wenn man in jeden dieser Züge einen Waggon integrieren würde, der anbietet, was Leute mit einem gewissen Anspruch mögen? Etwa Coworking-Spaces zum Arbeiten. Aber in diesem Waggon könnte es auch einen Concierge geben. Und der sucht mir auf der Fahrt nach Venedig nach meinen speziellen Wünschen Sehenswürdigkeiten heraus, die ich da ansehen kann.

Kann sein, dass er dafür WLAN braucht …
Er stellt sie mir über eine App zur Verfügung, die ich in Venedig auf meinem Smartphone mit mir herumtrage. Bei einem solchen Service würde ich mich wohlfühlen. Aber es ist zu befürchten, dass bei der Bahn in den nächsten 50 Jahren so etwas nicht passieren wird.

Na ja, für viele Leute darf Bahn fahren ja nicht zu teuer sein.

Dafür geben sie für ihr Auto dann jede Menge Geld aus ... Nein, ich stelle mir vor, dass man für diesen Waggon mit seinen Annehmlichkeiten natürlich extra bezahlt. Für die Konferenzräume, die man reservieren kann. Und wenn man über Stunden mit dem Zug unterwegs ist, könnte es dort auch Duschen geben.

Na ja, die Toilettenräume der Bahn bieten das zwar noch nicht, aber sie sind immerhin schon deutlich moderner als früher. Und in den neueren ICEs sind sie auch nett bemalt. Sie kennen die Toiletten?

Katastrophe!

Katastrophe?

Da schaue ich lieber, dass ich nicht mehr muss ... Übrigens könnte die Bahn, wo sie doch so umweltfreundlich ist, auch bei der Ausstattung ihre Züge darauf achten, dass die Kunden das spüren und sich gut fühlen. Man sollte sich Alternativen zu den Papiertüchern überlegen und zu den Pappbechern. Na gut, zu Corona-Zeiten geht das vielleicht nicht anders ... Aber ich finde, alles sollte mehr Nachhaltigkeit ausstrahlen. Und warum kann es in den WCs nicht Pflegeprodukte geben? Eine eigene Bahn-Serie?

Ist das jetzt vielleicht der speziell weibliche Blick auf den Zug?

Für Frauen findet in der Bahn sowieso nicht so viel statt. Was ich mir zum Beispiel wünsche, ist nicht nur ein Raum, in dem ich in Ruhe arbeiten kann, wirklich ungestört. Sondern auch einen Raum für Kommunikation. Wenn ich so lange Zug fahre, möchte ich doch mit jemanden ins Gespräch und in Kontakt kommen können und meine Freundinnen auch. Erst recht, wenn nicht mal das WLAN funktioniert. Was soll man denn da sonst machen? Ich bin einmal mit dem Zug nach Ostdeutschland gefahren, es war ein uralter Zug, ich saß fünf Stunden darin, und es gab kein WLAN. Zum Glück war ich ziemlich casual unterwegs.

Ziemlich casual?
Wenn ich mit der Bahn verreise, trage ich keine hochhackigen Schuhe, also nichts Schickes an den Füßen, wie im Flugzeug oder auf dem Schiff. Sondern flache, sehr praktische Schuhe, in denen ich auch längere Fußmärsche durchhalte. Man weiß ja nie. Wenn ich einen Koffer für drei Tage dabeihabe, dann schaffe ich es auch einigermaßen, vom Gleis über den klaffenden Schienenspalt hinweg nach oben in den Zug zu klettern. Hat jemand bei der Bahn schon mal darüber nachgedacht, wieso ich mit einer teuren Fahrkarte so klettern muss, mir aber jede Kletterei erspart bleibt, wenn ich mit einem Ticket für eins fünfzig in die S-Bahn stapfe? Und wenn ich länger verreise und der Koffer größer wird, dann wird das echt zu schwer.

Es gab früher schon mal Gepäckträger auf den Bahnhöfen, aber offenbar waren die nicht so gefragt. Oder wurden eingespart, als keiner hinsah.
Verstehe ich nicht. Ich fände das gut. Was ich übrigens auch gut finde und was man ausbauen müsste, sind die Kinderbetreuer, die manchmal in Fernzügen mitfahren. Junge Frauen und Männer, die kümmern sich um acht Kinder und lächeln dabei. Und für die Eltern dieser Kinder beginnt der Urlaub schon im Zug, nach dem ganzen Stress des Kofferpackens und Zum-Zug-Hetzens. Wieso gibt es den Service eigentlich nur in den Ferien? Es fahren doch sonst auch Kinder mit dem

Zug. Die Paare könnten dann etwas zum Anstoßen bekommen. Was auch schön wäre: wenn sie einander in einem Shop an Bord etwas kaufen könnten. Eine Rose. Pralinen. Schöne Kleinigkeiten, die nicht viel kosten, aber die ganze Fahrt zu einem Erlebnis machen. Ganz anders als dieser Raum, wie heißt er noch mal – Bistro? Gibt es das eigentlich noch?

Das Bordbistro gibt es noch. Er wird gerne von Menschen benutzt, die nach der Arbeit noch ein Bier brauchen. Oder die keine Sitzplatzreservierung haben.
Äh, okay. Möchten Sie mit Menschen zusammen etwas trinken, die nur da sind, weil sie keine Reservierung haben? Das Ambiente von einem Raum, in dem man etwas trinkt und sich wohlfühlt, müsste ein ganz anderes sein. So, wie Frauen es lieben, eben mit Atmosphäre. Eine Bar mit schönen Farben und Materialien, vielleicht sogar mit Kunst – es muss nicht gleich eine komplette fahrende Galerie sein, wie es sie in Japan in einem der Schnellzüge gibt. Kerzenlicht wäre schön, dann geht man gerne abends auf ein, zwei Stunden dahin, oder zumindest schöne Beleuchtung. Natürlich muss es auch wirklich gute Getränke geben. Und hochwertige Teesorten. Also einfach mal etwas anderes. Etwas, mit dem man die Menschen überraschen kann, ihnen ein gutes, warmes Gefühl gibt. Ein bisschen Luxus. Es wird genug Leute geben, die dafür bezahlen wollen. Bahn fahren wäre dann nichts mehr, von dem man hofft, dass alles gut geht und dass es bald vorbei ist. Sondern ein Erlebnis.

WISSEN
Schaden Sommer, Herbst und Winter den Zügen – aber der Frühling nicht?

Vielleicht erinnern Sie sich noch an den Spruch: »Alle reden vom Wetter. Wir nicht.« Es war der Slogan einer Werbekampagne der Bahn in den 1960er Jahren. Als die Bahn noch die Bundesbahn war, also eine Behörde mit Beamten, Pappfahrkarten, Schalterhallen, langen Warteschlangen und Kaffeepausen, zu denen den Kunden das Bedienfensterchen vor der Nase zugeklappt wurde, und wehe, es waren noch die Finger drin (»Bitte warten Sie! Bitte!!! Mein Zug fährt in drei Minuten …«). Damals, das ist sonnenklar, gab es noch ein Heer von Streckenposten, unzählige Schneepflüge, bärenstarke Lokomotiven, die −40 und +50 Grad Celsius wegsteckten wie nichts. Und die Züge, das versteht sich, waren auch im größten Schneesturm, im stärksten Orkan, bei der größten Hitzewelle so pünktlich an Ort und Stelle, wie Phileas Fogg, der in Jules Vernes berühmtem Roman von 1872 die Erde in achtzig Tagen umrundete und pünktlich mit dem Glockenschlag zurück im Londoner Reformclub war. Kein Wunder also, dass in der guten alten Bahnzeit noch niemand daran dachte, die Bahn schlank zu sparen, an die Börse zu bringen, Mitarbeiter zu entlassen und Schneepflüge zu verschrotten – obwohl nein, so war es nicht, und da sieht man, wieder mal, was gutes Marketing ausmacht: Mag sein, dass die Pünktlichkeit zu Zeiten der guten alten »Deutschen Bundesbahn« besser war. Aber natürlich waren auch damals Menschen und Material begrenzt, gab es Wetterlagen, bei denen auch kein Zug mehr fuhr, und vieles andere, weshalb Politik und Bahnspitze es für das Beste hielten, die hochverschuldete Bahn von der Bundesbehörde zum Privatunternehmen in Bundesbesitz umzuwandeln (mehr dazu später).

Der Slogan »Alle reden vom Wetter. Wir nicht.« aber blieb

in den Köpfen der Bahnkunden. Bediente er doch wunderbar eine Erwartung an den Schienenverkehr, die seit Jahrzehnten immer wieder enttäuscht werden muss, die aber nicht aus unseren Köpfen herauszukriegen ist: dass nämlich, wenn Sturm, Orkan, Eis und Schnee, Hochwasser und Zugvögelschwärme Flugzeuge dazu zwingen, auf dem Boden zu bleiben und die Straßen für den Autoverkehr unpassierbar machen, dass Züge dann trotzdem unbeirrt und pünktlich fahren. Aber dieser Kinderglaube an die allmächtige Bahn,[7] er wurde herb enttäuscht. Zumal bei der Bahn dann tatsächlich gespart und abgebaut wurde, mal zur Vorbereitung auf den Börsengang, mal weil Teile von Politik und Bahnführung die Züge zwischenzeitlich insgeheim nur noch für das Verkehrsmittel der kleinen, autolosen Leute hielten oder gleich für ein Auslaufmodell, denn es gab doch immer mehr Autobahnen. Und so kam es, dass die Bahn (und die treuen Bahnkunden) im Nu drei große Feinde hatten: Sommer, Herbst und Winter.

Wobei vor allem die Schwierigkeiten im Sommer viele überraschten, die lange nicht an Extremwetterereignisse und Hitzeperioden in Deutschland glauben wollten, etwa die Verantwortlichen für den Einkauf der ICEs. Denn wenn die Temperaturen sommers über die 30-Grad-Marke kletterten, begannen in den Hightech-Zügen die Klimaanlagen zu stottern und fielen aus und konnten die Insassen dann weder (wie im Regionalverkehr) ein Fenster öffnen noch den Zug verlassen, wurde (und wird) es manchmal teuflisch. Es gab einige Fälle, in denen in ICEs Fahrgäste kollabierten.

Die Hitze belastete auch Schienen und Gleisbett, und die Weichen konnten sich verziehen, nur ein bisschen, aber es wurde eine Störung gemeldet, und die Strecke war erst mal blockiert. Fatal, wenn defekte Klimaanlage und defekte Weiche dann bei über 30 Grad zusammenkamen.

---

7   Oft verbunden mit dem Wunsch, Lokführer zu werden.

Die Weichen machen auch im Winter auf sich aufmerksam. Sie können gerade dann einfrieren, wenn nach heftigem Schnee und Eisregen alle darauf hoffen, dass wenigstens die Bahn sie ans Ziel bringt. Große Schneehaufen, Matsch und Blitzeis können sie auch nicht ab. Liegt das Blitzeis auf Oberleitungen, kann auch das schon die Strecke unpassierbar machen. Und Schnee, sei es in ungewohnt großen Massen (und welche Schneemengen ist man hierzulande schon noch gewohnt!?) oder auch in Form von pappigen Flocken, die die Lüftungsschlitze von Triebfahrzeugmotoren zusetzten, war immer ein Risiko. Und da waren noch die Eisklumpen, die sich von der Unterseite der ICEs lösten, ins Gleisbett fielen und dort Schottersteine aufwirbelten, die wiederum die empfindliche Unterseite der ICEs beschädigen konnten.

Kommen wir zum Herbst. Das war die Jahreszeit, in der traditionell Orkane oder sonstiges Gestürm über Deutschland hinwegrasen und Bäume und Äste auf Schienen und Oberleitungen werfen konnten.

Nur im Frühling war Ruhe. Weitgehend jedenfalls. Sofern keine plötzlichen Wintereinbrüche dazwischenkamen. Sofern sich keine Orkane verspäteten oder verfrühten. Und sofern es keine weiteren extremen Wetterereignisse gab, allem voran Wolkenbrüche und Starkregen, die im Nu Tunnel füllen, Strecken unterspülen, Gleise unpassierbar machen können. Bei näherem Hinsehen also war der ruhige Frühling im Bahnjahr ein ähnlicher Mythos wie der Alle-reden-vom-Wetter-Spruch.

Und da die Bahn auch mal wegen etwas anderem in den Schlagzeilen sein wollte als mit unfreiwilligen Survivaltrips, tat man etwas.

Gutachten wurden in Auftrag gegeben, die bestätigten, was man als leidgeprüfter Bahnkunde auch schon geahnt hatte: dass die Deutsche Bahn »von den Auswirkungen des Klimawandels so stark betroffen sei wie wohl kein anderes großes Unternehmen in Deutschland«. Seit Beginn der Wetteraufzeichnung sei die Jahresmitteltemperatur in Deutschland bereits um 1,4 Grad Celsius gestiegen, seit 1961 habe sich die Zahl der »Hitzetage« im Schnitt nahezu verdoppelt, Wetterextreme wie Hitzewellen würden in den kommenden Jahren weiter zunehmen, so analysierte die Untersuchung »Klimawandel – Auswirkungen auf die Deutsche Bahn AG« von 2018. Wetterlagen, die früher noch als extrem und selten galten, mahnten die Wissenschaftler des Potsdam-Instituts für Klimafolgenforschung, kämen heute häufiger vor und könnten ab der zweiten Hälfte des 21. Jahrhunderts das neue Normal sein.

Und die Bahn reagierte. Statt bei Extremwetterereignissen an den Alle-reden-vom-Wetter-Slogan zu denken und mit hochgerecktem Kinn loszufahren, wurde sie erst mal vorsichtig.

Als in Nordrhein-Westfalen Anfang 2016 weiträumig Schnee und heftiger Frost drohten, erlegte man den ICEs etwa ein freiwilliges Tempolimit von 200 auf, um die Schäden durch die Wetterunbilden zu verringern. Die Strategie der Prophylaxe, dazu gehörte auch, dass man Züge im Zweifel gar nicht erst auf die Strecke ließ, um nicht zu riskieren, dass sie samt Fahrgästen dort liegen blieben,[8] half zumindest, das Schlimmste zu verhindern. Als der Deutsche Wetterdienst etwa Anfang Februar 2020 vor dem heranziehenden Sturmtief »Sabine« mit gefährlichen Sturmböen von bis zu einhundert Kilometern pro Stunde warnte, empfahl die Deutsche Bahn ihren Kunden rundweg, Reisen während der drei kritischen Tage von Sabines Anwesenheit zu verschieben, bot für schon gekaufte Tickets Umtausch oder Storno an. Und so geriet der Orkansturm wenigstens nicht zum Shitstorm in den (sozialen) Medien.

Aber bevor Sie fragen: Ist diese Taktik der Vermeidung etwa

---

8 Jetzt sagen Sie: »Aber das macht doch jeder vernünftige Autofahrer schon lange!« Hm, wissen Sie, wie viele unvernünftige Autofahrer es trotzdem gibt?

schon alles? – Nein, natürlich nicht. Da ist erst mal der ICE 4, seit 2017 im Einsatz, und wegen seiner optisch »lächelnden« Vorderfront unter Bahnern »Angelina Jolie« genannt.[9] Die Schöne schafft zwar nicht mehr über 300 Stundenkilometer wie der ICE 3, sondern fährt höchstens 250 Sachen (Bahnkenner unken, angesichts der vielen Langsamfahrstellen und Ewigbaustellen im Netz sei das überhaupt kein Problem). Aber »Angelina Jolie« hat einen gewaltigen Vorteil: eine Klimaanlage, die Temperaturen von über 40 Grad abkann. Auch die neuen Doppelstock-ICs haben Klimaanlagen, die für solche Extreme ausgelegt sind. Ältere ICE-Baureihen wurden nachgerüstet, alte Regionalzüge sukzessive ausgetauscht. Und überhaupt investierte die Bahn viel in die Instandhaltung und Wartung der Klimageräte in den Zügen. Außerdem hat ein Expertenteam Vorsorgemaßnahmen für extreme Temperaturen ausgearbeitet, unter anderem verteilt man an größeren Bahnhöfen an besonders heißen Tagen Mineralwasser. Ob die Hitze damit im Griff ist, wird sich zeigen; wahr ist aber auch: In letzter Zeit gab es keine auffällige Häufung von Klimaanlagenpannen. Im Corona-Jahr 2020 hatten es die Anlagen in den Zügen allerdings auch leichter: Ein Klimagerät muss umso mehr arbeiten, je voller ein Wagen ist.

Bei den Schienen testet die Bahn unter anderem, was passiert, wenn man sie weiß anmalt, so etwa auf der Pfieffetalbrücke auf der zweigleisigen Hochgeschwindigkeitsstrecke Hannover–Würzburg. Laborversuche haben nämlich ergeben, dass weiße Schienen sich sechs bis acht Grad weniger aufheizen. Bestätigt sich das unter Echtbedingungen, könnte künftig nur etwas Farbe helfen, Hitzeschäden bei den Schienen zu verringern.

---

9 Die Ähnlichkeit erschließt sich nicht jedem Nichtbahner auf den ersten Blick. Aber die Leute von der Eisenbahn haben eben oft andere Assoziationsmuster als der Normalfahrgast (siehe »Pünktlichkeit«, siehe »Falsche Wagenreihung«, siehe »Der Kaffee kommt sofort« …).

Ach, wenn es doch nur die Hitze wäre! Alle reden vom Wetter? Da war doch noch was. Das allfällige Schnee-, Eis- und Winterchaos. Für den Winterdienst hält die Bahn schon seit einiger Zeit pro Jahr rund 40 Millionen Euro für die Strecken und 30 Millionen Euro für die 5400 Bahnhöfe vor, in Summe also 70 Millionen Euro. Ähnlich beeindruckend ist eine andere Zahl: 18 000 Winterdiensthelfer von Bahn und externen Firmen stehen fürs Schneeräumen bereit. Zudem sind inzwischen 49 000 der deutschlandweit rund 70 000 Weichen mit einer Heizung ausgerüstet, das heißt, sie können nicht mehr einfrieren. Fahrgastverbände wie Pro Bahn halten zumindest Letzteres für nicht genug, und jede noch unbeheizte Weiche sei eine zu viel.

Aber wenigstens gibt es an der Strecke schon erste Hightech-Wetterstationen. Vier davon stehen an der ICE-Trasse München–Erfurt–Berlin. Schneehöhen werden hier per Laserstrahl erfasst, Sensoren messen Temperatur, Niederschläge, Windstärke und Luftfeuchtigkeit. Kameras übermitteln Livebilder, damit die Leute vom Winterdienst schneller reagieren können. Anderswo setzt die Bahn noch auf den Faktor Mensch: Bahn-Mitarbeiter etwa sollen als »Bahnhofspaten« beim morgendlichen Gang zum Zug nachsehen (und notfalls am eigenen Körper spüren), ob denn wirklich genug geräumt und gestreut wurde.

Und trotzdem können Eis und Schnee weiter unerbittlich zuschlagen. Im Winter 2019 ging auf den Regionalstrecken im bayerischen Alpengebiet bei Schneehöhen von bis zu 1,80 Meter nichts mehr voran. Auf der Strecke Kempten–Pfronten–Reutte/ Tirol im Allgäu gelang es zwar, die Schienen vom Schnee zu befreien, die Bahn musste aber dann doch auf den Schienenersatzverkehr auf der Straße umstellen: Für die letzte Meile, das Wegräumen des Schnees auf den Bahnhöfen, war keiner von all den 18 000 Winterdienstlern greifbar.

VI. FAHREN

Wieso sind die Sitze im ICE 4 so unbequem?

Wir alle können es live und gegen Eintrittsgeld erleben, zwischen München und Münster, Göttingen und Zürich oder Kiel und Mannheim: das »größte Investitionsprojekt der Deutschen Bahn«. Immerhin 5,3 Milliarden Euro wurden vor Jahren in die Entwicklung des ICE 4 gesteckt, in das Flaggschiff auf Schienen, das heutige »Rückgrat des Fernverkehrs«, in der Version mit 12 Wagen, 346 Meter lang und mit 830 Sitzplätzen ausgestattet. Bis 2025 sollen 137 Exemplare über unsere Schienen gleiten. Zwar fuhr der neue Vorzeigezug der Bahn erst mal nur noch 250 km/h; der ICE 2 hatte noch 280 km/h geschafft und der ICE 3 330 km/h. Und es gibt keine Abteile mehr. Aber dafür: Überall WLAN (und besserer Telefonempfang), mehr Platz für großes Gepäck (in der Wagenmitte), ein durchdesigntes Bordbistro, eine Beleuchtung, deren Lichtfarbe sich abhängig von der Tageszeit regelt, nämlich vom gemütlichen Gelbton frühmorgens und abends zum aktivierenden Tageslichtton zwischendrin und last, but not least: Fahrradplätze. Zwar reservierungspflichtig und auch nur acht Stück.

Dennoch, die Bahn war stolz. Denn, wir erwähnten es bereits, die Züge sind mit einer soliden, weniger hitzeanfälligen (!) Klimaanlage versehen. Ansonsten, vermeldete das Social-Media-Team der DB, sei noch nie ein Hochgeschwindigkeitszug in Europa so lange getestet worden, nämlich mehr als 14 Monate lang. Man habe »die positiven Eigenschaften seiner Vorgänger ICE 1,

2, 3 und T … weiterentwickelt, aus deren Problemen gelernt und diese behoben.« So muss es sein, Tusch, Applaus, Vorhang?

Von wegen. Als die ersten Exemplare des ICE über die Schienen rollten, hagelte es Beschwerden. Weniger von Radfahrern, die das Gefühl hatten, zu kurz gekommen zu sein; es ist ja auch nicht jedermanns Sache, zu zwei Koffern und einer Tasche noch ein Fahrrad zum Bahnhof zu bugsieren. Sondern von Kundinnen und Kunden, die sich vom Lichtkonzept und dessen Intensität bevormundet fühlten (»Ich trage immer Sonnenbrille …«) und ausgerechnet dann arbeiten wollten, wenn die Beleuchtung Gemütlichkeit ausrief und umgekehrt, denen die Triebwerke zu laut waren (»… und Ohrenstöpsel trage ich auch«). Bahnfahrerinnen und -fahrer störten sich daran, dass es im Inneren der Großraumwagen enger zuging als in den Vorgänger-ICE-Modellen 1 und 2 – kein Wunder, der ICE 4 war exakt 22 Zentimeter schmaler als seine Altvorderen. Und dann gab es noch männliche Kunden, die fühlten sich bei der Toilettenbenutzung diskriminiert. Weil nicht nur die Waschräume selbst sehr schmal geschnitten waren, sondern auch – nun ja, hier vielleicht am besten der O-Ton eines Kritikers auf der Webseite DB Inside Bahn: »Die Kloschüsseln im ICE 4 sind sehr eng geformt. Ich habe mehrmals verglichen. Im ICE 1 kann ein Mann aufwandsfrei auf der Toilette sitzen, ohne dass sein Glied innen die Kloschüssel berührt. Im ICE 4 ist dies praktisch unmöglich. Selbst wenn man hinten nach außen rutscht, wird das Problem nicht behoben. Denn man kann nicht unbegrenzt nach hinten rutschen …« Der Schreiber machte sich vor allem Gedanken über mögliche Infektionen. »Es wurde bisher nicht einmal der Hinweis angebracht, dass Männer die Innenseite der Kloschüsseln desinfizieren müssen.«

Die Frage, ob im Vierer-ICE an Material, Ausstattung oder einfach nur beim Überlegen gespart worden sei, und das auf Kosten der Zugbenutzer, kam allerdings vor allem bei den Sitzplätzen auf. Angefangen bei den Kleiderhaken dort. Die wurden zwar so positioniert, dass man an ihnen wie erwartet einen Mantel aufhängen kann. Dieser hängt allerdings dann so über dem Sitz, dass dem Fahrgast die Wahl bleibt: Klemmt er das vielleicht nasse Stück zwischen sich und das Fenster bzw. (was im ICE 4 auch öfter vorkommt) sich und die Wand. Oder hängt er es sich wie ein Zelt über den Kopf. Und kann sich so zumindest der naiven Hoffnung hingeben, bei der Ticketkontrolle übersehen zu werden?[1]

Dann war da noch der im Vergleich zu älteren ICEs merkbar geringere Abstand zum Vordersitz. Großgewachsene jammerten über schabende Knie und vermissten den bisher in der Bahn klar erkennbaren positiven Unterschied zum Billigflieger – oft genau der Grund, weshalb sie sich für den Zug entschieden hatten. Das nicht eben großzügig dimensionierte Klapptischchen, das Arbeitenden die Wahl zwischen Laptop und Kaffee ließ. Fußstützen, die man nicht mehr vollständig wegklappen konnte, sondern nur so weit, dass sie in der höchsten Einstellung bei leichter Berührung wieder nach unten klappten. Es gab langbeinige Bahnreisende, die kämpften zwischen Ingolstadt und Würzburg so lange wortlos und zunehmend verzweifelter mit den Stützen, bis sie plötzlich begannen, wüst zu schimpfen und zu fluchen (die Bayern nennen das ausflippen), und ihre Mitreisenden in die Flucht trieben.

Am meisten zu kämpfen aber haben die Bahnfahrer mit den Sitzen selbst: Die, so der Tenor der vielen Klagen, seien schmal und »bretthart«, ließen sich kaum noch verstellen, erlaubten erst recht kein Nickerchen mehr und seien ein wahrer Rückschritt im Reisekomfort. Als eins der Hauptprobleme identifizierte frau schnell die feststehende Kopfstütze: »Wenn man die Sitzfläche nach vorne zieht und sich mit dem Kopf anlehnt, knickt der

---

1 Moment, sagen Sie jetzt vielleicht, war diese Option vielleicht genau das, was den Ingenieuren der Entwicklungsabteilung vorschwebte? Sollten Reisende in der Lage sein, sich ein Schlaf- und Schutzzelt zu schaffen, um mehr Privatsphäre zu haben, quasi ein Ersatz für die weggefallenen Abteile? Moment, sagen wir: Das denken Sie doch nicht wirklich, dass die Ingenieure so etwas dachten?!

Kopf regelrecht ab!«, schrieb eine ICE 4-Userin. Aber auch das Aufrechtsitzen war nicht leicht. Dann drückten die Sitzverstellhebel der Reisenden dermaßen in die Waden, dass die zwangsläufig eine unbequeme Kompromisshaltung einnahm und das Ende der Reise herbeisehnte. Es gab Bahn-Nutzer, die bekannten, es auf den »Folterstühlen« nicht länger als 15 Minuten ausgehalten zu haben.

Andere griffen zur Selbsthilfe. Um ihren Kopf nicht so stark abknicken zu müssen, entfernten sie das Kopfpolster und benutzten es als Fuß- oder Lendenstütze beziehungsweise deponierten es in der Gepäckablage (verwundert, dass diese noch nicht weggespart worden war).

Andere kamen mit kreativeren Lösungen. »Ihr glaubt es nicht«, schrieb einer in einem Betroffenenforum, »ich habe in diesem Folterzug eine angenehme Liegeposition entdeckt! Und zwar mit einer Matte auf dem Boden im herrlich großen Gepäckregal. Gab zwar morgens um 4:30 Uhr doofe Blicke, aber ich konnte über 3 Stunden ohne Schmerzen in diesem Zug verbringen! ...«

Und allenthalben die Frage: Waren all diese Dinge bei der angeblich so rekordverdächtigen Testzeit vor Einführung des Zuges denn wirklich niemandem aufgefallen?

Am Ende gab die Deutsche Bahn nach. Aktuell ist man dabei, insgesamt fast 60 000 Sitze im ICE 4 (und gleich noch im ICE 3) gegen ein neues Sitzmodell auszutauschen, mit weicheren Rückenpolstern und weicheren Armlehnen aus Leder. In der 1. Klasse sind die neuen Sitze obendrein drei Zentimeter länger, dafür lassen sich die Sitze in der 2. Klasse nun um drei Zentimeter weiter nach vorne ziehen. Und in der 1. Klasse gibt es für die Laptoparbeiter nun sogar Becherhalter.

Was allerdings den Austausch der diskriminierenden Toilettenschüsseln gegen männerfreundlichere Modelle angeht, dazu wurde noch nichts bekannt.

Warum ist im Großraumwagen digital detox (WLAN-freie Zone)?

Eins ist so gut wie sicher: Wenn Sie im ICE Köln–München sitzen, erschöpft von der Arbeit, völlig fertig vom Reden, und dann auf die Idee kommen, auf Ihrem Tablet eine Folge »Spuk in Bly Manor« zu schauen, um am Horror anderer Ihre Seele zu regenerieren – dann wird das vermutlich nicht klappen. Beziehungsweise es wird mit hoher Wahrscheinlichkeit ruckeln, aussetzen, stocken, stoppen – und das, wo Sie im Zug doch WLAN haben. Aber es kann gut sein, dass das, was SIE von diesem WLAN bekommen, vielleicht gerade mal für ein paar verzweifelte Mails an Family und Friends reicht. Und das, wo doch die Bahn erst vor kurzem ihr neues WLAN-Netzwerk WIFI@DB vorgestellt hat, ein zusammenhängendes WLAN-Netz quer durch das Land, das die Fernzüge umfasst, Bahnhöfe, DB Lounges, sogar einige Regionalzüge und Busse. Ein Netzwerk, mit dem man quasi Filme guckend von einem Zug in den anderen umsteigen kann, das einen auch an Bahnhöfen nicht mehr zwingt, sich bei kostenpflichtigen Alternativangeboten anzumelden. Wie sagte doch Sabina Jeschke, DB-Vorstand für Digitalisierung und Technik: »Wasser, Strom, WLAN: Internet ist ein Grundbedürfnis. Das gilt für die eigenen vier Wände ebenso wie unterwegs.« Sie, liebe Bahnfahrer, Sie fühlten sich verstanden. Und jetzt, wo Sie diesem Grundbedürfnis also frönen wollen, ausgerechnet jetzt – geht nichts.

Daraufhin steuern Sie das Bordbistro an, um sich etwas anderes zu besorgen, das Ihre Sinne ablenken soll, und kommen an einem Unsympathen vorbei, der in sein Tablet schaut und sich furchtbar beömmelt. Über einen der »Jurassic-Parc«-Filme, der dort in einwandfreier Qualität läuft (!), ohne Ruckeln, ohne Aussetzer. Jedenfalls soweit Sie das sehen können, bevor der Unsympath Sie anstiert und wissen will, was Sie Glotzer von ihm wollen; er sei ärztlich maskenbefreit, wenn das etwa das Thema sei. Und das ist der Zeitpunkt, an dem Sie doch wieder tun, was Sie eigentlich nie mehr wollten, sich nämlich furchtbar aufregen über das miese, lausige, unterirdische WLAN der Deutschen Bahn. Für viele Bahnreisende ein Ärgernis, das mindestens ebenso groß ist wie die Zugverspätungen oder die umgekehrte Wagenreihung, vielleicht noch größer, denn: Karosserie und Fenster der ICE-Züge lassen vielerorts bekanntermaßen kaum Mobilfunksignale durch – für viele Lauttelefonierer ein Grund, aus lauter Verzweiflung immer lauter zu schreien – flüssiger könnte man also über WLAN kommunizieren. Man könnte. Denn wie gesagt, das WLAN, es ist schlecht.

Ein paar traurige Zahlen gefällig? An den Bahnhöfen schafft das Netz der Bahn Bandbreiten von mehr als 10 Megabit pro Sekunde im Download. Im Zug erreicht man pro Bahnfahrer klägliche 2 bis 3 Megabit. (Sie wissen, was Sie zu Hause haben?)

Sehr traurig, wie wahr.

Aber das Erstaunliche daran: Die Bahn ist nicht schuld. Kein Witz.

Die Technik in den Zügen nämlich ist top: In jedem ICE steckt ein Server mit Router, LTE-Modems und Außenantennen, die sich mit allen drei Mobilfunknetzen verbinden. Innen führen Glasfaserkabel zu je zwei WLAN-Access-Points pro Wagen, über die die Geräte der Fahrgäste ins Netz kommen.

So weit, so gut. Woran es nur mangelt, das ist das Netz entlang der Bahnstrecken, auf das die Bahn angewiesen ist, um in ihren Zügen gutes WLAN bereitzustellen. Statt LTE ist da immer wieder nur Edge verfügbar, manche Streckenabschnitte sind von dem einen oder anderen Anbieter gar nicht versorgt. Da, wo Netz ist, reicht an vielen Stellen die vorhandene Bandbreite längst nicht dafür, dass da mal eben 400, 600 oder 800 Menschen mit Smartphones und Laptops durchrauschen.

Und in vielen Tunnels verlieren die Router in den Zügen die Verbindung, da hier keine Repeater montiert sind. Gut, hier könnte die Bahn vielleicht etwas ausrichten, ansonsten aber geht der schwarze Peter an die Netzbetreiber, die für ausreichende Mobilfunkabdeckung und genügend Sendemasten entlang der Bahnstrecken sorgen müssen. Und, das ist die einigermaßen gute Nachricht, sie müssen das tatsächlich. Nach den Vorgaben der Bundesnetzagentur sollen bis Ende des Jahres 2022 die wichtigsten, bis Ende 2024 alle Schienenwege mit Mobilfunk versorgt sein.

Sie können sich also schon mal freuen, wenn auch lieber sehr vorsichtig. Denn viele Menschen haben sich in Zeiten von Corona angewöhnt, per Videokonferenz miteinander zu kommunizieren, auch im Zug. Das frisst extra Bandbreite. Und überhaupt wächst die Zahl derer, die lieber Videos sehen als lesen. Was im Moment noch zum gemeinsamen Dilemma aller Insassen eines Zuges führt, dass eben nicht jeder, der möchte, ein Video streamen kann – wenn die zur Verfügung stehende Bandbreite aufgebraucht ist, gibt es nur noch Standbild. Aber eher Sie im ICE zwischen Köln und München, völlig fertig, mittlerweile auch mit den Nerven, und höchst videobedürftig, auf die Idee kommen, dem Unsympathen, der Ihnen mit seinem »Jurassic Park« genau die Bandbreite wegnimmt, die SIE benötigen, einfach den Laptop zuzuklappen (und sich dann blitzschnell selber einzuloggen), vergessen Sie's: Der Kerl nimmt Ihnen nichts weg. Er schaut den Film im »ICE-Portal«. Hier gibt es ohne den Umweg übers schwache Außennetz Magazine, Hörbücher, Filme und Serien. Und noch eine gute Nachricht: In der neuen ICE-Generation, die ab 2022 über unsere Schienen rollen wird, soll zumindest der Mobilfunkempfang besser werden. Der Neue wird der erste Hochgeschwindigkeitszug der Bahn sein, der über mobilfunkdurchlässige Fenster verfügt. In deren wärmeisolierende Metallschicht, so die Bahn, wird ein feines Raster gelasert, das die Mobilfunkwellen ins Wageninnere gelangen lässt. Vielleicht müssen dann die Lauttelefonierer auch nicht mehr so schreien.

Warum trinken die Prosecco-Damen schon morgens um 10?

Es gibt sie in gefühlt jedem Zug und zu jeder Uhrzeit: Gruppen von Frauen, die aufgekratzt und voller Vorfreude einsteigen, kichernd und quasselnd die zwei reservierten Vierertische suchen, finden und entern. Dann packen sie ihre Dosen aus von Tupper oder mittlerweile auch von Ikea oder Depot. Die eine hat klein geschnittenen Gouda mitgebracht. Die nächste Weintrauben (entkernt und von der Rebe getrennt, was jeder Umsitzende gleich erfährt). Die dritte Haribo Tropifrutti. Und die vierte noch was Deftiges. M&Ms sind mit dabei, und was wäre eine Bahnfahrt ohne NicNacs?[2] Die aus dem Essen gewonnene Energie wird nicht für den geplanten Städtetrip gespeichert, sondern direkt umgesetzt – in WpM (Wörter pro Minute). Vordergründig werden nur gegenseitig Fotos vom letzten Urlaub per Smartphone rumgereicht. Aber es geht natürlich immer um die großen Themen, denn bis Berlin, wo sie zwei Tage mit der »Mädelsrunde« verbringen wollen, sind es noch ein paar Stunden, und Peter, der Mann von Anke, die leider nicht mitkommen wollte (vielleicht deswegen?), wurde neulich mit seiner rothaarigen Arbeitskollegin gesehen, was erst mal diskutiert werden muss. Und dann, »arme Anke«, öffnet eine der Frauen ihren Rucksack und zieht eine Flasche gekühlten Prosecco heraus. Eine andere hat sogar Sektflöten dabei, und im Nu perlt und schäumt es darin. Es wird geschlürft, geschlotzt, nachgefüllt. Und die Laune steigt, gut hörbar für alle anderen Mitfahrer. Die sich konsterniert an ihrem Kaffee festhalten und fragen: Wie kann es sein, dass diese Frauen, die gar nicht nach Alkoholikerinnen aussehen, schon morgens um kurz nach 10 dem Blubberwasser frönen …?

---

2 Nein, Sie irren. Wir bekommen für die Erwähnung dieser Marken keinen Cent (Stand Februar 2021).

Und, Zusatzfrage: Wie kann es sein, dass Frauen, die mit ihren oder auch anderen Männern zusammen sind, dieselben Biere, Weine, Schnäpse, Drinks konsumieren wie diese – aber wenn sie unter sich sind und obendrein in der Bahn, zuverlässig doch wieder Prosecco, Sekt, Crémant, Champagner aus der Tasche ziehen? Verfallen sie damit gar wieder in überkommene Rollenklischees – oder spielt da etwas ganz anderes eine Rolle?

Die Autoren dieses Buches, zugegebenermaßen männlich, haben eine Umfrage unter Frauen zwischen 16 und 49 gestartet, Frauen, die allesamt der Ansicht sind, dass die Emanzipation keineswegs an ihnen vorbeigegangen ist. Die Ergebnisse dieser Ministudie: Schaumwein aller Sorten schmeckt und hebt die Stimmung positiv – was man vom Bierkonsum, denkt man an die Fußballfans, nicht immer sagen kann. Das Blubberwasser versetzt seine Trinkerin[3] außerdem schnell in einen gelösten, angeheiterten, absolut gesellschaftsfähigen Zustand – weit entfernt von dem physischen und psychisch derangierten eines Fußballfans, der nach acht Pils, zwei Underberg und vier Dornkaat nur noch eins will: im Zwischenwagenbereich kauern und den Zug festhalten, damit der sich nicht überschlägt. Einen solchen Pegel allein mit Sekt zu erreichen ist fast unmöglich, zumal die Kohlensäure einem das »Kippen« recht schwer macht. Und es ist sowieso viel verlockender, nicht zu viel zu trinken: Britische Forscher fanden heraus, dass nach ein, zwei Gläschen auch unattraktive Menschen auf uns attraktiver wirken. Das wussten Sie vielleicht schon, aber umgekehrt kam jüngst eine andere Studie zu dem Schluss, dass man nicht nur andere schön trinken kann, sondern auch sich selbst: Ein Gläschen nämlich, fanden Forscher der University of Bristol heraus, erweitert unsere Pupillen, lässt die Wangen glänzen und lockert Muskeln und Bewegungen –

---

3 Das gilt natürlich auch für Männer, in diesem Sinn ist das Femininum hier absolut generisch zu sehen, nur Männer trinken eben nicht so häufig Sekt & Co.

sodass man/frau anziehender auf andere wirkt. Trinkt man allerdings mehr als ein Glas, tendieren Physiognomie und Bewegungen allmählich in Richtung Fußballfan – verständlich, dass nicht jeder andere das erstrebenswert findet.

Davon abgesehen: Frauen verstehen sich offenbar (besser) darauf, zu genießen. Selbst im Alltäglichen einer Bahnfahrt das Feierwürdige zu erkennen. Den Grund, warum man jetzt anstoßen muss. Auf Ankes neues Leben, darauf, dass Clara in ihrer Einschätzung, was den hinterfotzigen Peter angeht, schon immer recht gehabt hatte, auf diesen schönen Tag, auf den Beginn der Reise, auf Berlin und den Ku'damm, das KaDeWe, das Udo-Lindenberg-Musical. Und dafür nimmt man eben keinen Whisky, kein Bier, keinen Grauburgunder. Sondern etwas Schäumendes, wie immer und überall, wenn gefeiert wird. Punkt.

Disclaimer: Sollte bei Ihnen nun der Eindruck aufgekommen sein, wir würden allen Ernstes behaupten wollen, der Konsum von Wein mit Kohlensäure sei lediglich weiblich, vergessen Sie's. Wir Deutsche sind generell große Fans davon, uns mit Schaumwein das Leben leichter zu machen. Allein ein Viertel des weltweit produzierten Sekts wird hierzulande getrunken (wenn auch nicht ausschließlich in der Bahn). Prosecco, Sekt und Co, früher eher distinguierten Momenten und gehobenen Gesellschaftsschichten vorbehalten, gibt es mittlerweile schon an Imbissbuden und vielfach in jedem Supermarkt, die 0,75-Liter-Flasche zum halben Preis des 0,25-Liter-Fläschchens aus dem Bahn-Bordbistro.

Eine Erklärung für die Flasche im Rucksack. Was die Bahn sich da an Umsatz entgehen lässt …

Wie entgeht man betrunkenen Fußballfans und Exilkarnevalisten?

Um vorweg gleich ehrlich zu sein: Man entgeht ihnen kaum. Es sei denn, Fußballspiele finden ohne Publikum statt und der Karneval ist gestrichen.[4] Sonst aber, meist genau dann, wenn man ungestört schlafen, arbeiten oder prokrastinieren will, kann es laut werden im Zug. Faszinierend geschmacklos kostümierte Kerle[5] entern den Wagen, Bierdosen oder Schlimmeres in der Hand, kichernd, rülpsend, lärmend, rufend, ihre Lautstärke verstärkend mit Ghettoblastern, zumindest aber abgrundtief dümmlichen Gesängen und Grölereien, der weitaus klügste, weil schon metadada-komisch, der Gesänge, die zur Zeit kursieren, geht so: »Allee, Allee, Aa-lee, AA-lee, Aa-llee, eine Straße, viele Bäume, ja das ist eine Allee.« Nur wenige Mitfahrer schlagen sich bei all dem Gesangsintellekt an den Kopf. Nein, bei den allermeisten, bislang hochsensibel gegenüber jedweder Störung – und sei es nur ein herzhafter Biss in einen Apfel – tritt ein erstaunliches Phänomen zutage: Sie werden tolerant. Unfassbar tolerant.

Und je lauter und unruhiger es wird, desto geflissentlicher sehen sie auf ihre Handys, Laptops, in Boulevardblätter, ja, der eine oder die andere beginnt sogar (eine intellektuell ebenfalls nicht zu unterschätzende Herausforderung), ohne aufzusehen hochkonzentriert rückwärtszublättern! Ihre Selbstbeherrschung ist immens: Selbst wenn ein Zweimetermann neben ihnen Purzelbäume durch den Gang schlägt, sich auf die nackte Brust trommelt und mit geschätzten 100 Dezibel (so laut ist eine Kettensäge) Jodellaute ausstößt: Sie zucken nicht mit der Wimper. Und wenn der Typ ihnen dann noch im vollsten Unbewusstsein seines Vollrausches das Restbier aus seiner Flasche über den Kopf

---

4   … was, Sie haben ganz recht, in letzter Zeit bei uns tatsächlich vorkam
5   Tatsächlich, gendern wäre hier sexistisch

kippt: Sie lassen es geschehen. Statt gemeinsam aufzustehen und den Randalierer allein durch zahlenmäßige Übermacht – 63 zu eins – in die Schranken zu weisen. Die meisten dieser ach so Toleranten werden leider nicht einmal eingreifen, wenn weibliche Mitreisende belästigt werden.

An dieser Stelle könnten wir psychologische Bedrohungstheorien und Angstskalierungen zitieren oder Phänomene wie den »Bystander«-Effekt (wenn viele Leute anwesend sind, fühlt sich keiner zuständig) oder den von uns entsprechend getauften »Byfahrer«-Effekt[6] (wenn viele Leute Bahn fahren, fühlt sich keiner zuständig).

Wir tun es nicht, wir beobachten: Wenn 63 Erwachsene, die einen Trunkenpöbler mühelos wieder auf den Bahnsteig zurückbefördern könnten, sich ducken wie gefallenes Espenlaub: Kann man es da zwei schmächtigen Mitarbeitern der Bahn, ausgebildet zum Fahrkartenkontrollieren, nicht aber für den Nahkampf, vorwerfen, dass sie sich bei gleich acht Alkoholenthemmten zurückziehen und die (für die Züge zuständige) Bundespolizei rufen? Und kann man es den, ebenfalls nur zwei Leuten, die am nächsten Halt zugestiegen sind, verübeln, wenn sie nach einer Fernanalyse der Lage der direkten Konfrontation ebenfalls aus dem Weg gehen und erst mal Hilfe anfordern? ...

Halt, oh doch, sagen Sie, man kann das durchaus problematisch finden?! Denn wäre es nicht der Job der Bahn- und Sicherheitsangestellten, wenn nicht das Mobiliar, so doch die Fahrgäste vor Schlimmerem zu bewahren? Und überhaupt auch schon vor Belästigungen und Behelligungen?

Und schon sind wir in genau dem Minenfeld gelandet, in dem sich Züge samt ihren Besatzungen mitsamt den Fahrgästen bewegen. Eine Zugbesatzung in durchschnittlicher Kopfzahl samt

---

6 Diesen so zu nennen bietet sich hier einfach an. Vom »Bypass«-Effekt wollen wir dagegen erst im Hygienekapitel dieses Buches sprechen.

dem schonungsbedürftigen Lokführer und zwei, drei Aufwärmkellnerinnen könnte niemals auch nur den halbwegs ernsthaften Versuch unternehmen, einen Zug gegen Eindringlinge verteidigen zu wollen.

Aber meist muss das auch nicht sein. Da hilft schon reden. Entschiedenes Reden. Eine gestandene Zugchefin erklärte uns ihr Vorgehen in solchen Fällen so: »Ich sagen denen: Lasst meinen Zug in Ruhe und seid nicht ganz so laut. Danach sortiere ich die Leute um, die im selben Wagen sitzen, damit sich die anderen Reisenden nicht gestört fühlen. Und wenn es gar nicht anders geht, kommt die Bundespolizei und räumt auf.« So weit das perfekte Vorgehen mit allen Eskalationsstufen. Wenn dann noch Polizisten im Zug sind, die kostenlos mitfahren dürfen, aber dafür helfen müssen, wenn es etwas zu tun gibt, muss es keinesfalls zum Punkt Räumung kommen.

Dagegen spricht allerdings auch der Zeitfaktor: Rufen die Zugbegleiter eine schlagkräftige Menge Bahnpolizisten, um eine Horde wildgewordener Fußballfans oder frustrierter Exilkarnevalisten des Zuges verweisen zu lassen, geht das nicht bei einem fünfminütigen Routinestopp am Bahnhof. Diese Zeit braucht es alleine schon, um die Hände eines einzigen Grölers von der Bordtoilette zu lösen. Ohne größere Verspätungen, also Fahrplanverzögerungen, geht es somit nicht ab. Und was das bedeutet, wissen Sie seit dem Kapitel mit dem Türklemmeffekt.

Fraglich ist auch, ob es tatsächlich zu einem harten Polizeieinsatz kommt. Polizeisprecher erklären immer wieder, schon für ordentliche Beamtenpräsenz bei Fußballspielen gebe es im Grunde nicht genug Personal. Eine Gruppe betrunkener Fußballfans sei erst recht eine Herausforderung: Für die Einsatzleiter gelte es, in jeder Situation neu zu entscheiden, wie man die Lage am besten deeskaliere. Das ist also die Maßgabe: Deeskalation, nicht mit harter Hand dafür zu sorgen, dass Sie beim Lesen nicht gestört werden. Und gehen Sie ruhig davon aus, dass dies auch den Umgang mit den weit weniger bedrohlichen Karnevalisten bestimmt.

Will heißen: Tatsächlich tut man als Fahrgast, der in den Trubel gerät, gut daran, sich ein paar Stationen lang ein dickeres Fell zuzulegen. Oder in den nächsten Zug zu steigen. Denn auch Bahn-Mitarbeiter fangen zwangsläufig an zu überlegen: Ist es wirklich notwendig, ein paar Fußballfans, die sich nicht benehmen können, auf halber Strecke zu ihrem Spiel auszusetzen, den Fahrplan zu sprengen, alle Anschlusszüge zu verpassen und x Fragen empörter Reisekunden nach dem nunmehr fehlenden Anschluss nach Landau/Pfalz beantworten zu müssen? Oder ist es nicht besser, sie, Augen zu und durch, kaputte Mülleimer und besudelte Sitze hin oder her, erst zwei Stationen weiter aussteigen zu lassen, dort, wohin sie sowieso wollten?

Zumal Zugbegleiter und Lokführer in deutschen Zügen sowieso immer häufiger Opfer von Angriffen und Beleidigungen werden. Laut Gewerkschaft der Lokomotivführer (GDL) wird jeder Bahner, der im Zug unterwegs ist, im Schnitt mehr als zweimal pro Jahr körperlich angegriffen, das Beleidigen und Bespucken kommt noch obendrauf. Und sie nehmen zu, die Heftigkeit der Angriffe und deren Häufigkeit.

Obendrein und last, but not least: Die Bahn bietet in den Zügen des Fernverkehrs selbst den Stoff an, der viele der Pöbler und Randalierer auf Touren bringt, denn sie verdient an ihm: Akohol.

Für Regionalzüge gelten in unterschiedlichen Bundesländern unterschiedliche Regelungen. Da gibt es alkoholfreie Zonen, Strecken, auf denen Alkohol verkauft wird, manchmal auch beides nebeneinander wie etwa in Hamburg: Hier müssen S- und U-Bahn-Kunden abstinent bleiben; in den Zügen der DB Regio und auf den Fähren der Hansestadt darf allerdings Alkohol getrunken werden.

Ähnlich komplex ist die Lage in den Bahnhöfen und um sie herum. Während Stadtverwaltungen zunehmend Alkoholverbote im Bahnhofsumfeld durchsetzen, hatte sich die Deutsche Bahn bis zum Redaktionsschluss dieses Buches noch zu keinem generellen Alkoholstopp in ihren Bahnhöfen durchgerungen, obwohl es dies in Nürnberg, Hannover und München gibt.

Übrigens: Als im Jahr 2017 der Vorsitzende der Gewerkschaft der Lokführer, Claus Weselsky, ein Verkaufsverbot von Alkohol in Zügen vorschlug, verwarf die Bahn dies mit einer interessanten Begründung. »Das Thema Gewalt in Bordrestaurants spielt bei der Bahn statistisch keine Rolle«, sagte das Unternehmen der WirtschaftsWoche. »Daher bestehen auch keine Pläne, ein generelles Alkoholkonsumverbot in Fernverkehrszügen einzuführen.«

Aber selbst das würde nichts helfen für den Fall, dass sich elf Leute zu Ihnen ins Abteil quetschen, die im Zug zwar keinen Tropfen getrunken haben – aber vorher jede Menge. Wollen Sie so etwas nicht, auch weil Sie sich kein bisschen für Fußball interessieren, bleibt Ihnen nur eins: sich für Fußball zu interessieren.

Zumindest so sehr, dass Sie wissen, wo und wann jene Spiele stattfinden, deren Begleiterscheinungen Sie besser großräumig umfahren.

Verletzen Erwachsene im Zug ihre Fürsorgepflicht, wenn sie Kinder dabeihaben …

Dass die Frage auftaucht, ist kein Wunder bei dem, was alles in den Zügen abgeht. Kinder, die im Zwischenwagenbereich gequetscht werden, reagieren darauf noch emotionaler als Erwachsene. Ansonsten lässt sich aus rein ökonomischer Sicht sagen: Kinderkriegen lohnt sich – für Bahnfahrer. Jungs und Mädchen unter sechs reisen nämlich kostenlos und ohne Ticket. Und bis zum 15. Geburtstag fahren sie weiter gratis, sofern sie in Begleitung von Eltern oder Großeltern reisen. (Alleinreisende Unter-Sechsjährige aufgepasst: Die Bahn weist explizit darauf hin, dass ihr nicht mal Eltern oder Großeltern dabei haben müsst!) Und auch das Reservieren von Sitzplätzen ist für Kinder unheimlich günstig: Mit einer Familienreservierung kostet das für Eltern und bis zu drei Kinder online nur acht Euro in der 2. und 10,80 Euro in der 1. Klasse. Sind noch mehr Kinder da, sorgt die DB Familienkarte für dieselben Konditionen für bis zu 10 Personen. Und ist die Kinderschar noch größer geworden, weil die Preise bei der Bahn so günstig sind, kann man noch eine weitere Familienkarte beginnen. Kurz: Das, was man beim Bahnfahren mit »100 Prozent Ökostrom« sehr wohl diskutieren kann, nämlich, ob es wirklich stimmt, dass alles umso besser wird, je mehr man fährt – bei Kindern in der Bahn lässt sich das uneingeschränkt bejahen. Erstaunlich, dass nicht schon kinderreiche Familien en masse darauf gekommen sind, gleich in den Zug zu ziehen und permanent zwischen den elterlichen Arbeitsplätzen in, sagen wir, Berlin und Hamburg hin- und herzupendeln. Da gibt es schließlich den Halbstundentakt, und Vierzimmerwohnungen sind in beiden Städten rarer als ein Kinderabteil.

Finanziell also ist alles so paletti, dass Bahn fahren geradezu als Anreiz gesehen werden könnte, noch ein paar Nachzügler großzuziehen. Und nun endlich zur »Fürsorgepflicht«, die in der Überschrift dieses Kapitels auftaucht: Um die Kinder selber muss man sich keine großen Sorgen machen. Kinder sind schließlich die (Fahrkarten kaufenden) Erwachsenen von morgen, und so müht sich die Bahn nach Kräften, den Kundennachwuchs für sich zu gewinnen; vielleicht hat der Kinderschutzbund dies aber auch höchst erfolgreich eingefordert: Für die Kleinsten und ihre Eltern gibt es Kleinkindabteile in den ICEs und in vielen ICs und ECs. Erkannte man diese früher im Wesentlichen daran, dass sie ganz besonders in Mitleidenschaft gezogen worden waren, sind die Compartments heute *top notch*, verfügen über Sitzplätze zum Stillen und Krabbeln, Material zum Malen und Spielen und Steckdosen für Fläschchenwärmer und mit Kindersicherung und

Wickelunterlagen (derzeit desinfiziert). Eltern und Kinder können hier auch zwanglos andere Familien kennenlernen und sich mit ihnen austauschen, nicht zuletzt über soziokulturelle Unterschiede bei den Definitionen von Ruhe, Reinlichkeit und Intimsphäre. Immer wieder kann man in diesen Abteilen auch Alleinreisende antreffen, die nirgendwo anders einen Platz bekommen haben und keinesfalls wollen, dass ihre Drehbuchmanuskripte oder Firmenbilanzen mit besabberten Kekshänden angefasst werden. Wenn diese Ruhesuchenden dann völlig ermattet und fertig mit den Nerven aus dem Abteil fliehen, darf man sicher sein: Sie werden entweder niemals Kinder bekommen oder niemals mehr Bahn fahren.

Andererseits sind manche Familien auch der Ansicht, das erweiterte Kleinkindabteil befinde sich im Ruhebereich der 1. Klasse. Dort, wo all die Frauen und Männer scheinbar hochkonzentriert auf die Tasten ihrer Laptops eintippen, aber in Wirklichkeit – wie kann es bei der überwältigenden Kinderfreundlichkeit seitens der Bahn anders sein! – nur darauf warten, angesprochen, angekreischt oder in wilde Wann-sind-wir-endlich-da?-Ich-habe-Hunger-Diskussionen einbezogen zu werden. Beziehungsweise aus einem Meter Abstand live miterleben zu dürfen, wie Papi den je nach Schlafstand wohlig jauchzenden oder entnervt brüllenden kleinen Lukas packt, auf dem Wagenboden wirft und gekonnt windelt. Denn Lukas hat ein »riesiges, echt megacooles Aa gemacht! Können Sie mal halten?«.

Doch bleiben wir bei den vorgesehenen Serviceleistungen der Bahn. Dazu zählen die Kinderbetreuer in den ICEs, die am Wochenende in ausgewählten Zügen mit den Kleinen malen, spielen, basteln, und all die netten kleinen Extras wie Kinderfahrkarte, Kindermenü, Kindermagazine, Online-Spiele, Comics und Filme im ICE-Portal und Der-kleine-ICE-Sammelfiguren, Motto: »Jeden Tag eine gute Fahrt.« (Sie wissen nicht, was der kleine ICE ist? Sie kennen Robbie Regio und Günnie Güterzug nicht? Achten Sie mal darauf im Kleinkindabteil!) Und beim Bahn-Programm Kids on Tour reisen auch unbegleitete Kinder bis 14 Jahre in Begleitung von freiwilligen Mitarbeitern der Bahnhofsmission zu Oma und Opa oder zu zu Papi, der neulich erst im Bahnbistro hängengeblieben und dann mit der Falschen ausgestiegen ist und nun anderswo wohnt.

Kurzum: Kinder leiden in der Bahn höchstens dann Not, wenn das Bordbistro keinen Schokokuchen mehr hat. Oder dann, wenn sie über 15 sind und über Nacht zu Vollzahlern mutieren.

... oder aber Hunde?

Mit Hunden, in Teilen der Bevölkerung ähnlich vergöttert wie Kinder, sieht es dagegen in der Bahn ganz anders aus, höchstwahrscheinlich, weil aus Hunden später keine (Fahrkarten kaufenden) Erwachsenen werden. Wir möchten behaupten, für die Bahn existieren des Menschen liebste Tiere praktisch nicht. In einschlägigen Foren im Internet heißt es, Caniden würden in den Zügen »eher gedisst«. Zumindest Hunde ab einer bestimmten Dimension.[7] Kleinere Exemplare »bis zur Größe einer Hauskatze«, so die Bahn, dürfen dagegen kostenlos mitgenommen werden, sofern sie ungefährlich und »in geschlossenen Behältnissen« untergebracht sind, die »unter den Sitz oder auf die Ablage über den Sitz passen«.

Wer schon mal im Zug versucht hat, Füße und Tasche gleichzeitig unter seinem Sitz unterzubringen oder gar auf der Ablage über seinem Kopf, weiß, dass der hier wie dort zur Verfügung

---

7 Die in diesen Foren gern verbreitete These, dies hänge damit zusammen, dass die meisten Bahnchefs auch eher klein seien und in ihrer Kindheit schlechte Erlebnisse mit Größeren gemacht hätten, ist natürlich völliger Unsinn.

stehende Raum doch recht begrenzt ist. Andererseits ist auch die »Größe einer Hauskatze« relativ – bei Abschluss dieses Buchs beispielsweise hielt Coon-Hauskater Omar aus Australien den weltweiten Größenrekord mit 1,20 Metern Länge. Und jetzt stellen Sie sich einmal vor, wie Sie versuchen, Omars Transport-box unter Ihren Sitz zu bekommen … Immer wieder reisen also ganz zwangsläufig Menschen mit der Bahn, die mit der Box oder Transporttasche für ihren Vierbeiner mogeln, sie auf den Sitz ne-ben sich oder in den Gang stellen (wobei es sehr auf den Zugbe-gleiter ankommt, ob dies toleriert oder eher sanktioniert wird), die gar verzweifelt versuchen, einen viel zu großen Hund in eine viel zu kleine Transporttasche zu quetschen. Aus der sich dieser stinksauer und mordshungrig befreit, wenn er riecht, dass der Sitznachbar in sein Schnitzelbrötchen beißt …

Aber wie auch immer: Für Hunde, die nicht mehr in ein hand-gepäcktaugliches Transportbehältnis passen, muss bezahlt wer-den, und zwar stolze 50 Prozent des normalen Fahrpreises.[8] Sie müssen außerdem Leine und Maulkorb tragen. Was viele Hun-debesitzer allerdings für Schikane halten: Das Hundeticket lässt sich nicht online buchen und selbst ausdrucken, sondern es wird einem umständlich und gegen Gebühr per Post zugeschickt, so-fern man es nicht im Reisezentrum oder am Automaten besorgt. Aber da und dort muss man erst mal kichern. Oder sich fassungs-los an den Kopf greifen: Es gibt nämlich kein Hundeticket bei der Bahn. Um das Tier im Zug mitzunehmen, braucht es einen bizarren Wordaround. O-Ton Bahn: »Geben Sie bei Ihrer Bu-chung bitte an, dass ein Kind von sechs bis 14 Jahren ohne Be-gleitung verreist, und tragen Sie bei Namen »Hund« ein.« Noch Fragen?[9] Ach so, dass Hunde dennoch nicht allein in der Bahn

---

8 Obendrein gibt es für Hunde nicht mal eine Bahncard.

9 Nun wissen Sie auch, warum »Hund« kein guter Kindername ist, aber das ahnten Sie sicherlich längst.

reisen dürfen, und erst recht nicht im Kinderabteil, versteht sich. Aber das ist noch nicht das »Dissen«. Das kommt jetzt: Obwohl man für den Hund genauso viel bezahlt wie ein allein reisendes Kind, kann man für ihn keinen Sitzplatz reservieren; das sei nicht erforderlich, sagt die Bahn, da »Hunde immer vor/unter/neben Ihrem Sitzplatz sitzen oder liegen müssen«. Dass es auch da umso enger wird, je größer der Hund ist, ja sogar noch enger werden kann als bei kleinen Hunden (!), das versteht sich. Dass es Hundebesitzer gibt, die, um eingeschlafene Füße bei sich und ihren Hunden zu vermeiden, trotzdem einen Sitzplatz für ihren geliebten Vierbeiner reservieren und sich zermürbende Wortgefechte mit Fahrgästen liefern, die diesen Platz einfordern, versteht sich auch.[10]

Im Nahverkehr der Bahn dagegen zählt ein Hund bei den Länder-Tickets sogar als erwachsener Mitfahrer. O-Ton Bahn: »Reisen Sie zum Beispiel zu viert mit Hund, kaufen Sie bitte ein Ticket für 5 Personen. Tragen Sie auf dem Länder-Ticket in einer der Zeilen bei ›Name‹ den Begriff ›Hund‹ ein.«

Eigentlich nicht überraschend, dass man in der Bahn so wenig Leute mit Hunden sieht (es gibt ja auch nur etwa 10 Millionen Hundehalter in Deutschland). Ein schwacher Trost allerdings bleibt für alle Hundefans, die völlig zu Recht an die Intelligenz ihrer Tiere glauben: Von dem Augenblick an, in dem Hunde in der Lage sein werden, ihre Fahrkarten selber zu kaufen, werden sie bei der Bahn willkommen sein.

---

10 Im Grunde aber darf sich nur eine Kategorie von Hunden in der Bahn einigermaßen willkommen fühlen: Blinden- und Begleithunde. Sie haben zwar auch keinen Anspruch auf einen Sitzplatz, aber dürfen immer kostenlos mitfahren, egal wie groß sie sind, und müssen nicht einmal einen Maulkorb anhaben.

Warum lassen alle Leute ihren Müll ständig liegen?

Wenn man an einem frühen Abend in München in den Zug steigt, kann es passieren, dass man, wenn der Zug spätabends über die Elbbrücke in Hamburg rollt, der einzige Fahrgast im Großraumwagen ist. Aber dafür reist man in Begleitung von zusammengeknüllten Papiertüten, halb leeren Plastikflaschen, halb leergegessenen Chipspackungen, Bierdosen, verbeulten Coffee-to-go-Bechern, Gummibärchen, Zeitungen, Zeug, das überall herumliegt und -kollert: auf den Sitzen, unter den Sitzen, auf dem Boden, auf den Tischen. Oder im Gepäckfach – dann besonders ekelig, wenn man beim Einsteigen arglos sein Sakko nach oben geschlenkert hat, um beim Aussteigen zu merken, dass ein Wurstfreund die Hinterlassenschaften seines Festmahls samt Ketchupresten tückischerweise genau dort deponiert hatte … Und wie viel Müll auch herumliegen mag – es wäre noch viel mehr, wenn nicht die Unterwegsreiniger der Bahn während der Fahrt schon zweimal mit großen Müllsäcken durch den Zug gegangen wären. Das ist während einer Zugfahrt nun alle zwei statt wie früher alle vier Stunden vorgesehen und findet außerdem noch statt, wenn der Zug wendet. Zusätzlich zur großen Tagesreinigung der Kontaktflächen und Teppichböden und der allfünfwöchigen Grundsäuberung inklusive Fensterputzen und Tausch der Kopfpolsterbezüge. Und trotzdem: Die Sauberleute, sie kommen kaum an gegen den Müll.

Sind immer mehr Bahnreisende in der permanenten Spätpubertät, also zu faul, das, was sie mitgebracht und verstreut haben, wieder einzusammeln? Halten sie die Müllbehälter im Zwischenwagenbereich für bloße Dekoration? Oder sind sie der Überzeugung, mit ihrem Ticket auch All-inclusive-Entsorgung gebucht zu haben: Zwar (bislang noch), ohne dass ihnen jemand den Mund abputzt. Aber doch so, dass sie glauben, alles, was sie über haben, einfach liegen, stehen und fallen lassen können.

»Littering« nennen Experten diese unsoziale und unökologische Angewohnheit. Und die ist weit verbreitet. Stadtväter und -mütter raufen sich die Haare über die Leute, die Fast-Food-Abfälle, Verpackungen und Kaffeebecher auf den Fußwegen und in den Fußgängerzonen entsorgen, statt sie die 50 Meter bis zum nächsten Mülleimer in der Hand zu behalten. Öffentliche Parks sehen nach einem sonnigen Wochenende aus wie Müllkippen. Und wer Carsharing-Autos nutzt, hat regelmäßig seine Freude daran, zumindest die Sitze vom klebrigen, riechenden Burger-Abfall der Vorgänger zu befreien.

Warum Menschen so was tun, damit befassen sich längst Experten. Zu wenige Mülleimer in der Nähe sind nicht die Ursache, ergab eine Langzeitstudie der Humboldt Universität zu Berlin: Auch wenn Abfallbehälter fast zum Greifen nahe waren, warfen die Probanden Pizza- und Pommes-Schachteln, Kaugummis und Zigarettenkippen auf die Straße. Ist aber gar kein Mülleimer in der Nähe, oder ist dieser schon übervoll und erkennbar von den Reinigungskräften vernachlässigt, bestätigten Forscher, sinkt auch die Zahl derer, die offen für die Mülleimer-Variante sind, rapide. Nachahmereffekte gibt es im Positiven wie im Negativen – ehrlich, hatten Sie nicht auch schon mal Lust, im Zug ihre leere Colaplastikflasche einfach zu den drei anderen zu legen, die seit Göttingen auf dem Nachbartisch hin- und herkullerten, statt sie brav im Mülleimer am Ausstieg zu entsorgen?

Wenn man gefühlt der Einzige sei, der brav etwas für die Allgemeinheit tue und seinen Abfall bis zur nächsten Mülltonne trage, käme man sich rasch dumm vor, ja, man gerate in ein richtiggehendes »soziales Dilemma«, formuliert es Jürg Artho von der Sozialforschungsstelle des Psychologischen Instituts der Universität Zürich. Und weil das auch anderen so gehe, sei es irgendwann normaler, seinen Kram liegen zu lassen, als sich um ihn zu kümmern. Am Ende räume dann niemand mehr auf.

Der Frankfurter Soziologe und Sozialpsychologe Tilmann

Allert hält das zunehmende Littering für einen Ausprägung »des Lebensgefühls der Lässigkeit«. »Und Lässigkeit ist die geschätzte Nachbarin der Nachlässigkeit«, sagte er lässig gegenüber der *Hannoverschen Allgemeinen Zeitung*. Für immer mehr Menschen sei der öffentliche Raum lediglich eine Erweiterung ihres privaten Wohnraums. Zumal der öffentliche Raum wunderbar organisiert zu sein scheine; schließlich räume irgendjemand den Müll ja am nächsten oder übernächsten Tag immer weg – was doch praktisch sei, denn dann müsse man selber es nicht machen …

Jürg Artho aus Zürich weiß noch etwas, das etliche »Litterer« mit Maskenverweigerern zu Coronazeiten gemein haben: Beide Gruppen kommen sich vor wie Rebellen. Da Littering verboten ist, könne, wer es trotzdem tut, ganz einfach Grenzen überschreiten. Sich mal kurz auflehnen gegen unsere Gesellschaft, einfach so fürs Ego. Etwas einfach auf den Boden zu werfen käme einer Mutprobe gleich – ohne dass die selbsternannten Freiheitskämpfer ernsthaft etwas riskierten.

Und schon ist es nicht mehr weit bis zum wohl populärsten Ansatz im Zusammenhang mit Unordnung in der Öffentlichkeit: Die »Broken Windows Theory« des Kriminologen George L. Kelling und des Politikwissenschaftlers James Q. Wilson. Die Theorie reklamiert einen kausalen Zusammenhang zwischen öffentlicher Unordnung und Kriminalität, und eine Studie der Universität Groningen lieferte dazu erste Beweise: Versuchspersonen zeigten mehr Bereitschaft, ihren Müll liegen zu lassen, wenn bereits welcher vorhanden war, wenn Graffiti an den Wänden zu sehen waren oder gar eine Fensterscheibe zerbrochen war. Dadurch, so die Wissenschaftler, entsteht der Eindruck mangelnder Kontrolle und von Anarchie, und es käme zu einer Kettenreaktion, die sogar zu Diebstählen führen kann ….

Es ist also kein einfaches Phänomen, gegen das auch die Bahn zunehmend ankämpft. Für Nicht-Litterer paradox ist dabei eins: zu sehen, wie Müllbekämpfungsteams in den ICEs, wenn sie schon unterwegs sind, auch gleich die Abfallbehälter im Einstiegsbereich leeren. Aber das in ein- und denselben Müllsack – statt, wie es die Einwerfer doch sollten, nach Papier, Glas, Metall und Verpackungen zu trennen. Die Erklärung: Viele Leute tun das eben nicht, und deshalb muss sowieso nachsortiert werden. Denn, um mal ganz nebenbei mit einem Mythos aufzuräumen: Die Deutschen sind alles andere als gute Mülltrenner, zumindest in der Bahn.[11] Deswegen stellt das Unternehmen auch auf Zweifachtrennung um: Papier – und den Rest. Ordentlich getrennt wird nachher.

Warum stehen die Bäume so eng am Gleis?

Sie heißen Friederike, Eberhard, Kirsten oder Sabine und haben eines gemeinsam. Als diese Sturmtiefs über Deutschland fegten, stand die Deutsche Bahn still. Und stand und stand. Unterbrochene Stromleitungen, blockierte Schienen, Zugausfälle. Leidtragender waren der deutsche Pendler und die Berufsreisende, die dann darüber sinnierten, wie es sein könne, dass jedes Stürmchen den Bahnverkehr schneller lahmlegt als ein GDL-Streik. Die Antwort war schnell ausgemacht: Es lag nicht am Herbst (wir reden nicht vom Schauspieler, sondern von der Jahreszeit).[12] Es lag an den Bäumen. Sie stehen zu nah am Gleis. Und sind zu groß. Und/oder beides. Und wenn sie dann noch instabil sind: Rums! Normalweise gilt für Rindenträger und alles ansonsten nennenswerte Gehölz die Sechs-Meter-Regel der Bahn: Genau diesen Mindestabstand haben sie von der Gleismitte zu halten,

---

11 Woran das liegt – an Wurstigkeit, an einer Missinterpretation der Symbole, an der Hektik beim Aussteigen oder daran, dass die richtigen Müllbehälter einfach immer schon voll sind –, darüber lagen uns keine Erkenntnisse vor.

12 Das glauben Sie nicht? Bitte gehen Sie zurück zum Kapitel »*Schaden Sommer, Herbst und Winter den Zügen – aber der Frühling nicht?*«.

sonst kommt die Frau mit der Motorsäge. »Die sogenannte Rückschnittzone sechs Meter links und rechts der Gleise«, so die Bahn-Begründung, »ist der Bereich, in dem Signalanlagen, Strommasten oder Betriebswege zu finden sind. Diese müssen zu jeder Zeit frei einsehbar und erreichbar sein, um einen sicheren Bahnbetrieb zu gewährleisten.« Von potenziell fallenden Bäumen ist da gar nicht die Rede, aber sonnenklar: Wenn so ein Hüne von sagen wir mal fünf Metern sich heimlich in die verbotene Zone einschliche, sagen wir bis auf drei Meter vom Gleis, und dann käme Friederike (nicht die mit der Motorsäge, nein, der Orkan) um die Ecke und erwischte den Baum echt auf dem falschen Fuß, dann: Rums – Oberleitungsschaden, Gleisblockade, das ganze Programm. So viel zum zweifellos großen Sinn der Sechs-Meter-Zone.

Aber was, wenn ein Baum außerhalb der Zone es nun wagt, höher zu wachsen, als die Zone breit ist, zum Beispiel acht, 15 oder gar 45 Meter, und ein Orkan erwischt ihn blöde – heißt es dann nicht auch: Rums – … und das ganze Programm?

Zweifellos. Für solche Fälle – sturzgefährdete Bäume, gefährlich große Exemplare und schwächliche Baumsorten in der Nähe der Sicherheitszone – hat die Bahn das »Hotspot«-Monitoring eingeführt. Grüne Gefährder werden identifiziert, registriert, kartiert, um dann entnommen zu werden. Möglicherweise dauerte der Prozess bis zur tatsächlichen Entnahme in der Vergangenheit ab und zu wohl einen Tick zu lange, und dann waren sie schon da, Eberhard und seine wilden Schwestern (und: Rums …).

Aber liebe Leserin und lieber Leser, das Jahr 2021 wäre nicht das Jahr 2021, wenn es nicht auch gute Nachrichten gäbe. Wie diese: Das Monitoring wurde intensiviert, und für einen sturmsicheren Vegetationsbestand erfasst die Deutsche Bahn seit kurzem Bäume aus dem Weltall. »Satelliten erfassen den Baumbestand, den Abstand der Vegetation zu Gleisen sowie die Wuchshöhe der Gehölze deutschlandweit. Das Start-up

LiveEO wertet die Satellitenbilder aus und erstellt daraus digitale Vegetationskarten entlang von Bahnstrecken. Die DB kann so besonders sturmanfällige Bäume noch besser identifizieren und rechtzeitig behandeln.«[13] Was nach Science Fiction klingt, hilft im grauen Herbst und Frühjahr enorm. Denn ganze 70 Prozent der Bahnstrecken führen durch Wälder und Baumbestand. 125 Millionen Euro im Jahr investiert die Deutsche Bahn mittlerweile dafür, dass Sturmschäden glimpflicher ausgehen; mit 28 000 Hektar ist sie einer der größten Waldbesitzer Deutschlands. Das ist einerseits schön für die persönliche Klimabilanz aber andererseits eine riesige Herausforderung. So wird die Deutsche Bahn nicht müde zu betonen, dass »Extremwetterlagen mit Auswirkungen auf die betrieblichen Abläufe und die Pünktlichkeit« zuletzt deutlich zugenommen haben. Die Antwort der Bahn lautet »Vegetationsmanagement«. Man könnte auch von Kettensägenmassaker sprechen, in schwierigem Gelände arbeiten Dienstleister sogar mit kettensägebewehrten Hubschraubern. Aber damit täte man dem Unternehmen wohl unrecht, denn »der DB-Konzern verfolgt eine ganzheitliche Naturgefahrenstrategie«. Rund 1000 Vegetationspfleger sind mittlerweile im Einsatz, bis Ende 2022 sollen alle Baumbestände entlang des gesamten Schienennetzes intensiv inspiziert werden. Diese Baum-Volkszählung verfolgt nicht nur das alte Ziel, frühzeitig zu erkennen, wo umsturzgefährdete Bäume stehen, sondern auch, was die Bahn am besten ersatzweise anpflanzt, damit die Gefahr dauerhaft gebannt ist. Erste Erfolge seien schon erzielt, verkündet die Bahn auf Anfrage. Sturmbedingte Schäden durch Bäume an Gleisen und Oberleitungen seien zuletzt um 25 Prozent zurückgegangen.

Blöd nur, dass die Bahn oft nicht selbst entscheiden darf, wo Pflanzen beschnitten werden und wo nicht. Viele Bahnschneisen

---

13 »Behandeln« ist ein schöner Euphemismus, die Behandlung besteht allerdings stets aus einer einzigen Maßnahme.

grenzen an Privatgrundstücke. Und deren Besitzer konnten bisher selbst entscheiden, ob sie den Baumpfleger holen oder ob sie die uralte sterbende Trauerweide noch etwas stehen lassen, für die Eulen, Fledermäuse und Käfer. Oder, tja – die Bahn.

Die hofft nun auf den Gesetzgeber, die Entscheidung stand bei Drucklegung dieses Buches auf Messers Schneide.

Der Wunsch der Bahn ist klar: Das »Baummikado« auf Gleisen und Leitungen soll ein Ende haben. »Wir wollen für unsere Fahrgäste bei jedem Wetter verlässlich sein«, sagte DB-Infrastrukturvorstand Ronald Pofalla. Einerseits ist das genau das, wovon Bahnkunden seit Jahrzehnten träumen. Andererseits: Klang das nicht schon wieder ein bisschen nach dem alten »Alle-reden-vom-Wetter«-Spruch?

»Ein Reisender sagte mir beim Ausstieg: Ich finde dich!«

Wie sieht der Alltag einer Zugbegleiterin aus? Inga Friedrich[14] ist seit 20 Jahren bei der Bahn. Wie haben sich ihr Job und die Bahnkunden verändert, seit wann trägt sie ein Pseudonym auf ihrem Namensschild, wie oft denkt sie ans Aufhören – und wieso tut sie es doch nicht?

Warum wurden Sie Zugbegleiterin?
Ich habe bei der Deutschen Bahn eine dreijährige Ausbildung zur Kauffrau im Eisenbahn- und Straßenverkehr gemacht, ein kleiner Teil dieser Ausbildung war der Zugbegleitdienst. Das hat mir am meisten Spaß gemacht. Ich wollte nie im Büro oder im Reisezentrum sitzen. Ich wollte was sehen und

---

14 Name geändert

unterwegs sein. So wurde ich erst Zugbegleiterin und bin nun Zugchefin.

Was ist noch mal die Aufgabe einer Zugchefin?
Ich bin für alles rund um die Zugfahrt verantwortlich. Von losfahren bis ankommen. Der Zug muss funktionieren. Dann teile ich die Kollegen in ihre Bereiche ein. Ich selbst sollte eigentlich gar keine Fahrscheine überprüfen, tue das in zwei, drei Wagen aber meist doch. Ich bin der Kummerkasten für alle. Ich muss Anschlüsse, die erwischt werden müssen, vormelden und Fundsachen bearbeiten. Es gibt da nur ein Problem. Das Handynetz ist eine Katastrophe. Wir hatten lange Telekom-Verträge, heute sind wir bei Vodafone. Unterwegs habe ich viel mehr Probleme mit dem Netz als früher. Wenn uns ein Bahnhofskollege wegen einer verlorenen Geldbörse im Zug erreicht, verstehe ich oft nur die Hälfte. Das ist kein Zustand!

Sie sind seit 20 Jahren bei der Bahn. Ist Ihr Job heute anders als früher?
Es war schon mal schöner. Die Anforderungen sind größer geworden, der Arbeitstag ist viel dichter, und auch die Erwartungen der Kunden sind gestiegen. Früher haben wir nebenbei mal einen Kaffee verkauft, heute gibt es ein Servicekonzept. Da müssen in der 1. Klasse Zeitungen verteilt werden und kleine Aufmerksamkeiten. Vieles macht heute nur noch der Zugchef, auch weil nur er allein die technischen Kenntnisse hat. Bei einer Störung führt das dazu, dass alle etwas von mir wollen. Ich muss die Verspätung melden, die Kunden vertrösten, alternative Anschlüsse finden. Und wir sind einfach weniger Personal als früher auf einem Zug.

Wie viele Zugbegleiter fahren denn mit?
Optimalerweise sind wir zu viert. Ich als Zugchefin und drei Zugbegleiter. Aber oft fahren wir nur zu zweit.

Wieso denn das?
Wir sind einfach zu wenig Leute. Und wenn sich einer krankmeldet, gibt es häufig keinen schnellen Ersatz.

Wie sieht Ihr Arbeitstag aus?
Wir treffen uns morgens auf der Dienststelle, alles ist auf die Minute geplant, wir sind ja bei der Bahn. Mein Dienstbeginn ist zum Beispiel morgens um 6:47 Uhr. Dann haben wir zehn Minuten Vorbereitungsdienst. Wir gucken die Neuigkeiten durch. Müssen wir eine Fahrplanmitteilung machen, zum Beispiel wegen einer Umleitung? Müssen Türen gesichert werden, wenn der Zug bei einer Umleitung länger ist als der Bahnsteig? Ich gehe auch vor der Abfahrt immer noch mal durch den Zug und prüfe, ob überall die Klimaanlage funktioniert. Wenn ich nicht selber durchgehe, erfahre ich das zu spät.

Und das alles läuft in zehn Minuten? Respekt!
Dann geht es auch schon los. Nach jedem Halt begrüße ich die Fahrgäste und sage den nächsten Halt; Sie kennen das ja. Dann kontrollieren wir die Fahrscheine. Wer zuerst fertig ist, unterstützt den anderen. Mit Glück können wir dann noch schnell einen Kaffee trinken. Der kostet uns 50 Cent. Ein Latte Macchiato 80 Cent. Den einfachen Espresso kriegen wir auch vergünstigt, für den doppelten müssen wir so viel zahlen wie die Fahrgäste, drei Euro.
Wir arbeiten zwischen vier und zwölf Stunden täglich.

Was treibt Sie an Bord zur Weißglut?

Unnötige Diskussion über Sachen, die wir einfach nicht ändern können. Warum stehen wir? Warum kriegen wir keine Informationen? Das weiß ich ja selbst nicht, sonst würde ich es sagen. Am Ende sind die Leute oft wütend, weil sie ihren Termin verpassen, und wollen ihre Wut rauslassen. Ganz schlimm sind auch Mütter mit zwei Kindern und fünf Koffern auf dem Weg in die Mutter-Kind-Kur. Die Kuren fangen oft dienstags an, und dann haben wir oft zehn, zwölf solcher Mütter im Zug. Die sind völlig überfordert mit Kind und Bahnfahrt.

Wie kommt es zu Verspätungen im laufenden Betrieb?

Viele Verspätungen machen wir mit Fahrgästen. Wenn Gruppen, Kinderwagen oder Fahrräder an Bord gehen. Und wenn wir in Köln drei Minuten später als geplant abfahren, haben wir vielleicht Pech und müssen andere Züge vorfahren lassen. Und dann werden daraus bis Dortmund ganz schnell 20 Minuten ...

Welche Verspätung ärgert Sie am meisten?

Offen gestanden die Verspätung am Abend. Ich pendele selbst und ärgere mich, wenn ich nicht pünktlich nach Hause komme. Die Fahrt nach der Arbeit macht mir aber meistens Spaß. Ich komme dabei gut runter und kann dann direkt ins Bett gehen. Oft stehe ich ja am nächsten Morgen schon wieder um vier Uhr auf.

Welche Verspätungsdurchsage sprechen Sie am häufigsten?

»Aufgrund einer technischen Störung verzögert sich die Weiterfahrt um wenige Minuten.« Das sind dann all die Vorfälle, wo wir meist ziemlich genau wissen, was es ist. Aber welcher Fahrgast kann denn mit der »Störung der Linienzugbeeinflussung« etwas anfangen? Früher haben wir oft noch genereller von Verzögerungen im Betriebsablauf gesprochen, aber das sollen wir eigentlich gar nicht mehr sagen.

Warum nicht?
Das ist so unspezifisch. Auch die »Verspätung aufgrund einer Störung an einem vorausfahrenden Zug« sorgt nur für Verwirrung. Die Leute hören ja oft nur halb hin und denken dann: Der Zug, in dem sie gerade sitzen, ist kaputt.

Was ist aus dem »Böschungsbrand« geworden, der früher so oft bemüht wurde?
Dieser Verspätungsgrund taucht nur noch selten auf. Es wird weniger geraucht im Zug. Aus den alten Interregios wurden oft Flaschen oder Zigaretten geworfen, die Scherben und die glühenden Stummel haben die Brände verursacht.

Kommt es vor, dass Sie den Fahrgästen bewusst einen anderen Verspätungsgrund nennen als den tatsächlichen?
Wenn ich nicht weiß, warum wir stehen, dann sage ich das so und mache mich anschließend schlau. Wenn ich dann partout keine Antwort von den zuständigen Kollegen kriege, sage ich »Verzögerungen im Betriebsablauf«.

Viele Zugbegleiter reisen nicht mit ihrem echten Namen, sondern unter Pseudonym. Sie auch?
Ja. Seit 5 Jahren.

Warum?
Ich habe ein Facebookprofil und will darüber nicht gefunden werden. Ein Reisender sagte mir beim Ausstieg: Ich finde dich. Er hatte kein Geld und keinen Ausweis, als ich ihn auf der

Toilette entdeckte. Da rief ich die Bundespolizei. Beim Ab-
schied hat er losgepöbelt und geschimpft, und als er weg war,
dachte ich: Ja, stimmt, der findet dich, wenn er will. Das war
ein mulmiges Gefühl, und ich habe mir einen neuen Namen
bestellt. Den dürfen wir uns nicht aussuchen, sondern bekom-
men ihn irgendwann. Mit dem Namen stelle ich mich jetzt
im Zug vor, und er steht auf dem Namensschild an meiner
Uniform. In der Uniform reagiere ich auf den Namen, zu
Hause nicht. Und bei Fahrkarten muss ich natürlich auch
mit dem Pseudonym unterschreiben.

Haben sich die Fahrgäste verändert?
Früher haben alle strammgesessen und die Fahrkarten gezückt,
wenn wir durch den Großraumwagen gingen. Heute muss
ich jeden Zweiten ansprechen, auch weil viele Kopfhörer im
Ohr haben. Und dann gibt es die Neunmalklugen, die haben
keine Fahrkarte und wollen uns erklären, was wir zu tun ha-
ben. Nach dem Motto: »Der Kollege neulich war aber kulan-
ter. Sie haben doch Wahlmöglichkeiten.« Ja, die habe ich. Ich
kann mal beide Augen zudrücken. Ich kann ihm eine neue
Fahrkarte verkaufen zuzüglich Bordpreis von 17 Euro. Und
ich kann im Nahverkehr eine Fahrpreisnacherhebung von
mindestens 60 Euro bis zum nächsten Halt verlangen. Wenn
der Reisende alles verweigert, kommt dann die Bundespolizei
zur Personalienfeststellung.

Haben Sie einen Lieblingskunden?
Ja. Das sind die Pendler. Dauerfahrer, die wissen, wo alles
ist, sie stellen keine Fragen und haben ihre Fahrkarte auf den
Tisch vor sich gelegt oder um den Hals gebunden und schlafen.

Was würden Sie dem Bahnchef gern mal sagen?
Er sollte öfter Eisenbahn fahren, dann bräuchte man ihm gar
nicht so viel zu sagen.

Haben Sie schon einmal ans Aufhören gedacht?
Ja, alle zwei, drei Jahre. Das sind so Momente, wo wir jeden
Tag Verspätung einfahren und die Stimmung an Bord entsprechend mies ist. Wenn dann noch im Privatleben etwas schief-
läuft, weil der Schichtdienst die Partnerschaft belastet, frust-
riert das zusätzlich. Aber dann sehe ich wieder die gute Seite.
Bei mir bleibt nie Arbeit liegen. Wenn ich eine Woche in Urlaub gehe, fange ich danach wieder bei null an. Versuchen Sie
das mal im Büro!

WISSEN
Wann ist Bahn fahren gesünder als Auto fahren – und wann ein Training für Kampfjetpiloten?

Pendler wissen: Nur weil der DB-Navigator uns glauben macht,
dass sechs Minuten in Mannheim zum Umsteigen reichen, heißt
es noch lange nicht, dass wir in Mannheim auch sechs Minuten
haben. Die Zeit schmilzt oft schneller als das Magnumeis, das
die in Kassel zugestiegene Eisverkäuferin verkauft (und das man
sich leider versagen muss, weil man ewig nicht mehr gelaufen ist).
Und damit beginnt der Stress und die Frage: Wäre ich im Auto
nicht besser aufgehoben?

Diese Frage ist absolut unökologisch, entfaltet aber vor allem
in Zeiten einer Epidemie ungeahnte Wucht. Da mag die Deutsche Bahn auch noch so beharrlich versichern, dass alle sieben-
einhalb Minuten die Luft durch die Klimaanlagen ausgetauscht
wird – ja, genau, die Klimaanlagen, die jahrelang damit Schlagzeilen machten, überhaupt nicht zu funktionieren: Der direkte

Kontakt mit einem Coronaerkrankten erhöht natürlich die Gefahr, sich selbst anzustecken. Eine im Sommer 2020 erschienene Studie hat die Zugreisen von über 1000 Covid-19-Kranken nachvollzogen. Die Empfehlung der Autoren für die nächste Epidemie ist deutlich: Masken, na klar. Und: »Um die weitere Ausbreitung von Covid-19 nach einem Ausbruch zu verhindern, sollten mindestens zwei Sitze frei bleiben und die Fahrtzeit auf drei Stunden begrenzt werden.«

Konkret: Wer direkt neben einem ansteckenden Infizierten sitzt, hat den Forschern zufolge eine 3,5 prozentige Wahrscheinlichkeit, selbst an Covid-19 zu erkranken. Je größer der Abstand, desto größer die Chance, sich nicht zu infizieren. So weit, so wenig erstaunlich; in der Bahn gelten ebendieselben Naturgesetze wie in der Welt draußen. Immerhin eine gute Nachricht hatten die Wissenschaftler: Wer einen Sitzplatz findet, muss diesen selbst zu Pandemiezeiten nicht hektisch desinfizieren. Erstens hatte die Bahn bei Redaktionsschluss dieses Buches Hunderte sogenannte »Unterwegsreiniger« auf der Strecke, die genau das taten. Und zweitens ist die Chance, sich anzustecken, weil vor einem ein Coranainfizierter auf demselben Platz saß, nicht höher als auf einem anderen Platz – wir gehen jetzt mal davon aus, dass Sie nicht der Typ Mensch sind, der neugierig Klapptische und Armlehnen ableckt. Und diese Erkenntnisse sind auch in einer coronafreien Welt von Wert, denn die nächste Grippewelle kommt bestimmt.

Auch die Bahn selbst hat Forschungen betrieben. Wissenschaftler der renommierten Berliner Charité untersuchten im Sommer 2020, wie gefährlich der Job des Zugbegleiters in Pandemiezeiten ist. Das Ergebnis verblüfft positiv: Von 1072 getesteten DB-Mitarbeitern wurde nur einem einzigen eine Corona-Infektion attestiert. So kommt die Bahn zu dem Schluss: »Es gibt keine Anzeichen dafür, dass Menschen in Zügen erhöhter Corona-Gefahr ausgesetzt sind.« Vorsicht, aber keine Panik ist somit geboten für Pendler, Junggesellenabschiedsfahrten, Dienstreisende und Städtetouristen.

Und zur Frage, ob man im Auto besser aufgehoben wäre: Gelegenheitsfahrer können natürlich Züge meiden oder einen Sitzplatz abseits der Rushhour buchen. Für Vielfahrer stellt sich die Frage Auto oder Bahn oft gar nicht. Sie reisen mit der Bahn schneller und entspannter, weil sie schon im Zug mit der Arbeit beginnen: »Frau Meier, können Sie mich hören? Wir müssten den 11-Uhr-Termin … Frau Meier? Ja, ich bin noch im Zug!« Man denke nur an die täglich über 1000 VW-Mitarbeiter, die von Berlin 230 Kilometer nach Wolfsburg pendeln und im ICE dafür nur eine gute Stunde brauchen; vorausgesetzt, der Zug hält wie versprochen in Wolfsburg.

Für Profi-Reisende hängt die Entscheidung für die Bahn an zwei Faktoren: Wie häufig fährt sie zwischen Haus oder der Wohnung zum Ziel – und wie groß ist die Entfernung? Schon eine Dreiviertelstunde Fahrt mit dem Auto morgens und abends samt Staugefahr kann jemanden, der vorher um die Ecke arbeitete, erheblich aus dem Rhythmus bringen. Dann reist man vielleicht doch lieber per Zug und lenkt sich mit Arbeit ab, wie der Autor dieser Zeilen, der seit Jahren zwischen Hannover und Hamburg pendelt. Regelmäßig mit ihm im Großraumwagen sitzen ein Logistikprofessor, ein FAZ-Journalist und Krimifan, die Personalmanagerin eines Kaufhauses und ein Klimaforscher. Sie alle eint die schon angesprochene gottergebene (oder: lokführerergebene) Gelassenheit an Bord. Da wird gefrühstückt, Kaffee getrunken und geschlafen. Manche schreiben Mails im Dauerfeuer – versuchen Sie das mal in einem Audi –, andere lesen oder gucken einfach aus dem Fenster.

Die Zahl der Fernpendler wächst stetig, und weil Homeoffice kein Synonym mehr ist für Räsenmähen und Wohnungsputz, wird sie eher noch weiter zulegen. Fünfmal die Woche von Würzburg nach München zu fahren klingt nach Masochismus – aber zwei- bis dreimal? Es kann also durchaus sein, dass künftig die Zahl der Fernpendler (die Leute, deren Zahl derzeit auf rund eine Million geschätzt wird und die täglich mehr als 50 Kilometer einfache Wegstrecke zurücklegen) nicht sinkt, sondern sogar steigt. Zumal auch die Bahn ihr Angebot clever erweitert hat. Sie bietet statt Monats- oder Jahreskarten für gleichbleibende Strecken 20-Fahrten-Tickets an.

Aber Vorsicht: Pendeln kann zur Gesundheitsgefahr werden. Die Sehnsucht nach dem Haus im Grünen wird oft mit enormem Stress erkauft – für den Weg zur Arbeit und zurück. Dutzende Studien weisen nach, dass Pendler sich weniger bewegen als ihre Kolleginnen und Kollegen im Büro, auch weil sie weniger Zeit für Sport haben, und häufiger mit Herz-Kreislauf-Erkrankungen, Diabetes und Rückenleiden zu schaffen haben. Pendler schlafen auch weniger, da sie genau so viel arbeiten wie ihre Kollegen, aber eben zusätzlich einige Stunden täglich im Zug sitzen. Und weil sie auch an Zeit sparen, wo es nur geht, vermeiden sie Routinetermine und Vorsorgeuntersuchungen beim Zahnarzt oder Hausarzt.

Wer außerdem stets pünktlich sein will, nein muss, für den wird die Fahrt zu einer ähnlichen Anstrengung wie ein Flug im Kampfjet. Das zumindest hat der britische Psychologe David Lewis herausgefunden, der Pulsschlag und Blutdruck von Dutzenden Pendlern in der Londoner U-Bahn maß. Der Stress der Rushhour sorgte bei ihnen für erhebliche Belastungen – wer seinem Partner je versprochen hat, pünktlich bei den Kindern zu sein, damit dieser zu Igor Levit in die Elbphilharmonie oder zum Arzt oder zum Essen mit dem Chef gehen kann, wird das gut nachvollziehen können. Denn genau dann kommt die Bahn garantiert zu spät …

Was Vielfahrer tun können, damit sie trotz allem gesund bleiben? Zunächst einmal die Zahl der Fahrten reduzieren. Auch durch die Corona-Pandemie sollten die meisten Arbeitgeber begriffen haben, dass Homeoffice an einem oder zwei Tagen in der Woche nicht das Ende der Zivilisation bedeutet. Der schöne Nebeneffekt: Der Einklang von Beruf und Familie fällt leichter, und der Freizeitstress sinkt. Außerdem helfen schon Kleinigkeiten, gesund zu bleiben. Wer beispielsweise die Möglichkeit hat, mit dem Rad ein paar Kilometer zum Bahnhof oder von dort zur Arbeit zu fahren, sollte das tun (viele Arbeitgeber bezuschussen Diensträder so selbstverständlich wie einst Dienstwagen). Für Martin Halle, er leitet den Lehrstuhl für Präventive und Rehabilitative Sportmedizin am Klinikum rechts der Isar in München, ist Radfahren das ideale Herz-Kreislauf-Training. Drei bis viermal wöchentlich 30 Minuten strampeln verlängere das Leben eines gesunden Menschen um bis zu zehn Jahre. »Regelmäßiges Radfahren senkt den Blutdruck und verringert das Herzinfarktrisiko«, sagt Halle. Und es helfe gegen schlechte Cholesterinwerte.

Da kann es sich vielleicht sogar lohnen, mit dem Rad einen Bahnhof weiter zu fahren, um genug Strecke zu machen. (Und wenn Sie sich nach einem Jahr so fit und verjüngt fühlen, dass Sie beschließen, fortan von Hannover nach Hamburg mit dem Rad … – wir leben in einem freien Land!)

Apropos Cholesterinwerte. Schon einmal eine Brotdose mit auf den Arbeitsweg genommen? Egal, was Sie sich aufs Brot schmieren, es ist garantiert gesünder als die Schinken-Käse-Croissants, die Sie in diesem Shop im Bahnhof kaufen. Und gegen unbestimmte Verspätungen, die immer passieren können, hilft nur eins: erhebliche Puffer einkalkulieren. Und ebenso hilfreich kann es manchmal sein, die Zeit im Zug eben nicht mit Telefongesprächen und PowerPoint-Präsentationen vollzupacken, sondern in Ruhe ein Sachbuch zu lesen oder einen Podcast zu hören. Und wenn der Schlafmangel überhandnimmt? Einfach Augen zu und durch![15] Versuchen Sie das doch mal im Auto – nein, bloß nicht!

---

15 Sollten Sie Angst um Ihr Gepäck haben: Es gibt Drahtkabelschlösser, mit denen sich

VII. KOMMUNIZIEREN ODER NICHT?!

Andere Fahrgäste. Und was gegen sie hilft

Man muss es sich so vorstellen: In der Bahn begegnet man potenziell denselben Menschen wie anderswo auch. Also auch Leuten, die einem sonst in der Fußgängerzone entgegenkommen und einen, natürlich nur aus Versehen!, zur Seite rempeln, wenn man nicht ausweicht. Oder solchen, die einen auf der Autobahn mit Lichthupe bedrängen, wenn man so unverschämt ist, sich ans Tempolimit zu halten, die rechts überholen, wenn man nicht sofort Platz macht, und dann obszön gestikulierend, also freihändig, mit 280 Sachen gen Horizont donnern (oder in den nächsten Unfall). Aber man begegnet auch dem tollen Typen/der tollen Frau. Oder der/dem scheinbar Netten, der/die nichts weiter zu tun und deshalb genug Muße hat, einem stundenlang Geschichten zu erzählen – gut, es wird Zeit für eine kleine Systematik. Bahnfahrer lassen sich grob in folgende Gruppen einteilen:

Die stille Mitreisende

Der angenehmste Mitfahrgast, denn im Grunde bemerkt man sie gar nicht, außer, man wirft versehentlich seine Jacke oder Tasche auf sie in der Annahme, sie sei gar nicht da. Ansonsten ist die

---

Ihre Tasche an die Gepäckablage (oder, wenn Sie das lieben, an Ihr Handgelenk) beamen lässt und die sogar Alarm schlagen, wenn sich jemand daran zu schaffen macht.

stille Mitreisende potenziell in jedem Alter und Geschlecht, liest entweder (nicht auf dem Smartphone, sondern auf dem Reader, vielleicht sogar auf Papier!) oder beschäftigt sich mit dem Laptop – dies jedenfalls aber, wie der Name schon sagt: still. Von gelegentlichem Tastenklappern oder von mitgerissenem Seufzen abgesehen. Sie scheint fast zu verschmelzen mit Technik/Buch/Zeitung und dem Zug. Kopfhörer gehören zur Grundausstattung, Kopfhörer allerdings, aus denen in der Regel kein für Umsitzende hörbarer Laut dringt. Eine Variante der stillen Mitreisenden, meist männlich und in leicht fortgeschrittenem Alter, sitzt ohne unterstützendes Accessoire, aber dennoch still mit (zu Coronazeiten selbstredend unter der Maske) leicht geöffnetem Mund auf seinem Sitzplatz, als warte er auf den Zahnarzt, also darauf, dass ES bald vorbei ist. Noch eine weitere Unterart dieser Reisendenspezies schläft ein, kaum hat sie den Sitz berührt. Wie gesagt: Im Umgang ist die Stille absolut pflegeleicht, solange sie still ist.

Der Video-Gucker

Im Grunde eine Unterart der Stillen, und im besten Fall ebenfalls still. Allerdings ist die Wahrscheinlichkeit deutlich größer, dass er eben doch nicht still ist. Und aus dem Kopfhörer Töne dringen, Gesprächsfetzen oder gleich ganze Dialoge, inklusive Schüssen und den erbärmlichen Schreien von Leuten, denen in einem Henning-Mankell-Film ein satanischer Tanzlehrer die Haut in Streifen vom Leibe zieht. Warum die Kopfhörer des Stillen so laut eingestellt sind, lässt sich nicht eindeutig sagen: Wird es ihm unheimlich, so allein mit Opfer und Tanzlehrer? Wünscht er sich nichts sehnlicher, als dass andere Menschen an diesem grandiosen Filmevent teilhaben? Sind Videogucker, *the medium is the message*, besonders abgebrühte und rücksichtslose

Zeitgenossen?[1] Oder aber nimmt sie das, was sie sehen, emotional und intellektuell so sehr in Anspruch, dass sie nicht mehr mitbekommen, was ihre Hände tun (nämlich auf der »Lauter«-Taste herumwippen)? Kann es vielleicht auch sein, dass sie schwerhörig geworden sind vom vielen YouTube-Gucken, weswegen der Ton noch lauter gestellt werden muss, woraufhin sie noch schwerhöriger werden, und so fort? Man weiß es nicht und wird es auch nicht herausbekommen. Denn würde man sie fragen, würden sie entweder verächtlich über einen hinwegsehen, eine Pseudo-Entschuldigung vom Stapel lassen, die weder an der Sache noch der Lautstärke etwas ändert, oder einen anbrüllen, sie wollten endlich ihre Ruhe, und zwar sofort. Aber man fragt sie nicht, man will ja keinen Ärger. Gut also, wenn man selber auch Kopfhörer dabeihat.

Die Geschwätzige

Die Geschwätzige fragt nicht nur, sie spricht einen regelrecht an, und das von alleine. Anlass ist natürlich die Bahn (»Manno, jetzt haben wir schon 30 Minuten Verspätung. Wetten, da hat sich wieder einer vor den Zug ...?«), das Wetter (»Bald wird es Winter. Wetten?«), der nächste Halt (»Ich war schon mal in Passau. Mensch, das ist 22 Jahre her, und wollen Sie wissen, was mir da passiert ist? Wollen Sie nicht? Egal! Also, als ich in Passau ankam ...«) oder, ach ja, die Bahn (»Jetzt sind es schon 60 Minuten. Ob da noch ein zweiter ...?«).

Besonders perfide sind Horrorboten, jene Mitreisenden, die von Krankheiten, Todesfällen und plötzlichen Beziehungsenden

---

1 Unser Lektor sagt: »Ganz im Gegenteil. Sie sind außerhalb ihrer Filmwelt häufig richtige Lämmer.« Wir glauben ihm das, wir haben ihn als sehr angenehmen Menschen kennengelernt.

187

berichten. Ihnen nicht zuzuhören ist fast unmöglich. Der einzig schöne Nebeneffekt: Am Ende der Reise hat der Zuhörende das Gefühl: »Mensch, geht's mir gut!« Dem Horrorboten geht es auch gut, denn seine Hiobsbotschaften sind ja nur nur ein Vorwand, um seine Mitreisenden bis ans Ende der Fahrt in ein Gespräch zu verwickeln, das gerne auch aus einem Dauermonolog – der oder des anderen – bestehen kann. Wenn man später aussteigt, kennt man sämtliche Erlebnisse des anderen. Aber er weiß von einem immer noch nichts, und das stört ihn kein bisschen. Auch nicht, dass man selber nachts das nacharbeiten muss, was man im Zug hätte tun müssen, aber nicht geschafft hat, weil der Horrorbote einem seinen Seelenmülleimer über den Kopf gekippt hat. Duschen Sie zu Hause lange und gründlich.

Die Esserin

Diese Spezies des Bahnreisenden tauchte schon weiter vorn in diesem Buch kurz auf. Einschlägiges Kennzeichen: Sie isst. Nicht irgendetwas, nein, das wäre nicht weiter erwähnenswert, nein, etwas, das Mitreisende olfaktorisch vor große Herausforderungen stellt, und zwar durch den ganzen Großraumwagen. Bevorzugt werden von draußen mitgebrachte Burger, Döner oder Asia-Food mit Glutamat, häufig auch Glutamat mit Asia-Food. Gerne kommen Mett- und Zwiebelbrötchen zum Einsatz. Mit dem Auspacken dieser Delikatessen wird nach dem Einsteigen möglichst so lange gewartet, bis sich die Umsitzenden in Sicherheit wiegen oder ein paar Minuten schlafen wollen. Besonders heimtückische Esserinnen bestellen ihr Chili con Carne unversehens in der 1. Klasse beim Bordservice und verzehren es mit andächtigem Gesicht und in der falschen Annahme, die Blicke der Umsitzenden seien nicht genervt, sondern neidisch. In Coronazeiten tun sie das noch langsamer, um ihr Gesicht von der Maske zu entspannen. Haben sie ihren Napf nach einer guten Stunde endlich geleert, riecht es im Großraumwagen wie in einer schlecht gereinigten Großküche, und alle Umsitzenden kauen verzweifelt an irgendetwas herum, um ihr Magenknurren zu beruhigen. Zu Pandemiezeiten kann man sich vor dem Geruch wenigstens einigermaßen schützen, indem man seine eigene Maske je nach Vorliebe mit einem Raumspray (Fichtennadeln/Große Freiheit) oder einem Parfüm anfeuchtet. Möglicherweise wird die Maske genau deswegen in den Zügen auch dann noch überleben, wenn Corona längst wieder nur der Name eines Bieres ist.

Hat man es mit einer besonders hartnäckigen Esserin zu tun, kann es auch helfen, wenn man seinem eigenen knurrenden Magen nachgibt und nach dem Öffnen der vierten Tupperwaredose händeklatschend näher rückt: »Lecker, Knoblauchwurst, die habe ich ewig nicht mehr gegessen – das ist doch okay, wenn ich mal zugreife, oder?«

Der Flatulierer

Ist in der Regel alt, weiß und männlich und kann meistens nichts dafür – außer er erhofft sich durch regelmäßige, heftige Flatulenzen einen Vorteil beim Erobern oder Verteidigen eines Sitzplatzes und hat deshalb vor Beginn der Reise Hülsenfrüchte, Kohl und Salatstrünke konsumiert. Aber selbst andersdenkende, kerngesunde Menschen lassen durchschnittlich achtmal am Tag Darmgase entweichen. Dabei handelt es sich überwiegend um Wasserstoff und CO_2, manche Gase enthalten aber auch Methan. Bahnfahrer sollten sich also gut überlegen, ob es wirklich noch ein zweites Chili con Carne sein muss. Denn im schlimmsten Fall dreht sich die persönliche CO_2-Ersparnis der Zugreise dann ins Gegenteil, dazu noch all die unschönen Begleiterscheinungen im Großraumwagen – laute Beschwerden und rote Gesichter. Am besten, Sie machen im Großraumwagen gleich die Augen zu, denn im Schlaf entfahren uns statistisch belegt weniger Gase. Trotzdem sind alle, denen es nicht egal ist, was ihr Darm so anstellt, in der Bahn besser aufgehoben, denn im Flugzeug dehnen sich die Gase durch den niedrigen Luftdruck in der Kabine aus: Vielfliegen stinkt gewaltig. Und wer sich wiederum vor flatulierenden Mitmenschen schützen will, dem sei einmal mehr die parfümierte Maske mit Zimtaroma empfohlen.

Der Verweigerer

Tritt überwiegend in der männlichen Ausstattungsvariante und naturgemäß zu Pandemiezeiten auf, denn er verweigert das Aufsetzen oder Tragen einer Maske, explizit oder immanent. Im ersteren Fall pöbelt er, wenn man ihn daran erinnert, dass er etwas Wichtiges vergessen hat. Im zweiten Fall bedankt er sich für den Hinweis und tut entweder nichts, oder er bringt die Maske nur die paar Minuten zum Einsatz, bis er sich einen Keks aus der Innentasche seines Sakkos gepokelt und in den Mund gesteckt hat. Mit den ersten Kaubewegungen schwindet dann die Erinnerung an die Maske unter seinem Kinn rapide. Sein Schuldbewusstsein ist trotzdem minimal, denn, wie bereits weiter vorne angedeutet: Der Maskenverweigerer sieht sich als querdenkender Rebell, der aufsteht gegen die Übermacht der Unterdrücker aus Wissenschaft und Politik. Und er weiß genau, in welchem der Bundesländer, deren Grenzen der Zug im Laufe der Reise überfährt, ein Maskenverstoß mit Hunderten Euro Strafe geahndet wird. Und wo dies im Vergleich dazu als Pipifax gilt. Sobald der Zug die entsprechenden Orte der Freiheit erreicht, zieht er sich die Maske genüsslich vom Gesicht, steckt sie sich in den Mund und würgt sie herunter. Oder aber er wirft den Mund- und Nasenschutz provozierend vor sich auf den Tisch und wartet darauf, dass man ihn anspricht.

Außerhalb von Pandemiezeiten tritt der Verweigerer gern in der Variante Ticketverweigerer, vulgo Schwarzfahrer auf, um auf diesem Feld gegen die Unterdrückung durch die Obrigkeit zu kämpfen. Beiden Varianten gemein ist zweierlei: Erstens versuchen sie, ihre Verweigerungshaltung mit denkbar kruden Argumenten zu begründen, und führen dabei gerne Verschwörungen, Verhörräume in den geheimen Untergeschossen der Fernzüge und das Pergamonmuseum als Zentrum des Ganzen ins Feld. Zweitens fliehen sie, wenn ihre Lage aussichtslos wird, in die nächste Zugtoilette, um im Spiegel endlich einmal in das Antlitz eines heldenhaften Freiheitskämpfers zu blicken, und dann weiter durchs Fenster zu flüchten. Doch leider gibt es in der Zugtoilette kein Fenster mehr.

Der Zugveteran

Auch er ist meist männlich, sogar noch ausschließlicher als der Verweigerer, aber deutlich älter und vergleichsweise harmlos. Denn alles, was er anderen antut, ist, mit seinem jahrzehntealten Wissen über die Bahn zu glänzen (»Alle reden vom Wetter!«, »Senk ju vor träwelling!«). Gar nicht selten kann er noch die letzte gedruckte Ausgabe des Kursbuches der Bahn mit sämtlichen Zugverbindungen auswendig, oder war es doch die vorletzte? Leider kann das niemand mehr nachprüfen, nicht einmal die Zugbegleiterin, die er mit Fragen nach dem »Loktyp« (»Ist das ein Krokodil?«) im Nu hoffnungslos verwirrt hat, erst recht, wenn er in einem ICE unterwegs ist. Um ihn loszuwerden, reicht es, von der großen Märklin-Spielzeugeisenbahn zu erzählen, die im letzten Wagen, aufgebaut sei.

Der/die Sitzbesetzer/-in

Den Sitzbesetzer oder die Sitzbesetzerin gibt es in zwei Ausstattungsvarianten: Der Beinspreizer (immer männlich) sitzt so breitbeinig, dass ihm ein Sitz nicht reicht, und natürlich liegt ihm allein schon deshalb der Gedanke fern, seine Beine so weit zu schließen, dass eine Mitfahrerin den zweiten Sitz benutzen kann. Das ist allerdings sowieso nur eine theoretische Option, denn auf beiden Sitzen hat der Beinspreizer diverse Utensilien verstreut: Smartphone, große Kopfhörer, Rucksack, ein Autotuningmagazin und zwei, drei Cheeseburger oder Chips (anfangs noch in der Tüte). Der Beinspreizer tritt auch in Gruppen auf (siehe unten); die einzelnen Gruppenmitglieder besetzen dann jeder für sich zwei Sitze. Diese dürfen aber keinesfalls zu nah beieinander sein, weil man sich sonst nicht laut genug durch den Wagen unterhalten kann. Trifft man auf einen, oder im schlimmsten Fall auf beide, sollte man Ohrenstöpsel einsetzen oder einen Wagen weiter gehen. Die zweite Form des Sitzbesetzers ist der/die Doppelsitzerin. Sie ist recht unauffällig und hat nur ein Ziel: den zweiten Platz neben sich keinesfalls an Zusteigende zu verlieren. Wo sollte schließlich sonst die Handtasche oder die Hundebox stehen? Um ihr Ziel zu erreichen, ist die Doppelsitzerin sogar zu nahezu schauspielerischen Leistungen fähig: Sie gibt sich schlafend, zerstreut, krank, gibt vor, ihre Handtasche sei defekt und laufe aus, wenn man sie anhebe … Setzt man sich trotzdem auf den Sitz neben sie, herrscht beleidigtes Schweigen – ideal für alle, die schlafen oder ihre Ruhe haben wollen.

Der Telefonierer

Tut, als sei er/sie alleine im Großraumwagen. Der männliche Part schwadroniert am Telefon ungeniert über den Dödel aus der Beschaffungsabteilung, den trotteligen Kunden aus Pinneberg-

Quellental, das beschissene Videokonferenztool oder die süße Schnecke aus der PR, Telefon-, Kontonummern und Schlüpferfarbe inklusive. Je mehr die Mitfahrer zusammenzucken und sich unbehagliche Blicke zuwerfen, zu umso größerer Form läuft der Telefonierer auf. Klar, dass es hier um Herrschaft geht, Herrschaft über Müller am anderen Ende der Leitung, dem man mal vor aller Ohren klarmacht, mit welchen abgezockten Tricks man den »Sonderposten« Uralt-Diesel zu Höchstpreisen an den ahnungslosen Mann (über 70) bringt. Oder was man tun muss, damit der 3-D-Drucker wieder funzt (»Müller, aber nicht die Hand drunterhalten, sonst ist die gleich in Shanghai, höhöhö ... Müller?«). Zugleich geht es aber auch um Herrschaft über den akustischen Luftraum in diesem (Ruhebereichs-)Wagen. Entweder also, man sieht das Ganze als irres Theaterstück und applaudiert an geeigneter Stelle. Oder man schweigt, flieht in die Toilette oder stopft sich die Ohren zu[2].

Der weibliche Part, meist deutlich jünger als das männliche Pendant, spricht in Dauerschleife (gern dabei verwendet: »Ich schwöre!«) mit der besten Freundin oder zumindest mit der Freundin, die gerade Zeit zum Telefonieren hat. Auch hier ist Intimes gerne Thema, die Party bei Dani oder Nela, ihr neuer Freund, der sie auf der Feier gleich beide betrogen hat, der Beistelltisch, den Dani oder Nela daraufhin vor lauter Wut durch das geschlossene Fenster geworfen haben. Oder es geht dreieinhalb Stunden lang um die Frage der gemeinsamen Abendgestaltung: Zuerst McDonald's und abhängen vor der HappyBar oder zuerst abhängen vor der HappyBar – und dann McDonald's? Wer sich einmischt, man wolle das vier Sitzreihen weiter gar nicht

---

2 Einer der Autoren empfahl vor Jahren einmal, einen Lauttelefonierer mit seinen eigenen Waffen zu schlagen und selbst ein Telefonat zu simulieren. Ein seitdem laufender Feldversuch kam zu dem Ergebnis, dass die Empfehlung wenig erfolgversprechend ist: Um das gefakte Telefonat überhaupt mitzubekommen, fehlt den meisten Lauttelefonierern die Sensibilität.

alles wissen, dem schlägt blanke Empörung entgegen. Aussichtsreicher ist es, sich direkt in der Sache einzubringen: »Hey, der Typ von Dani hatte recht. Weißt du nicht, dass die blöde Kuh den schon die ganze Zeit betrogen hat?«

Die zerstreute Telefoniererin

Gleicht zunächst der stillen Mitreisenden. Bis ihr Handy ohne Anlass einen furchtbaren Lärm macht, sie abnimmt und ein lautes, aber völlig selbstvergessenes Gespräch mit Norbert beginnt, der sie in Fulda abholen will und der dort schon seit einer Stunde wartet, falls der Zug früher kommt. Oder sie ruft Norbert an, um ihm (und allen anderen) mitzuteilen, dass der Zug gleich in Fulda halte, und ob er, Norbert schon am Bahnhof sei, worauf Norbert erwidert, sie käme doch erst morgen, weshalb er gerade beim Kaffeetrinken bei Amelie sei. Das muss in aller Freundlichkeit ausdiskutiert werden, wobei der zerstreuten Telefoniererin eindeutig kein bisschen klar ist, dass sie hier keineswegs alleine ist. Das merkt sie erst dann, wenn die ersten Mitfahrerinnen ihr Zettel zuschieben: »Der Zug ist schon an Fulda vorbei.«

Der hibbelige Laie

Er ist weniger ein störender als ein gebeutelter Mensch, der meist zum ersten Mal Bahn fährt, seinen Platz nicht findet, sich in alle Richtungen erkundigt, ob dieser Zug wirklich nach Berlin fährt, und sich schließlich bis zum Eintreffen dort aufgeregt an beiden Armlehnen seines Sitzes festhält. Wenn der Zugbegleiter die Fahrkarte kontrollieren will, muss diese lang und unter großem Gemurmel in seiner Reisetasche gesucht werden und taucht dann schließlich in der Jacke auf. Beim Aussteigen (»Wissen Sie, ob man rechts aussteigt oder links?«) wird vor Aufregung gerne Jacke oder Tasche zurückgelassen. Der hibbelige Laie bemerkt dies in der Regel genau dann, wenn es zu spät ist und der Zug wieder anfährt, rennt auf dem Bahnsteig mit den Armen rudernd noch ein völlig sinnloses Stück neben dem Zug her und macht sich völlig zum Ei.

Die Mitleserin

Deswegen in der weiblichen Form, weil es kaum männliche Mitleser gibt, außer in der Kombination attraktive Frau/interessierter Mann.[3] Sonst pflegt einem die Mitleserin gern an einem Vierertisch gegenüberzusitzen, mit auf der Tischplatte gefalteten Händen, vor sich aufgereiht Handy, eine Flasche Wasser, Brillenetui und eine Tüte Chips/eine Prinzenrolle, manchmal auch eine sauber gefaltete Boulevardzeitung von vorgestern. Sobald man nach einem flüchtigen Gruß seine Arbeitsunterlagen ausgepackt hat, rückt sie näher, setzt geschäftig ihre Brille auf und beginnt, einem in die Sachen zu schielen. Wirft man ihr endlich einen konsternierten Blick zu, schaut sie zurück, als habe man sie bei einer Tätigkeit gestört, die ihr gutes Recht ist. Rückt sie einem so nahe, dass man sie irritiert bittet, Abstand zu halten, man kenne sich doch gar nicht, wird sie das Problem nicht verstehen, denn sie hat sich doch kein bisschen bewegt. Entweder also, man erträgt ihre Blicke – oder man geht. (Sie wird einem ein empörtes »'tschuldigung!« hinterherrufen und sich nach einer neuen Mitlesegelegenheit umsehen.)

---

3 Also an ihr, der Frau, versteht sich.

Der Downgegradete

Ist fast immer männlich. Flog früher viel, jetzt muss er Bahn fahren, der Umwelt wegen oder weil man während des Corona-Lockdowns gemerkt hat, dass seine alte Position entbehrlich war, und ihn angemessen herabgestuft hat. Seine Ansprüche aber sind immer noch im Höhenflug. Mit Vorliebe stellt er die Zugbegleiterin in schneidendem Ton wegen der ungeputzten Fenster oder der übervollen Toilette zur Rede oder lässt sich vom Servicepersonal drei, vier Gänge hintereinander an seinem Platz in der 1. Klasse servieren und dann nach ausführlicher Reklamation wieder abräumen, nicht ohne der Abserviererin, die vergeblich darauf beharrt, nicht mal der Aufwärmkoch zu sein, mitzugeben, bei ihm wäre sie längst geflogen (nicht so wie er früher). Gerne wendet er sich dann kopfschüttelnd an sein Publikum im Großraumwagen und seufzt: »So ist sie, die Bahn. Als ich noch flog …« Aber ab und zu klingelt sein Handy, dann ist er kurz abgelenkt.

Die Fingernägellackiererin

Tritt auch als Fingernägelschneiderin auf. Beiden Varianten (stets weiblich) gemein ist, dass sie sich beim besten Willen[4] nicht vorstellen können, dass es Mitfahrer stört, wenn sie den ganzen Großraumwagen mit Nagellack einduften oder die Nägel, die sie sich abclipsen, auf den Käsebroten der Sitznachbarn landen. Passiert genau dies, antwortet sie entsprechend: »Ich schwöre, da hat noch nie niemand was gesagt, echt jetzt, ich schwöre!« Sammelt man ihre Fingernägel ein und wirft sie ihr zurück auf den Schoß, ist sie furchtbar beleidigt, hört aber vor Schreck vielleicht wenigstens auf zu telefonieren.

---

4 Sie haben recht: Ein bester Wille ist gar nicht vorhanden.

Der Soldat

Seit dem 1. Januar 2020 gibt es wieder einen Grund, zur Bundeswehr zu gehen. Soldaten und Soldatinnen in Uniform fahren wieder kostenlos mit den Fernzügen der Deutschen Bahn. 650 000 Fahrten absolvierten sie 2020 und belegten dabei vermutlich 1,3 Millionen Sitzplätze. Einen für sich und einen für den Wäschesack. Man erkennt übrigens sofort, welcher Soldat in der Grundausbildung ist und wer schon was zu sagen hat beim Bund. Der Nachwuchs schlummert friedlich Mamas Waschküche entgegen und reist wehmütig Sonntagabend zurück in die Kaserne, die erfahreneren sind von den Mitreisenden nur durch die Uniform zu erkennen. Und anders als Polizisten, die von den Zugbegleitern zu Einsätzen gerufen werden können, wenn es im Bordbistro oder anderswo eskaliert, greifen die Soldatinnen und Soldaten nicht zur Waffe, wenn der Zugbegleiter nach ihnen ruft. Sie haben einfach frei. Manche helfen dennoch: So griffen beispielsweise vier Soldaten Anfang Juli beherzt ein, als eine Zugbegleiterin von einem stark alkoholisierten Mann attackiert wurde. Sie überwältigten den Mann und übergaben ihn der Polizei. Oder da war der Offizier der Luftwaffe, der rettete einem 88-Jährigen das Leben. Dieser hatte im ICE von Frankfurt nach Kiel das Bewusstsein verloren, und der Offizier half bei der erfolgreichen Reanimation. Geht doch.

Gruppen

Sie treten in unterschiedlicher Zusammensetzung auf und sind schier unerträglich, zumal ihre Lautstärke mit ihrer Laune (egal ob die gute oder die schlechte) exponentiell ansteigt. Verreisende Frauen und Fußballfans wurden weiter vorne bereits behandelt, nicht jedoch Zusammenrottungen von Schülern oder Affenhorden – Sie haben völlig recht, Affen dürften in Zügen in der Regel nicht anzutreffen sein, bleiben also die Schüler. Denen zuzuhören lohnt sich allenfalls, wenn man an schlüpfrigen Details unbekannter Mitschüler interessiert ist oder seinen Schimpfwortschatz updaten will. Widerstand ist meist noch zweckloser als bei Fußballfans oder Frauengruppen auf Berlin- oder Shoppingtour.[5] Das Einzige, was hilft, ist der geordnete Rückzug in die 1. Klasse. Wir wissen: Das geht nur gegen Aufpreis ...

Die kleinen Störer

In diese Kategorie fallen Heranwachsende, lange bevor sie zu Jugendlichen werden. In den Jahren von der Geburt bis dahin erfreuen sie Mitreisende im Zug durch Handyspiele, die immer dieselben drei Töne von sich geben, laut gedrehte Lernapps, bei denen eine Frauenstimme mit indischem Akzent immer wieder auf Französisch von eins bis zehn zählt, und durch von extremen Wiederholungen geprägte Dialoge mit ihren Eltern. Die ihrerseits haben mit Geburt ihres Nachwuchses jegliche Rücksicht auf Nicht-Familienangehörige über den Haufen geworfen. Eltern und Kinder kommunizieren zwanglos in beliebiger Lautstärke quer durch den ganzen Großraumwagen, ab und zu nimmt ein Elternteil das Kind an die Hand (oder an beide Hände) und führt es im Schneckentempo von Mitreisendem zu Mitreisendem, um vor jedem stehen zu bleiben wie im Zoo (»Guck mal Leopold: Der Mann arbeitet! Was macht der wohl? Einen traurigen Brief schreiben? Ein lustiges Spiel, so wie du in der Kita? Oder seine Mathehausaufgaben? ...«). Irgendwann reißt der Nachwuchs sich los, um festzustellen, ob der Laptop eines Fremden genauso lustige Töne macht wie das Handyspiel von Papa

---

5 Sie sagen, das sei dasselbe? Mag sein ...

oder um herauszufinden, ob die Frau dahinten wirklich weiter-schläft, wenn man ihr mit Keksfingern ins Gesicht tatscht. Und auf eins ist Verlass: Die Eltern dieser Kinder schaffen es niemals, ihre Kleinen einzufangen, BEVOR die getan haben, was sie tun wollten. Wird das Kleine so groß, dass es im Ruhebereich nicht mehr laut knatternd die Windel füllt, sondern hundert- oder so-gar hundertzwanzigmal hintereinander »Wann sind wir endlich da?« krähen kann, erklärt Mami/Papi ihm (und allen Mitfahrern) während der Fahrt die Welt und wieso hier alle mit der Bahn fah-ren: »Die haben keinen Führerschein oder können sich kein Auto leisten ...« Dabei schrauben sie ihre eigene Stimme so hoch ins Kindliche, dass selbst Kopfhörer mit Schalldämmfunktion ihren Dienst versagen. Fragen Sie solche Eltern, ob sie ihren Nach-wuchs wenigstens dazu bringen könnten, nicht mehr auf Ihrem Tisch herumzutrommeln, unterstellen sie Ihnen, ein Kinderfeind zu sein. Sagt man daraufhin, man sei lediglich Elternfeind, fin-den sie das unverschämt. Womit klar ist: Dieser Abschnitt hätte ehrlicherweise »Die großen Störer« heißen müssen.

Der normale Bahnfahrer/die normale Bahnfahrerin wie Sie und wir

Hier erübrigen sich nähere Erläuterungen, schließlich kennen Sie sich selbst und wissen genau, dass es sich bei Menschen wie Ihnen um sensible, aber zugleich durchsetzungsstarke, weil hoch-intelligente und vorausschauende Personen handelt, die mit nichts von alledem negativ auffallen, was die bisher erwähnten Personengruppen auszeichnet.

So schützen sich Geistesarbeiter und Ruhebedürftige vor Vielschwätzern, Lauttelefonierern und sinnlosen Gesprächen

Eins ist klar: Wenn Sie im Zug unterwegs sind und Ihre Ruhe brauchen, weil Sie dringend arbeiten müssen oder lesen oder sich sonstwie entspannen wollen, sind Sie gekniffen. Vielleicht mal abgesehen von jenen Pandemiezeiten, in denen die Züge so leer sind, dass man sich fast zu Tode erschreckt, wenn plötzlich die Tür quietscht und ein echter anderer Mensch (der Zugbegleiter) vor einem steht. Aber sonst ist die Chance groß, dass, kaum haben Sie Platz genommen und öffnen den Laptop, die Frau Ihnen gegenüber lächelt und fragt: »Wissen Sie, wie lange der Zug in Tübingen hält? Da gibt es diesen Strickwarenladen ...« Oder sich der Mann gegenüber vorbeugt, auf den Rechner zeigt und fragt: »Passt der Stecker von dem Ding in jede Steckdose? Also mir ist da in Irland mal was passiert ...«[6] Es kann auch sein, dass eine Sitzreihe vor Ihnen ein älterer Herr seinen Koffer in Zeitlupe und ächzend und stöhnend in Richtung der Gepäckablage nach oben stemmt (sinnloserweise, da unten derzeit genug Platz ist), aber erkennbar nicht so weit kommen wird, außer Sie helfen.

Und wenn Sie dann, nett, wie Sie sind, antworten oder aufspringen und handeln, bevor es Beleidigte oder Schwerverletzte gibt, dann haben Sie schon den größten anzunehmenden Fehler begangen: Sie haben sich ablenken und in ein Gespräch verwickeln lassen. Denn auch der Greis mit dem Koffer wird Ihnen dankbar erzählen wollen, wie er Anno 1676 als junger Mann mit dem Zug nach Darmstadt fahren wollte und was er alles dabeihatte, denn man kennt doch Darmstadt ...

Ebenso wird es ausgehen, wenn Sie Ihre Excel-Tabellen daraufhin durchsehen wollten, ob noch irgendwo die 3,57 Prozent

---

6 Manche Menschen fragen so etwas sogar, wenn die/der Gefragte ein Buch liest.

Einsparpotenzial vorhanden sind, die ihre Chefin heute von Ihnen sehen will. Und sich dabei von der schrillen Stimme der Frau am Nebentisch einfangen lassen, die zwar nicht mit Ihnen spricht, sondern mit Ihrer Freundin gegenüber, aber so unerträglich laut, dass Sie versucht sind, der Bahn vorzuschlagen, solche Kundinnen künftig einzusparen. Und wenn dann noch ein Lauttelefonierer, eine Jugendgruppe und ein leidenschaftlicher Warmesser dazukommen, ist das Chaos perfekt. Sie können auch gleich ins Bordbistro flüchten, um sich mit den Vertretern und Soldaten dort ein paar Biere hinter die Binde zu kippen, denn eins ist klar: Lesen oder arbeiten werden Sie heute nicht mehr.

Natürlich können Sie auch versuchen, die Frau am Nebentisch aufzufordern, bitte leiser zu sein. Aber wenn Sie nicht sofort eine unverschämte Antwort bekommen, wird ihr Bemühen nur ein paar Minuten vorhalten – wie wollen Sie dann noch eskalieren? Und wie wollen Sie sich, wenn die Projektskizze bei Ankunft in Frankfurt fix und fertig sein muss, vor den anderen Fahrgästen schützen? Sie sehen: Ohne Strategie kommen Sie nicht weiter. Und Strategien gibt es einige:

Die Flucht-Strategie

In Zügen, die nur dünn besetzt sind, ist das manchmal die beste aller Optionen, auch wenn es reichlich feige klingt: Stehen Sie auf und gehen Sie ein, zwei Großraumwagen weiter. Ihre freundlichen Gegenübersitzer werden Ihnen zwar fassungslos bis beleidigt hinterhersehen. Aber Ihnen folgen werden Sie in der Regel nicht (wenn Sie das doch tun, haben Sie entweder die Liebe Ihres Lebens getroffen oder ein viel größeres Problem). Läuft alles gut, finden Sie dann einen abgelegenen Platz, auf dem man Sie in Ruhe lässt, zumindest, bis sich dort der Wagen wieder füllt. Woraufhin Sie sich vielleicht erneut auf die Suche nach einem

Ausweichort machen. Wenn Sie den ganzen Zug durchhaben, könnte es sein, dass Ihnen nichts weiter übrig bleibt, als die vielzitierte Toilette aufzusuchen. Oder gar den Zug zu verlassen, früher, als Sie wollten, um darauf zu hoffen, dass der Folgezug leerer seine möge, zumindest aber ohne Menschen, die andere behelligen, nerven oder ansprechen.

Die Igel-Strategie

Eine Option für vollere Züge und für alle, die stolz darauf sind, vor Problemen nicht davonzulaufen, sondern sie abperlen zu lassen; für die Sie aber auch ein dickeres Fell brauchen: Tun Sie, als nähmen Sie nichts um Sie herum wahr – am besten, Sie nehmen tatsächlich nichts um Sie herum wahr, was ab einem gewissen Alter oder mit lädierten Trommelfellen leichter fällt. Sind Sie noch jünger und nicht von Dauerbaulärm über Ihrem Schlafzimmer oder exzessivem Hardrockkonsum geschädigt: Denken Sie an unsere Empfehlungen für das, was Sie im Zug mit sich führen sollten, und greifen Sie auf Ihre Ohrstöpsel, Ohrhörer und Trancemusik – besser noch ein tonales Dämmgeräusch wie Baum-, Bach- oder Weißes Rauschen – zurück. Je größer die Ohrhörer, desto sichtbarer ist dabei für alle, die vorhaben, Sie anzusprechen oder sonstwie zu behelligen, dass Sie sich am liebsten in die verwunschenen Wiesenweiten Neuseelands beamen wollen. Zudem halten große, das Ohr umschließende Ohrhörer Geräusche meist besser ab als kleine In-Ear-Geräte.

Vermeiden Sie außerdem jeglichen Blickkontakt mit Umsitzenden. Und nehmen Sie die Kopfhörer keinesfalls ab, sonst ist es aus! Es empfiehlt sich übrigens, schon mit den Dingern auf den Ohren den Wagen zu betreten, ruhig leicht tänzelnd oder summend, um exzessiven Musikkonsum in einer Parallelwelt zu simulieren.

Die Angriffs-Strategie

Diese Taktik geht so: Nachdem Sie am Vierertisch Platz genommen haben, fassen Sie das Paar, das Ihnen gegenübersitzt und Sie freundlich ansieht, scharf ins Auge und sagen prophylaktisch und scheißfreundlich: »Wenn es Ihnen nichts ausmacht: Ich habe zu tun und möchte, dass Sie einigermaßen leise sind, und schon gar nicht möchte ich von Ihnen angesprochen werden. Das ist nichts gegen Sie; ich erwähne das nur, damit wir gleich nicht großen Ärger bekommen. Und übrigens, damit Sie das auch nicht mehr fragen müssen, nur falls Sie das vorgehabt haben, denn Sie sehen so aus: Ich hasse Stricken, und oh ja, mein Stecker passt in jede Dose!«

Sind Sie ein eher abwartender Mensch, können Sie das auch erst vom Stapel lassen, wenn Ihr(e) Gegenüber den Mund öffnet, dann aber sollten Sie noch eine Spur entschiedener sein. Seien Sie sicher: Der Effekt wird beachtlich sein.

Die ultimative Strategie

Diese Strategie eignet sich als Exit-Taktik für den Fall, dass alles zu spät ist und Sie vielleicht schon auf Fragen geantwortet und sich in die Besonderheiten Tübingens oder des mittelalterlichen Darmstadts haben verwickeln lassen – vielleicht sogar in der Annahme, die interessante Frau neben Ihnen habe Interesse an Ihnen als Mensch oder der rüstige Herr wolle Ihnen einen Teil des Silberbestecks vererben, das er zweifellos im Koffer mit sich führt. Dabei haben beide, das merken Sie leider zu spät, nur Interesse an Ihnen als opferbereitem Zuhörer.

Jedenfalls: Sie müssen raus aus der Situation, und das sofort. Wollen Sie sich weiterhin im Bereich des Legalen bewegen, aber auch Ihren Platz nicht aufgeben, bleiben drei Möglichkeiten:

1. Sie nicken freundlich, aber entschieden, bedanken sich für die nette Unterhaltung und sagen, nun müssten Sie leider weitermachen, denn Ihr Zeitfenster schließe sich.

2. Sie blinzeln häufig und tun so, als ob Sie fast einschlafen. Forscher des Max-Planck-Instituts für Psycholinguistik haben herausgefunden, dass Menschen dann kürzer mit ihrem Gegenüber sprechen. Die Ergebnisse passen sehr gut zu einer Studie von norwegischen Verhaltensforschern, die zeigte, dass Leute weniger sprechen, wenn ihr Gesprächspartner auch sehr ruhig ist. Mit Glück schlafen Sie übrigens tatsächlich ein und wachen erst wieder auf, wenn der/die andere sich ein neues Gesprächsopfer gesucht hat.

3. Sie tun etwas völlig Überraschendes. Etwas, mit dem der/die andere keinesfalls rechnet. Nur ein paar Beispiele: Sie beugen sich vor und raunen: »Ich bin dein Vater!« (Kommt noch besser rüber, wenn Sie eine Frau sind.) Sie greifen die Bemerkung der oder des anderen auf, der Zug sei aber voll, und fragen langsam und mit weit aufgerissenen Augen zurück: »Was ist das – ein Zug?« Sie zitieren eine Zeile aus Eduard Mörikes »Septembermorgen« und stoßen dann ein irres Lachen aus. (Wenn man den Zugbegleiter ruft, sagen Sie, Ihr schwatzhaftes Gegenüber habe Sie gezwungen, dies zu tun.) Sie ziehen aus Ihrer Tasche das aktuelle Dossier der ZEIT, lesen die drei Zeitungsseiten mit lauter Stimme vor und hören erst auf, wenn man Sie auf Knien bittet, ruhig zu sein. Sie unterbrechen den Menschen, der neben Ihnen viel zu laut mit einem Herrn Vorbrodt telefoniert, und bitten ihn, diesen herzlich zu grüßen, nein besser, Sie fordern das vollauf begeistert selber ein (»Boah, Sie sprechen mit Vorbrodt? DEM Vorbrodt? Ich muss ihn unbedingt sprechen, ich darf doch? …«). Oder der Klassiker für ganz besonders Wagemutige: Sie bitten die andere »mal schnell« um ihr Ticket und stecken es ein, oder reißen es in kleine Fetzen und schlucken diese herunter. Anschließend

rufen Sie die Zugbegleiterin und erzählen, diese Schwätzerin habe geprahlt, sie habe gar keine Fahrkarte. In Zeiten zunehmend ticketlosen Reisens kann es sein, dass dieser Trick nicht ganz so einfach funktioniert. In Pandemiezeiten sollten Sie obendrein darauf achten, Blatt oder Smartphone sorgsam zu desinfizieren, am besten VOR dem Verschlucken.[7]

Es kann aber auch sein, dass allein die Ankündigung, das Ticket oder das Smartphone ihres Gegenübers herunterschlucken zu wollen, völlig ausreicht, um ihn zum Schweigen zu bringen.

Die Käseplatte

Harzer Roller, Bauernhandkäse, Limburger – all das sind Käsesorten, die sich hervorragend eignen, um Umsitzende nach Luft schnappen zu lassen, die aber dennoch nicht auf der Liste der in der Bahn verbotenen, kontrollpflichtigen Gegenstände oder Waffen stehen. Dennoch sollten Sie fairerweise warnen, bevor Sie die Tupperwaredose der Pandora öffnen. (»Wenn Sie mich nicht augenblicklich in Ruhe lesen/arbeiten lassen, öffne ich diese Käsedose, und das wird für Sie trotz Ihrer Maske alles andere als lustig!«) Seien Sie versichert: Nach dieser Ankündigung oder spätestens im Angesicht Ihrer Käseplatte wird selbst ein heftiger Fall von Logorrhö schweigen. (Oder von den anderen Mitfahrern zum Schweigen gebracht werden.) Denn auch beim Reden muss man ja mal atmen …

---

7 Nachteil: Immun werden Sie davon nicht.

So schützen sich Vielschwätzer, Lauttelefonierer und Freunde sinnloser Gespräche vor Geistesarbeitern und Ruhebedüftigen

Liebe Vielschwätzer, Lauttelefonierer und Freunde sinnloser Gespräche,
denken Sie wirklich, dass Sie für Ihr Treiben noch Tipps nötig haben? Machen Sie einfach so weiter wie bisher, und die Geistesarbeiter werden schon tun, was sie können, um Ihnen zu entgehen. Denn eins ist klar: Nicht die Leisen, in sich Gekehrten, Sensiblen dominieren den öffentlichen Raum, nein, die Lauten, Skrupellosen, Auf-sich-Bezogenen, die sich ausleben, wo sie wollen, egal, ob dort ein »Ruhebereich«-Aufkleber pappt oder nicht. Typen wie Sie halt. Sanktioniert wird das selten, denn es müsste sich erst mal jemand beschweren, und wir alle, inklusive der Geistesarbeiter, sind bekanntermaßen stolz darauf, unheimlich tolerant zu sein. Und selbst wenn sich jemand beschweren würde: bei wem? Etwa bei Ihnen? (Lachen Sie nicht!)

Oder bei der Zugbegleiterin? Die muss man erst mal suchen, überreden, etwas zu tun, und wenn sie dann pflichtbewusst, aber dennoch widerstrebend wegen des drohenden Konflikts erscheint, sind Sie doch längst ausgestiegen, um Kassel-Wilhelmshöhe aufzumischen, Bahnhof des Jahres 2072 hin oder her!

Und wenn nicht: Alles, was Sie tun müssen, ist, sich einsichtig zu geben, bis die Uniformträgerin wieder verschwunden ist. Um dann erst richtig loszulegen, bis der Spacken mit dem Laptop/die Ziege mit dem Reader aufgibt und verschwindet, tschakka!

Liebe Geistesarbeiter und Ruhebedürftige,
falls Sie die obigen Zeilen gelesen haben, sich nun (zu Recht) für die menschliche Spezies auf diesem Planeten halten, die als Erstes vom Aussterben bedroht ist, und sich nun voller Wut überlegen, auf der nächsten Bahnfahrt den Obervielschwätzer, lautesten

Lauttelefonierer und Allerersten bei sinnlosen Gesprächen zu geben, einfach nur, um es allen endlich mal heimzuzahlen – das könnten wir verstehen.[8]

Geduld. Ein Kurzcoaching für Leidgeprüfte

Sie haben es sicher gemerkt: Ohne ein gewisses Maß an Leidensfähigkeit, nennen wir es: Geduld, geht es nicht in der Bahn. Geduld umschreibt die Fähigkeit, zu warten oder einen Zustand zu ertragen; laut gängigen Definitionen ist der- oder diejenige geduldig, der oder die bereit ist, einen Zustand zu ertragen, in dem Wünsche noch nicht erfüllt sind, oder in der Lage ist, unangenehme Situationen (etwa einzelne andere Fahrgäste) einigermaßen gelassen auszuhalten. Immer wieder nämlich wird es Ihnen passieren, dass Sie nichts daran ändern können, dass der eine andere Fahrgast in Ihrer Nähe sein Unwesen treibt, dass Sie ihn/sie weder erfolgreich zum Schweigen bringen noch fliehen können (außer, Sie wollen die restlichen fünf Stunden der Bahnreise eingeklemmt im Zwischenwagenbereich verbringen).

Bleibt Ihnen also nur, sich in Geduld zu üben. Experten empfehlen für solche Situationen zuallererst, nichts persönlich zu nehmen: SIE können nichts für die Irre, die sich laut telefonierend die Fingernägel lackiert und dabei ein Mettbrötchen nach dem anderen isst. Zweite Empfehlung: Ändern Sie Ihre Erwartungen. Viele Menschen glaubten, dass es der einzige akzeptable Zustand sei, dass die Welt um sie herum so optimal sei, dass sie sich rundum wohlfühlten – aber es gehe auch anders, sagt Jane Bolton, Professorin am Institute of Contemporary Psychoanalysis in Los Angeles. Sie empfiehlt, sich gerade in Lagen, die eine Belastungsprobe für die Nerven darstellen, immer wieder daran

---

8 Auch, wenn Sie damit dem Aussterben Ihrer eigenen Spezies noch weiter Vorschub leisten

zu erinnern: »Das hier ist zwar unbequem, aber tolerabel.« (Anders gesagt: Schlimmer geht immer.) Das Akzeptieren von Gegebenheiten ist das Wichtigste beim Üben von Geduld. Dabei helfen Ablenkung (schreiben Sie auf, was Sie mit der Lauttelefoniererin unter normalen Umständen tun würden), Übungen zur inneren Ruhe und auch körperliche Übungen: Wenn Sie schon von so vielen Egomanen und Durchgeknallten umgeben sind – was spricht dagegen, dass Sie im Mittelgang oder auf dem Tisch (»Würden Sie bitte mal Ihren Kaffee zur Seite nehmen?!«) eine Yogamatte ausrollen und eine Runde meditieren? Wenn man daraufhin Sie für egomanisch und durchgeknallt hält – so what? Hauptsache, Sie haben ein gültiges Ticket.

WISSEN
Fahrgastzahlen

Geht es darum, mit großen Worten und Metaphern den Erfolg der Deutschen Bahn zu beschreiben, dann war Ex-Bahnchef Rüdiger Grube um keinen Superlativ verlegen. Während sein Vorgänger Hartmut Mehdorn noch Jahre nach seinem Abtritt knurrte, mit der Bahn sei in Deutschland kein Blumentopf zu gewinnen, schwärmte Grube von immer neuen Fahrgast-Rekorden. Wissen Sie, wie viele Menschen in Deutschland im Jahr in die Bahn steigen?, fragte er dann. Und ehe sein Gegenüber eine Schätzung wagte, folgte die Antwort von ihm selbst: »So viele wie in Indien und China zusammen wohnen.« Oha! 2,6 Milliarden sind das. Über sieben Millionen am Tag.

Das stimmt, und es stimmt natürlich auch nicht. Denn weil meist dieselben Menschen Bahn fahren und Pendler auf rund 400 Fahrten im Jahr kommen, ist die tatsächliche Zahl der Fahrgäste deutlich geringer und liegt wohl eher im zweistelligen Millionenbereich. Geschenkt! Die Fahrgastzahlen sind ein wichtiger

Seismograph, wenn es darum geht, ob der Bahn die Verkehrswende gelingt oder eben nicht. Jahrzehntelang dümpelten die Zahlen vor sich hin. Deutschland war keine Bahnrepublik, sondern eine Auto-Kratie inklusive Auto-Kanzler oder eben -Kanzlerin. Tausende Kilometer Gleise wurden stillgelegt, während die Autobahnen immer länger wurden. Die Verkehrsmittelwahl fiel dann entsprechend aus.

Im Jahr 2017 legten die Bundesbürger laut einer Studie des Bundesverkehrsministeriums 57 Prozent ihres Weges mit dem Auto zurück (als Fahrer oder Mitfahrer). 22 Prozent gingen zu Fuß. Elf Prozent fuhren Fahrrad.[9] Ach so. Bahn wurde auch gefahren. Aber der Anteil von Bus und Bahn (genauer wurde nicht hingeschaut) betrug lediglich zehn Prozent.

Selbst da, wo die Bahn all ihre Stärken ausspielt, spielt sie im Bewusstsein vieler Bürger keine Rolle. 63 Prozent erwägen bei Fahrten ab 100 Kilometer nie oder fast nie eine Bahnfahrt.[10]

Doch diese dunkle Zeit deutscher Verkehrspolitik ist Geschichte. Nichts zeugt eindrucksvoller vom ehrgeizigen Vorhaben, die Bahn zu fördern, als diese eine Zahl aus dem Koalitionsvertrag der Großen Koalition: Die Fahrgastzahlen sollen verdoppelt werden. Auf 5,2 Milliarden! Das ist dann fast schon die ganze Welt, die in der Deutschen Bahn mitfährt. Und ehe eine Pandemie dieselbe Welt in Stillstand versetzte und die Fahrgastzahlen der Bahn daraufhin dramatisch und zeitweise um zwei Drittel einbrachen, war das Unternehmen sogar auf Kurs. 2015 zählte die Bahn im Fernverkehr 131 Millionen Reisende, 2019

9 Wer die Umsätze der Fahrradindustrie im Corona-Jahr 2020 zusammenzählt, rechnet mindestens mit einer Verdreifachung in den nächsten Jahren. Kann aber auch gut sein, dass die Räder einstauben, sobald der Maskenball in Bussen und Bahnen ein Ende hat.
10 Laut einer Studie des Sozialforschungsinstituts Infas und des Wissenschaftszentrums Berlin stieg die Quote der Bahnverweigerer im Oktober des Corona-Jahres 2020 auf 67 Prozent – was angesichts der Pandemie auch nicht extrem weniger war. Und Ihre Entscheidung ist nach Lektüre dieses Buches natürlich eine ganz andere.

waren es schon 151 Millionen. Nanu, mögen Sie nun fragen, wo sind denn die anderen Milliarden geblieben? Ganz einfach: Im Regionalexpress von Aachen nach Köln. In den Zügen von Norddeich Mole nach Hannover und im Waggon von Stralsund nach Neustrelitz. Im Nahverkehr lagen die Fahrgastzahlen schon 2015 bei 1,9 Milliarden, und 2019 waren es dann schon so gut wie zwei.

Na, schon schwindelig geworden? Eine Zahl geht noch, denn die ist wirklich aufschlussreich. Sie zeigt, dass Sie, liebe Leserin und lieber Leser, in den vergangenen Jahren für eine Trendwende gesorgt haben (wenn Sie denn ab und zu im Fernverkehrszug gesessen haben). Richtig schön vergleichen lässt sich nur der Fernverkehr, denn er ist nicht so subventioniert wie all die Nahverkehrsverbindungen. Und da ist ganz Erstaunliches passiert. 1994, im Jahr der Privatisierung, wurden noch 139 Millionen Fahrten gezählt, 2012 waren es nur noch 131 Millionen. Und wie Sie seit wenigen Zeilen wissen, stiegen die Fahrgastzahlen dann wieder sehr stetig an. Es scheint dann also doch einiges richtig zu laufen bei der Deutschen Bahn. Nur wo all die Inder und Chinesen Platz finden sollen, bleibt Rüdiger Grubes Geheimnis.

VIII. ESSEN, TRINKEN & ANDERE FRAGEN

Warum fehlt so oft das Essen an Bord?
(Eine Restaurantleiterin packt aus)

Stellen Sie sich vor, Sie kommen morgens in Ihr Büro, und der Computer geht nicht an. Oder sie schließen Ihre Boutique auf, und sämtliche T-Shirts, die sie gestern Abend noch eingeräumt hatten, sind weg. Oder Sie arbeiten als Barista, und die Kaffeemaschine streikt, obwohl sie doch gerade noch lief. All das erlebt Veronika Thomas[1] jeden Tag. Die gebürtige Berlinerin ist Restaurantleiterin im Speisewagen der Deutschen Bahn, und wenn Sie eins gelernt hat, dann das Improvisieren. Denn der Morgen, Mittag, Abend, an dem alles klappt, erzählt sie, der muss erst noch erfunden werden. Und sie hat viel zu erzählen, denn seit fast 30 Jahren rollt Thomas durch Deutschland.

Sie hat bei Mitropa[2] angefangen, dem Unternehmen, das den Flair des Bordrestaurants über Jahrzehnte geprägt hat. Damals hatte Thomas ihren festen Zug, mit dem sie manchmal tagelang durchs Land fuhr; die Kaffeemaschine immer fest im Blick. Heute kann es sein, dass sie in einen ICE einsteigt, kurz mit Kollegen zusammenarbeitet, die sie noch nie gesehen hat, und dann schon wieder in den nächsten Zug wechselt. Wie ein ferngesteu-

---

1 Name geändert.
2 Na, wofür steht das Akronym Mitropa? Ganz einfach: **MIT**teleu**ROP**äische Schlaf- und Speisewagen **A**ktiengesellschaft. Und wer schon in den 90er Jahren Hape-Kerkeling-Fan war, der weiß natürlich, dass der Komiker die Mitropa-Kaffeemaschine in seiner Sendung »Total Normal« an seine Gäste verschenkte.

erter Bienenschwarm wuselt das Personal der Bahn durch die Züge. Mal steigt einer aus, weil die Schicht zu Ende ist, mal steigt jemand zu, der noch eine halbe Stunde vor dem Feierabend voll machen muss. So kommt es, dass Thomas eigentlich nie weiß, was sie an Bord erwartet. »Ich fange immer wieder bei null an und muss mir einen Überblick verschaffen, das nervt.«

Streikende Spülmaschinen, Probleme mit den Wassertanks im ICE 4, leere Lager, ausgefallene Kühltruhen. Idealerweise erfährt sie davon vor Fahrtantritt von ihrem Disponenten. Dann greift sie ihre Kassenrollen, die Checklisten und das Tablet für die Abrechnung und eilt zum Gleis.

Sie schließt ihre Galley auf, die Bordküche, und kocht als erstes Kaffee: »Ich mache mich verkaufsbereit.« Dazu gehören eine Art Inventur und die Überprüfung der technischen Geräte. Ohne funktionierenden Ofen werden die Baguettes nicht knusprig (nein, nicht alle Leute kommen ins Bordrestaurant, um nur aus dem Fenster oder auf ihr Smartphone zu gucken).

Speisewagen und Zug fahren, das ist filmreifer Stoff. Sei es als Szene im Hitchcock-Klassiker »North by Northwest« (»Der unsichtbare Dritte«) oder in James Bonds »Spectre«. Zugleich ist das Zugrestaurant ein persönlicher Rückzugsort, frei nach dem Wiener Schriftsteller Alfred Polgar, der beobachtete, dass in Wiener Kaffeehäusern Leute sitzen, »die allein sein wollen. Dazu aber Gesellschaft brauchen«. Der Speisewagen gehört zur Bahnfahrt wie der Blick aus dem Fenster. Und nirgends sind die Fenster größer als ebendort.

Es gibt nur ein Problem: Der Umsatz spielt die hohen Kosten nicht wieder herein. Das Essen im Zug ist ein Zuschussgeschäft. Deswegen hat sich die Bahn unter Hartmut Mehdorn von Mitropa getrennt, und deswegen wird viel versucht, um das Geschäft rentabler zu machen. Heute wird beispielsweise nicht mehr händisch an Bord Buch geführt und dann telefonisch bestellt, sondern per Computer.

Aus Sicht der Bahn funktioniert das super: »Das Zauberwort heißt: Automatisierung bzw. automatische Nachlieferung. Sobald der Bestand eines Produktes eine festgelegte Menge erreicht, die sogenannte Meldeschwelle, stößt das System eine Nachlieferung an und informiert die nächstgelegene Logistik auf der Strecke.« Sprich: Wenn der Currywurstbestand von sagen wir neun auf magere zwei Stück zusammengeschmolzen ist, steht beim nächsten Stopp vollautomatisch der freundliche Lieferant mit Nachschub auf dem Bahnsteig. Klingt wirklich toll.

Die Restaurantleiterin macht jedoch oft eine andere Erfahrung. »Häufig funktioniert die Datenübertragung nicht reibungslos. Wir sind genauso von Funklöchern betroffen wie die Fahrgäste.« Und wenn diese Schlange stehen, um endlich einen Kaffee zu bekommen, Veronika Thomas aber zugleich die Bestellung durchgeben müsste, wer bleibt auf der Strecke? Entweder der jetzige Kunde oder der künftige. Überhaupt: die Abrechnung. Bevor Thomas den Zug wechselt, muss sie die Abrechnung machen und kann die Hungrigen und Durstigen nicht mehr bedienen. »Das ist einfach nur doof für die Kunden«, sagt Thomas.

Probleme macht nicht nur die knappe Personaldecke. Auch mit der Automatisierung ist das nämlich so eine Sache. Frau Thomas kann bestellen, so viel sie will. Sie bekommt es nicht zwangsläufig. Thomas hat Zugriff auf das Reisendeninformationssystem, darüber organisiert sie auch ihren Warenbestand. Doch seit geraumer Zeit ist die Bestellmenge gedeckelt. »Sollbestand« heißt das offiziell. »Wenn ich 20-mal Pommes bestelle, kriege ich zehn und keine Portion mehr. Obwohl ich auf dem Zug viel besser als unser System weiß, was die Leute wollen.« Einen Junggesellenabschied oder den Kegelverein aus Wanne-Eickel haben die Algorithmen nicht vorgesehen. Und liebe Pendler, jetzt müssen Sie tapfer sein, es kommt noch schlimmer, aber das ahnten Sie vielleicht sowieso schon: »Wenn ich morgens um vier Uhr in Berlin losfahre, habe ich fünf Portionen Rührei an Bord. Mehr darf ich nicht mitnehmen«, erzählt Thomas. Bis Hildesheim schlafen die Reisenden, danach steigen viele Pendler zu, die oft Heißhunger haben: auf Rührei. »Da sind nach zehn Minuten alle Portionen weg.« Und allen anderen Hungrigen sagt sie dann: »Nehmen Sie doch die Rostbratwürstchen!« So lange, bis auch die Rostbratwürstchen vergriffen sind. Und so weiter. Nun gehört es zum Charakter eines Zuges, dass die Angestellten nicht schnell zum nächsten Rewe flitzen und Nachschub holen können (zumindest würden sie nicht so schnell zurückkommen). Doch das Logistiknetzwerk der Bahn stößt offenbar an Grenzen, ironischerweise, denn würde man 15- statt fünfmal Rührei verkaufen – wäre das nicht allein bei Eiern der dreifache Umsatz und schon etwas weniger Verlust? Oha, so einfach ist es wohl nicht, denn von oben aus dem Bahntower kommt hierzu folgende offizielle Antwort: »Der Platz für Lebensmittel in einem Zug ist naturgemäß begrenzt.«[3] Daher gebe es für jede Speise »vordefinierte Mengen, die je nach dem zur Verfügung stehenden Stauraum bestellt werden können. Daraus ergeben sich für jeden Artikel Bestellgrenzen, die aber regelmäßig überprüft und gegebenenfalls angepasst werden.« Natürlich nicht von den Praktikern im Bistro – nein deren Part ist es, sich von den Fernpendlern rundmachen zu lassen, wieso sie nicht in der Lage seien, genügend Rührei zu bestellen.

Aber da gibt es noch ein Problem: Wenn Frau Thomas Rührei bestellt, tut sie das bei der nächstmöglichen Niederlassung. Viele Versorgungspunkte für die Züge sind jedoch sogenannte Kleinlogistikstandorte. Kassel (eigentlich keine kleine Stadt) gehört dazu. Da bekommt Thomas dann zwar ausgewählte Getränke, aber keine Tiefkühlwaren. Und dazu – und nun bitte ganz tapfer,

---

3 Nach sehr langem Nachdenken stimmte zumindest einer der Autoren dem zu, der andere rechnet bis heute.

liebe Rühreifreunde – zählen bei der Bahn nicht nur Pommes, sondern auch das Rührei. Frage dazu an den Bahntower – oder nein, ziehen wir zurück, die Sache mit dem Rührei ist offenbar ein heikles Thema.

Reden wir lieber über das Essen überhaupt. Thomas ärgert, dass nun alles modern sein soll. Früher servierte sie das Chili con Carne in der Suppenterrine, heute in einer Bowl. Einem ihrer Kunden kam dieses Gefäß wohl eher wie ein Hundenapf vor, er sagte jedenfalls nicht danke schön, als die Restaurantleiterin servierte, sondern nur ein Wort: »Wuff«. Irgendwie, sagt Thomas, könne sie dem Mann das nicht verdenken. Was Thomas vermisst, sind ein paar Klassiker. Wo ist die Kartoffel mit Sauerrahm geblieben, die ging doch weg wie heiße … Eben. Und das ganze Jahr nur Kartoffelsuppe geht gar nicht, findet sie. Ein regelmäßig wechselnder Eintopf würde sicher mehr Umsatz bringen, vor allem bei Vielfahrern. Aber wir haben ja bereits gelernt, dass das Verhältnis der Bahn zu umsatzfördernden Maßnahmen im Speisewagen nun, etwas speziell ist.[4]

Es gibt übrigens Frauen und Männer, die würde Frau Thomas am liebsten rausschmeißen. Wer sich die Fingernägel im Restaurant lackiert oder seine benutzten Taschentücher auf dem Tisch liegen lässt, hat bei der Restaurantleiterin nichts verloren. Laptopnutzer duldet sie, denn das sei eine Ansage von oben, man wolle gut zahlende Kunden nicht verprellen, obwohl sie am liebsten überall Schilder hätte, die die Nutzung von elektronischen Geräten im Bordrestaurant verbieten. »Die Fahrgäste dürfen bei uns alles. Für mich hingegen bedeutet Bordrestaurant eigentlich: Ich gehe was Leckeres essen und trinken und danach wieder zurück an meinen Platz.«

Wenn man denn was zu trinken bekommt. Denn selbst bei Getränken hat Veronika Thomas kaum Gestaltungsspielraum.

---

4 Lesen Sie dazu auch das Interview mit Starkoch Christian Rach.

Nach einem Fußball-Bundesligaspiel zum Beispiel: »Da ist doch klar: Ich brauche ein Fass Bier mehr und dazu noch fünf Kästen mit Weizenbier. Doch am Gleis wird mir nur der Sollbestand von zwei Kisten rübergeschoben. Das reicht dann keine zehn Minuten. So etwas gab es früher nicht.«

Die Bahn hingegen malt sich in ihrem Newsletter db inside schon die Zukunft aus: »In ersten Tests erstellen Algorithmen Prognosen und ermitteln den individuellen Bedarf eines Zuges im Voraus, beispielsweise für verschiedene Wochentage, ausgewählte Zeitslots oder die Nachfrage nach bestimmten Artikeln zwischen definierten Haltepunkten.«

Veronika Thomas hätte dafür noch ein ganz anderes Instrument im Gepäck, das von keinem Funkloch gestört wird: ihr Bauchgefühl.

»Nein, die Deutsche Bahn ist kein Orientexpress«

Christian Rach wurde durch die RTL-Sendung »Rach, der Restauranttester« so bekannt, dass noch heute Leute in Restaurants auftauchen, umsonst essen wollen und frech behaupten, sie seien Rach. Bei uns spricht der Sternekoch über die Speisewagen, mit denen die Bahn so viel Verlust macht – und darüber, wie man das ändern könnte.

Herr Rach, Sie haben schon einige Restaurants wieder auf Erfolgskurs gebracht. Lassen Sie uns nun über eins mit Hunderten von Filialen sprechen, ein Restaurant auf Schienen. Die Speisewagen der Deutschen Bahn. Sie wären schon einmal fast abgeschafft worden, weil sie ein großes Minusgeschäft sind. Damals gab es eine riesige Protestwelle, und seither glaubt man bei der Bahn, dass viele Leute wegen der Speisewagen überhaupt erst Zug fahren. Sagen Sie: Lohnt sich das?

Man muss natürlich unterscheiden. Da sind einmal die Bordrestaurants und -bistros in den ICEs. Die gibt es in der Regel tatsächlich. Und dann sind da die restlichen Züge. Wenn ich mit dem IC fahre, dann ist in jedem zweiten Zug – gefühlt – das Bordrestaurant nicht vorhanden. Stattdessen gibt es dann die netten jungen Leute, die mit diesen kleinen Wagen durch den Zug fahren und Kaffee aus Pumpkannen servieren und ein paar Snacks …

Natürlich ist das kein gastronomischer Höhenflug.

Das lässt sich unter den Bedingungen auch nicht machen. Und in den ICEs, wie gesagt, das ist die andere Seite, bieten die Bordrestaurants und Bistros eigentlich ein spannendes Angebot an, wie z. B. auch vegetarische Produkte und Bio-Produkte. Der Kunde kann sogar Gutes tun: Bestellt man z. B. eine Pilzcremesuppe, spendet die Deutsche Bahn zehn Cent an das Berggwaldprojekt e.V. Es ist also alles da, was man heute verlangen kann, zumindest formal …

Das klingt doch eigentlich, als sei das ganz in Ordnung?

Ja, da haben Sie recht, wenn man beispielsweise auf Gerichte wie Pommes verzichten würde.

Sie meinen, weil bei der Bahn kein Koch im Speisewagen steckt?

Ja, das ist so. Und genau aus diesem Grund, da nur aufgewärmt wird, würde ich auf Gerichte wie Pommes verzichten. Speisenklassiker, die angeboten werden, wie Chili con Carne oder vegetarisches Curry, erfüllen durchaus ihren Zweck. Auch die Rot- und Weißweine der Bahn kann man gut trinken.

Trotzdem schafft man es in den Speisewagen der Bahn offenbar nicht, genug von diesen Köstlichkeiten zu verkaufen. Vor einiger Zeit lag der durchschnittliche Umsatz der Bahngastronomie noch bei unter sechs Euro pro Gast. Und andererseits: Ist das ein Wunder, wenn man an das »Ist-aus«-Phänomen denkt, dem man im Bordrestaurant immer wieder begegnet?

Die Bordrestaurants im ICE haben grundsätzlich ein ganz anderes Problem.

Welches Problem haben die Restaurants noch?

Das sind die Leute, die im Zug keine Platzreservierung haben. Die kommen dann ins Restaurant, besetzen einen Vierertisch, bestellen Wasser, packen ein Buch, eine Zeitung oder ihren Laptop aus und halten sich dann die ganze Strecke, zum Beispiel von Berlin nach Köln, an einem Wasserglas fest. Wenn die Service-Mitarbeiter fragen, ob sie noch etwas wollen, sagen sie: Nein, danke. Und wenn sich jemand anders dazusetzen will, wird böse geguckt. Kein Wunder, dass die Bahn da so viel Verlust macht. Wenn ich mal in ein amerikanisches Restaurant schaue: Da kommt, wenn das Essen fertig ist und man nichts Weiteres bestellt, ganz automatisch die Rechnung. Dass es bei der Bahn anders läuft, ist ein Hindernis für den wirtschaftlichen Erfolg des Speisewagens. Und dann kommt das andere noch hinzu …

Was denn?

Natürlich das Problem der Systemgastronomie: Die Bahn muss auf Dinge setzen, die vorbereitet sind und die dann eben aufgewärmt werden. Ob jede/r Mitarbeiter/in dafür ausgebildet ist, entzieht sich meiner Kenntnis. Und wenn noch Stress und Ungeduld der Gäste dazukommen, passieren Fehler. Und dann müssen die Rezepte funktionieren. Es gibt keine

Steaks in der Bahn, weil die natürlich auf den Punkt gebraten werden müssen. Man hat aber warme Gerichte im Angebot, die in der Mikrowelle oder im Dämpfer aufgewärmt werden können: Suppe, Lammhackbällchen, Gnocchi mit Gemüse, Rindergulasch, Currywurst, Bolognese ... Auch wenn es mit der Zubereitung manchmal hapert: Ich hatte mal ein Chili con Carne, das war an der einen Stelle richtig heiß und an der anderen Stelle noch sehr kalt ... Ich habe es trotzdem gegessen, denn ich hatte den ganzen Tag nichts Warmes.

Viele Bahnreisende kennen ähnliche Erfahrungen. Ließe sich daran etwas ändern?
Das ist nicht ganz leicht. Die Bahn hat ja auch schon mit Spitzenköchen zusammen Gerichte entwickelt, die vielleicht den Prozess des Aufwärmens durch die Mitarbeiter noch besser überstehen und danach auch noch schmecken. Und es gibt je nach Saison einfallsreiche Aktionsgerichte. Was prima ist, aber durch den Zwang zur Großküche sind eben geschmackliche Grenzen gesetzt.

Wären Sie dafür, echte Köche in der Bahn mitfahren zu lassen, wie sie das in den Zügen der tschechischen Staatsbahn tun? Köche, die eine Bahnfahrt zu einem kulinarischen Erlebnis machen? Vor dem Essen käme dann ein Glas Champagner ...
Ich glaube, das wäre nicht so erfolgreich, die Leute in Deutschland sind ja großenteils, wie soll ich sagen: sehr preisbewusst. Und was meinen Sie, wie schnell bei unseren Schienen die Kohlensäure aus dem Champagner geschüttelt wäre. Nein, die Deutsche Bahn ist kein Orientexpress. Der bessere Weg wäre, auf weniger Gerichte zu setzen, die man anbietet. Und noch mehr an der Qualität zu arbeiten und an den Bedingungen der Zubereitung beziehungsweise des Wiederaufwärmens.

Denn die Leute, die mit der Bahn fahren und dort essen, die suchen nicht das große kulinarische Event. Die wollen von A nach B kommen und dabei ordentlich verköstigt werden. Das gelingt sehr oft, aber mit viel Luft nach oben.

Wo finde ich eine freie Toilette – und was hat das zu bedeuten?

Ganz ehrlich: Hätten wir diese Frage vor ein paar Jahren gestellt, die Antwort wäre erwartbar schrecklich ausgefallen. Und vor Jahrzehnten – denken wir mal kurz mit Grausen an die abgeranzten WC-Räume von anno dunnemals, in denen man seine Geschäfte zu verrichten hatte, wenn es unumgänglich war: Kammern des Schreckens, in denen (auch im Nichtraucherbereich) noch der kalte Rauch des vorherigen Besuchers stand, dessen Toilettenbecken man tunlichst nicht berührte (eine Herausforderung, wenn der Zug in eine Kurve rumpelte). Und wo das Erledigte nicht in einen Tank floss, sondern durch eine Plumpskloklappe mit Karacho auf die Gleise klatschte. Oder neben die Gleise. Oder in irgendeinem der Schrebergärten, die nicht zufällig so nahe an den Gleisen lagen … (nein, wir wollen nichts insinuieren, vielleicht waren die besonders großen Erdbeeren, die dort wuchsen, auch nur Zufall). Zugtoiletten mit derart simpler Technik, Fallrohrtoiletten genannt, finden sich auf deutschen Gleisen kaum noch, seit man auf die segensreiche Idee kam, die Zugwagen mit Fäkaltanks und Unterdrucktoiletten auszustatten. Segensreich war die Idee allein schon deshalb, weil Fallrohrtoiletten bei Zügen, die mit mehr als 200 km/h dahinsausen, Gefahr laufen, ihr eigenes Prinzip umzukehren – das Fallrohr wird zum Steigrohr und alles, was darin nach unten fallen sollte, fällt nicht, sondern … Egal, seit Einführung des geschlossenen unterdruckbetriebenen Toilettensystems ist alles gut, zumindest das. Aber Technik wäre nicht

Technik, wenn sie sich nicht andere Problemfelder suchen würde. Und die Drucktechnik der Zug-WCs ist zwar ökologisch weit vorne – einmal spülen im ICE 4 verbraucht nicht mal einen halben Liter – aber eben auch komplexer: Anders als bei normalen WCs ist noch ein weiterer Behälter eingebaut, in den das Spülwasser hineingesaugt und aus dem es wieder herausgedrückt wird. Da kann also auch mehr schiefgehen, aber häufiger sind es andere Gründe, wegen denen eine Toilette im Zug ausfällt: Nicht wenige Fahrgäste befördern nicht nur das in die Schüssel, was hineingehört, sondern auch Papierhandtücher (trotz Bittschild, dies nicht zu tun), Hygienebinden, Windeln, Haarreifen, Schlüpfer, Geldbeutel (Letzeres sicher unabsichtlich) oder auch Stichwaffen (vielleicht in dem Glauben, es öffne sich immer noch eine Klappe auf die Gleise, durch die das Corpus delicti in den nächstbesten Schrebergarten verschwinde). Oder manchmal ist einfach das Spülwasser aus oder der Fäkaltank voll.

Noch vor Jahren lief all das auf eins hinaus: Wenn die Toilettensensoren Alarm gaben, schloss ein Zugbegleiter die Tür ab,[5] und sosehr notdurftgetriebene Reisende wimmernd an der Klinke rüttelten – die Toilette blieb zu, so lange, bis man sich beim nächsten Zugpflegetermin in der Werkstatt kümmern konnte. Also in etwa drei Tagen. Drei Tage, während denen bei allen Fahrgästen, die wollten und nicht konnten (und vielleicht auch bei anderen WCs im selben Zug nicht zum Zuge kamen) das Ansehen der Deutschen Bahn sank, proportional zur Heftigkeit, mit der sie ihre Schulter fluchend, aber sinnlos gegen die Tür donnerten.

Und bei einem ICE mit elf Toiletten und einem Behinderten-WC mochte es zwar unangenehm, aber noch zu bewältigen sein, wenn in diesen drei Tagen von den ständig (460 Fahrgäste!) be-

---

5 … nachdem er sich davon überzeugt hatte, dass sich im Inneren niemand mehr befand …

anspruchten WCs nicht nur eins, sondern insgesamt sechs aufgaben – blieben inklusive der Behindertentoilette immer noch fünf Stück. Doch, fünf, nicht sechs. Denn die rechnerisch sechste war die Personaltoilette, für normale Reisende selbst dann nicht existent, wenn sie[6] die einzige verbliebene war, absolute No-go-Area für alle, die sich nicht endgültig mit dem zwei Meter großen Zugbegleiter anlegen wollten. Und außerdem auch noch abgeschlossen.

Dramatischer wurde es allerdings, wenn der Zug wegen des Zwangs, Verspätungen wettmachen zu müssen, auf die Wartung in der Werkstatt verzichten musste. Und auf einmal nur noch zwei Toiletten im ganzen Zug intakt waren. Noch dramatischer konnte es in Regionalzügen werden, die überhaupt nur über ein, zwei Toiletten verfügten. Waren die defekt und Not am Mann oder an der Frau, konnten sich dramatische Szenen abspielen, die der Autor dieser Zeilen hautnah miterleben konnte, als der Regionalzug Richtung Koblenz, in dem er saß, in Andernach/Rheinland-Pfalz wartete: Sein Nebensitzer, schon geraume Zeit ein Flatulierer vor dem Herrn, sprang auf, rannte wie von der Tarantel gestochen gekrümmt und furchtbar ächzend aus dem Zug und so lange verzweifelt den Bahnsteig entlang, bis er nicht mehr konnte, die Hose herunterriss und sich an der Bahnsteigkante erleichterte. Noch währenddessen setzte sich der Zug unbarmherzig in Bewegung, fuhr hupend und äußerst knapp an dem schockstarr Hockenden vorbei und ließ ihn zurück. Der Autor hat den Mann nie wiedergesehen.

Es war die Zeit, in der unter Bahnfahrern auch diverse Mythen über die »wahren Gründe« kursierten, wieso die Toiletten denn schon wieder versperrt seien, Mythen, die von geheimen Spielcasinos berichteten, in die man auf ein bestimmtes Klopfzeichen hin gelange, oder davon, dass die ständig verschlossenen

---

6 Manche behaupteten: auffällig häufig

Türen nur noch Attrappen und die WCs im Vorfeld des einst geplanten Börsengangs längst eingespart seien.

Besser wurde es dann dadurch, dass der Börsengang tatsächlich ausblieb und durch den Griff ins Klo eines Bahnmanagers.
Jörg Nikutta hieß der Mann, war zuständig für die Instandhaltung beim Fernverkehr, aber eines Tages packte er mit an und
wechselte mit einem Mitarbeiter ein defektes ICE-WC in wenigen Minuten aus, um zu beweisen, dass der Zug dafür nicht erst
in die Werkstatt musste. Sondern dass man den Job bei jedem
längeren Halt erledigen konnte. Und ab da passierte das auch,
und die Folge war sehr schnell sichtbar: deutlich weniger verschlossene WC-Türen. Mobile Wartungsteams, die unterwegs
erledigen, was sich erledigen lässt, sind heute die Regel bei der
Bahn.

Und wenn sich dennoch wieder verschlossene Toilettentüren
häufen, ist das ein Zeichen. Diesmal tatsächlich. Denn wie eine
Currywurst für Kenner der Lackmustest für den Zustand einer
Restaurantküche ist, so ist die Zahl der versperrten Toiletten für
Bahninsider ein Indiz für den Zustand des Konzerns Deutsche
Bahn: Gibt es viele freie, nicht dauerversperrte WCs, ist alles in
Ordnung bei der Bahn. Nehmen die versperrten Türen in den
Zügen allerdings zu, hat die Bahn Stress, dann sind zu wenig
Züge im Umlauf, zwingen Störungen und Verspätungen dazu,
auf Wartungspausen zu verzichten und den Zug, kaum ist die
Fahrt irgendwo zu Ende, wieder loszujagen. Um es so zu sagen
(und ohne es böse zu meinen): Wer sehen will, wie es der Bahn
geht – der muss nur aufs Klo gehen.

Wann bekommen Sie Schmerzensgeld, und wieso kriegen Sie das nicht online …?

Zu den beliebtesten Zeitvertreiben von Pendlern gehört das Ausfüllen des Fahrgastrechteformulars. Es soll BahnCard-100-Besitzer geben, die absichtlich in Züge einsteigen, die mehr als eine Stunde Verspätung haben. Die ganz frechen nutzen dann das WLAN der Bahn, um nach weiteren verspäteten Zügen im Netz zu fahnden und gesammelte Verspätungsmeldungen abzugeben. Wenig später, so das Kalkül der abgebrühten Vielfahrer, gibt es pauschal und pro Verspätung zehn Euro von der Bahn (in der 1. Klasse sogar 15 Euro) und in Coronazeiten haben sie natürlich gelernt, diesen Bürokratiekram ratzfatz auszufüllen – die Adresse wird wie ferngesteuert ins Formular geschrieben, dann noch schnell Abfahrtbahnhof, Ziel und voraussichtliche Verspätung, Kontoverbindung – und ab die Post. Die Sache hat nur einen Haken. Bei 25 Prozent des Fahrkartenpreises ist Schluss. Heißt für BahnCard-100-Besitzer der 2. Klasse: 100 Fahrten à zehn Euro lassen sich sammeln. Aber was ist das Leid der BahnComfort-Kunden, die in Metropolen wie Frankfurt oder München ein kostenloses Wasser oder Heißgetränk in der DB-Lounge zu sich nehmen dürfen, im Vergleich zum Schicksal jener alleinerziehenden Mutter, die – da der Ex-Mann sich das Auto unter den Nagel gerissen hat – nun auf sich allein und damit auf die Bahn gestellt ist. Für sie gilt Folgendes: Bei einer Verspätung von über 60 Minuten am Zielbahnhof gibt es 25 Prozent des Fahrpreises zurück. Bei über zwei Stunden Verspätung sind es 50 Prozent des Fahrpreises. Wer schon im Zug oder gar vor dem Einsteigen spürt: Hier stimmt was nicht, und eine Verspätung von über 60 Minuten erwartet, der kann die Reise abbrechen und sich den vollen Fahrpreis erstatten lassen. Und ja, Herr Oberstudiendirektor, die Kosten für Ihren reservierten Sitzplatz sind auch erstattungsfähig. Alles nachzulesen hier: www.bahn.de/fahrgastrechte.

Ungern denkt der Autor dieses Kapitels hingegen an jene Nacht im Juli 2018 zurück, als seine Reise nicht im heimischen Bett in Hannover endete, sondern in Kassel-Wilhelmshöhe, dem Bahnhof des Jahres 2070. Dorthin entließ ihn der ICE mit heute nicht mehr zu rekonstruierender Wagennummer in die Nacht an einem Gleis von zugiger Kälte. Doch die Bahn hatte schon ein Hotel gebucht, und so ging es mit Gutschein in das Pentahotel Kassel, das heute mit dem Slogan »Der ultimative Deutsche Roadtrip« wirbt. Merke: Wenn die Reise jäh endet, hat der Reisende Anspruch auf einen Hotelgutschein. Da hatte er den ultimativen Roadtrip allerdings längst erlebt. Das war nämlich in jener Nacht, als der letzte ICE von Köln nach Hannover schon in Dortmund endete und ihm das Serviceteam am Infopoint einen Taxigutschein in die Hand drückte. Der Einzige, der diese Fahrt lieber ganz schnell vergessen hätte, war der Taxifahrer, der auf der A2 bei Bielefeld mit 140 km/h in die Tempo-100-Zone einfuhr und prompt geblitzt wurde. »Mein Lohn«, entfuhr es dem Gepeinigten, der daraufhin brav auf die Bremse trat.

Anspruch auf ein Taxi haben Bahnfahrer zum Beispiel bei Ausfall eines Zuges, wenn es sich dabei um die letzte fahrplanmäßige Verbindung des Tages handelt. Aber Vorsicht: Heute erstattet die Bahn maximal Fahrten bis 80 Euro. Kulante Ausnahmen nicht ausgeschlossen, aber zunehmend selten, solange noch ein Zimmer im Pentahotel frei ist. Vielfahrer können sich trösten, denn es gibt noch andere Arten von Schmerzensgeld. BahnCard-100-Nutzer wissen natürlich um die Bedeutung ihrer Investitionen für die Steuererklärung. Sie geben die Kosten der Bahncard als Werbungskosten an und mindern so Ihr zu versteuernde Einkommen um die Kosten der Karte, die 2021 rund 4000 Euro in der zweiten Klasse betragen. Vorsicht ist geboten, wenn der neue Arbeitgeber eine BahnCard 100 in Aussicht stellt, aber kaum Dienstreisen fordert. Dann nämlich muss der Empfänger die Karte als geldwerten Vorteil voll versteuern. Schmerzensgeld vom Chef bekommen vor allem die Angestellten, die viel unterwegs sind. Da rechnet sich immer die BahnCard 50 und in Ausnahmen sogar die BahnCard 100. Und wenn der Dienstherr nachweisen kann, dass die Kosten der Bahnfahrten ohne Ermäßigung die Anschaffung der Bahncard übersteigen, kann der Mitarbeiter mit den Karten machen, was er will, er kann sogar kleine Kartenhäuser daraus bauen (okay, das war symbolisch gemeint, wir wissen natürlich, dass niemand mit einer einzigen Karte ein Kartenhaus bauen kann)[7] – solange er sich keine Verspätungsgutschriften erschleicht. Aber das würde Ihnen sicher nie einfallen.

Haben Sie auch nichts vergessen? Und was, wenn?

In den Zügen der Deutschen Bahn wird mehr zurückgelassen, als man denkt. Und was nicht abgeholt wird, landet irgendwann in Wuppertal. Wie die Leute im dortigen Fundbüro die Besitzer gefundener Gegenstände aufspüren und was das Vergessen über den Zustand unserer Gesellschaft sagt, erzählt Udo Feld, Chef des Wuppertaler Bahn-Fundbüros.

Herr Feld, Sie leiten das zentrale Fundbüro der Bahn in Wuppertal. Welcher Gegenstand wird am häufigsten vergessen?
Das Smartphone. Im vergangenen Jahr waren es knapp 24 000 Stück.

---

7 Deswegen haben wir ja auch den Plural verwendet.

Das klingt nach viel …

Es geht. Insgesamt lassen die Bahnreisenden rund 250 000 Sachen im Jahr in Zügen und am Bahnhof liegen, neben den Handys vor allem Taschen, Rucksäcke und Jacken. Wir merken ganz deutlich die fünfte Jahreszeit: Zur Karnevalssaison kommen die Kostüme in unser Lager, und zum Oktoberfest ist das Aufkommen an Lederhosen und Trachten in Bayern besonders hoch. In den vergessenen Koffern finden sich dann Maßkrüge, und im Großraumwagen werden Filztaschen mit der Aufschrift »I love Oktoberfest« vergessen.

Und wenn Sie weniger Handschuhe zählen, kommt langsam der Frühling?

Kann man so sagen, da müssen wir dann gar nicht nach draußen gehen, um zu wissen: Jetzt geht es wieder aufwärts mit den Temperaturen.

Welches vergessene Objekt haben Sie nie vergessen?

Einer Brieftasche lag der Brief des Soldaten Werner aus dem Zweiten Weltkrieg bei. Er schrieb seiner Mutter von der Front. Es grämt mich bis heute, dass wir die Besitzerin nie auftreiben konnten. Dann lagert ein menschengroßer Teddybär bei uns. Da muss man doch merken, wenn man aussteigt, dass was vergessen wurde. Genau wie beim Fernseher mit 1,6 Metern Durchmesser oder dem funktionstüchtigen Kühlschrank, der in der S-Bahn Berlin abgestellt wurde. Es steht bei uns auch eine Puppe von Michael Jackson, die fängt an zu tanzen, wenn Sie klatschen. Und ein Schlauchboot für acht Personen, das ist zusammengefaltet noch so groß, dass man es eigentlich nicht vergessen dürfte.

Wie kommen all die Sachen in Ihr Zentrallager?
Die Bahn hat 80 lokale Fundstellen. Alles, was dort nicht binnen sieben Tagen zurückgegeben werden kann, landet bei uns in Wuppertal.

Wie schnell melden sich die Menschen bei Ihnen[8]?
Oft lassen sich die Reisenden erstaunlich viel Zeit. Wir hatten schon Verlustmeldungen nach acht Monaten. Oder es ruft einer an und sagt, er habe vor zwei Jahren im Zug nach München einen Rucksack liegen lassen, ob wir da helfen könnten.

Wie oft können Sie denn helfen?
Im Schnitt liegt unsere Erfolgsquote bei knapp 60 Prozent. Bei Handys sind es 70 Prozent, bei Laptops sogar knapp 90 Prozent. Da kommt aber auch die Verlustmeldung entsprechend schnell. Wer sich ein Schülerhandy für 9,90 Euro besorgt hat, der meldet sich kaum, wenn er es vergisst. Und wegen drei vergessener T-Shirts erstellen auch die wenigsten eine Verlustmeldung. Dann haben wir keine Chance.

Was erschwert Ihnen die Arbeit?
Die Ungenauigkeit der Beschreibung. Wenn jemand seinen Koffer verliert, ist er im Stress. Und denkt, er ist der Einzige auf der Welt, dem das gerade passiert ist. Dann tippt er seine Verlustmeldung und schreibt. Koffer: schwarz. Inhalt: Sachen. Wenn Sie dann bei uns durch die Regale gehen, mer-

---

8 Am einfachsten erfolgt die Verlustanzeige Online unter www.bahn.de/fundservice. Dort findet sich auch eine aktuelle Datenbank, die passende bereits gefundene Gegenstände anzeigt. Telefonisch ist die Fundservice-Hotline tagsüber unter der kostenpflichtigen Nummer 0900 1 99 05 99 zu erreichen. Auch an Bahnhöfen können Reisende einen Verlustantrag – auf Deutsch, Englisch oder Französisch – an der DB Information oder der Fundstelle abgeben. Wer einen Brief schreiben will, kann auch das tun, und zwar an: DB Station&Service AG, Zentrales Fundbüro, Döppersberg 37, 42103 Wuppertal.

ken Sie, dass es dafür Hunderte Treffer gibt. Das hilft uns kaum weiter.

Sie suchen auch dann nach den Besitzern der Fundsachen, wenn keine Verlustmeldung aufgegeben wurde.
Wir arbeiten wie die Detektive. Gibt es eine Adresse auf dem oder im Koffer? Liegen Briefe oder Rechnungen mit einer Anschrift bei? Gibt es einzigartige Charakteristika? Die geben wir dann ins System ein und hoffen auf einen Treffer, wenn jemand später doch noch seinen Verlust meldet.

Hat sich mit Corona Ihr Geschäft geändert?
Ja, sehr stark, wir können erst mal keine Versteigerungen mehr machen.

Versteigerungen?
Jeden Donnerstag versteigern wir am Wuppertaler Bahnhof Koffer, elektronische Geräte, aber auch Regenschirme. Wenn sich nach drei Monaten niemand gemeldet hat, dann wird die Fundsache verwertet. Entweder entsorgt oder versteigert.

Was macht die Menschen eigentlich vergesslich?
Der Grund fürs Vergessen steht leider nie auf den Gepäckstücken, die bei uns ankommen. Ich nehme mal an, es sind oft Dinge, die man nicht immer bei sich führt. Eine Laptoptasche zum Beispiel oder auch übermäßig viel Urlaubsgepäck. Wenn es dann hektisch wird beim Ausstieg, bleibt womöglich etwas liegen.

Sind Leute in vollen oder in leeren Zügen vergesslicher?
Auch das können wir schwer rekonstruieren. Es ist aber so, dass der Hauptteil der Ware, die bei uns eingeht, aus Regionalzügen stammt. Da sind beispielsweise Jugendliche, die

ihren Sportrucksack in der S-Bahn oder dem Regionalexpress vergessen.

Sind alte Menschen denn nicht vergesslicher als die jungen?

Jeder vergisst mal was. Was ich hier an Menschen kennengelernt habe, geht komplett durch die Altersstruktur. Die Älteren kümmern sich aber besser, die fragen meist nach. Während die jungen mit dem verschwitzten Sportzeug im Rucksack wohl denken: Das gibt eh keiner ab.

Was kostet die Vergesslichkeit?

Die Verlustmeldung ist kostenfrei. Wenn die Fundsache zugeordnet wird und der Kunde sie in einem der dezentralen Lager abholen möchte, zahlt er dafür fünf Euro, zusenden kostet deutschlandweit 20 Euro. Im Zentrallager in Wuppertal kostete die Abholung 15 Euro und der Versand 35 Euro. Teuer wird es für Touristen aus dem Ausland, einen Koffer in die USA zu schicken kann schnell 200 Euro kosten.

Über welche vergessenen Gegenstände können Sie sich einfach nur wundern?

Es ist schon erstaunlich, dass immer wieder Rollatoren und Gehhilfen den Weg zu uns finden. Überlegen Sie mal: Da steigt jemand mit Rollator in den Zug, und beim Aussteigen vermisst er ihn nicht. So heilend kann eine Fahrt im ICE doch eigentlich gar nicht sein.

WISSEN
Wie heißt der Bahnchef, und hat das etwas zu bedeuten?

Machen wir den Test. Bitte überlegen Sie mal kurz: Wie heißt er noch gleich? Der aktuelle Chef der Deutschen Bahn AG, kurz genannt Bahnchef? – und lassen Sie bitte die Finger von Google!

Nun?

Nein, falsch. Er heißt nicht Mehdorn, er heißt nicht Grube, er heißt auch nicht einfach Bahnchef, nicht mal mit Vornamen.

Er heißt (Stand bei Drucklegung dieses Buches): Richard Lutz.

Wenn Sie tatsächlich etwas gebraucht haben, um auf diesen Namen zu kommen (sofern der Bahnchef aktuell noch so heißt): nicht schlimm. Das mag einfach daran liegen, dass Richard Lutz, Jahrgang 1964, alles andere als ein Selbstdarsteller ist, im Gegensatz zu manch anderem Bahnchef vor ihm, dessen Name einem deshalb vielleicht etwas geläufiger ist. Richard Lutz, Betriebswirt und Manager, seit März 2017 Vorsitzender des Vorstands der DB AG, kurz: Bahnchef, ist seit 1994 bei der Deutschen Bahn, erst im Controlling, dann schließlich als Finanzvorstand. Lutz gilt, wie gesagt, weder als Showman noch als Alphatier, sondern als zurückhaltender, kompetenter Mann der richtigen Zahlen. Das sind Eigenschaften, mit denen man auch in normalen Zeiten so gut gewinnen oder verlieren kann wie jeder andere Vorstandsvorsitzende auch.

Aber hier handelt es sich um kein Unternehmen wie jedes andere. Und es sind keine normalen Zeiten. Um es ruhig mit etwas Pathos zu sagen: Es geht ums Ganze! Lesen wir nur mal, wie die Bahn selber die Aufgabenstellung von Lutz und Team umreißt: »Die Deutsche Bahn robuster, schlagkräftiger und moderner zu machen, um eine massive Verkehrsverlagerung auf die klimafreundliche Schiene zu ermöglichen.« Wumm, was für eine

Aufgabe! Und es geht noch weiter: »Damit leistet die Bahn nicht nur einen wichtigen Beitrag für das Erreichen der Klimaziele, sondern auch für die Mobilität der Menschen, die logistische Versorgung der Wirtschaft und das Zusammenwachsen von Europa.« Spätestens damit erreichen wir die Flughöhe,[9] die einem selbst als Konzernlenker schlaflose Nächte beschert. Denn übersetzt bedeutet diese Aufgabe nichts weniger, als aus einem über Jahrzehnte vernachlässigten und kleingesparten Schienenunternehmen einen systemrelevanten Mobilitätskonzern zu schmieden, der nebenbei noch helfen soll, die Welt zu retten. Selbst für Superman wäre das eine Herausforderung. Und nicht zuletzt deshalb ist es nicht ausgeschlossen, dass Herr Lutz, wenn Sie das jetzt lesen, doch schon in die Riege der Ex-Bahnchefs aufgerückt ist.

Als da schon wären: sein direkter Vorgänger Rüdiger Grube, der Mann, der reuig, volksnah, fast präsidial auftreten konnte, wenn es galt, für Missstände bei der Bahn geradezustehen, etwa für Saunazüge mit Kollabierten oder für durchgeknallte Zugbegleiter, die fahrkartenlose Minderjährige mir nichts, dir nichts am nächsten Haltepunkt rauswerfen. Und der auch sonst versuchte, die Bahn auf Normalkurs zu bringen, was auch immer das hieß. Aber unter seiner Führung gab es auch Unwetter, der Schienengüterverkehr war schwierig, die Lokführer streikten, der Konzern machte einen Milliardenverlust. Und dann, zu allem Überfluss, wollte der Aufsichtsrat, so hörte man, seinen Vertrag nur um zwei und nicht um drei Jahre verlängern. Ohne Gehaltserhöhung. Grube schmiss hin.

Grubes Vorgänger Hartmut Mehdorn[10] war nicht aus freien Stücken gegangen, obwohl seine kaufmännische Bilanz auf den

---

9 Sorry für diese Metapher – die in Zukunft vielleicht sowieso ersetzt werden wird durch den Begriff Bahngeschwindigkeit.

10 Fun fact: Mehdorn war Grubes Trauzeuge.

ersten Blick ganz anders aussieht. Zehn Jahre nach seinem Antritt hatte er den Umsatz der Bahn gut verdoppelt – und den Gewinn verzwanzigfacht. Im Ausland peppte Mehdorn die Bahn zu einem internationalen Mobilitätskonzern auf, in Deutschland machte er sie fit für den Börsengang. Als der abgesagt wurde, war die Bahn ein schlank gespartes, eher schon ausgehungertes Unternehmen. Schienen waren abgebaut worden, es fehlten Reservezüge, Weichenheizungen, Personal – all das, woran es immer noch mangelt. (Mehdorn, der Mann, den alle nur als vornamenslosen »Bahnchef« kannten, musste das Unternehmen nicht deswegen verlassen, sondern wegen eines Datenskandals.)

Weniger bekannt war wiederum Mehdorns Vorgänger. Johannes Ludewig, ehemals Staatsekretär im Wirtschaftsministerium, 1997 unter dem damaligen Bundeskanzler Helmut Kohl ins Amt gekommen.

Ludewig war Bahnchef, als das Unternehmen vom größten Zugunglück der Nachkriegsgeschichte erschüttert wurde. 101 Menschen starben in Eschede, nachdem der ICE Wilhelm Conrad Röntgen entgleist war.

Ludewig ist unter den Ex-Bahnchefs der Einzige, der aus der Politik stammt. Und zugleich derjenige mit dem aus heutiger Sicht zeitgemäßesten Gedankengut: Er vertrat die Überzeugung, dass die Bahn nicht irgendeine stinknormale Firma sei, sondern eine »gemeinwirtschaftliche« Aufgabe erfülle. Statt, wie später sein Nachfolger Mehdorn vom internationalen Konzern zu träumen, war ihm wichtiger, die Bahn erst mal zuverlässiger zu machen. Er machte die Bonuszahlungen für Bahn-Führungskräfte abhängig »von Pünktlichkeit und Präzision des Bahnbetriebs«, wollte die Verspätungsminuten halbieren und führte auf großen Bahnhöfen »Pünktlichkeitsanzeiger« ein. Unter seiner Ägide entstanden auch etliche Bahnanglizismen (Service Point, Counter, DB Lounge, Senk ju vor träwelling), die für Bahnkunden wie auch Bahnsatiriker bis heute ungeahnte Steilvorlagen sind.

Da die Kundenzahlen und der Umsatz der Bahn trotzdem stagnierten, einigten sich Bundesregierung und Aufsichtsrat der Bahn nach nur zwei Jahren Dienstzeit auf die vorzeitige Ablösung Ludewigs. Und daraufhin verstaubten die Pünktlichkeitsanzeiger wieder in den Tiefen großer deutscher Bahnhöfe.

Ludewigs Vorgänger schließlich war der Mann, unter dessen Ägide die Geschichte – und das ewige Dilemma – der heutigen Deutschen Bahn AG erst begann. Heinz Dürr, aus einer erfolgreichen Unternehmerfamilie stammend und ehemals Chef von AEG, wurde 1991 Erster Präsident der damaligen Bundesbahn. Auf Empfehlung des Unternehmensberaters Roland Berger und mit den Worten: »Mein Land hat viel für mich getan, jetzt muss ich wohl mal was für mein Land tun.«

Dürrs Aufgabe: Die Bahn sollte von einer Behörde mit Versorgungsauftrag zu einem gewinnorientierten Unternehmen werden. So geriet das Unternehmen in die Zwickmühle, aus der es bis heute nicht mehr so richtig herausrauskam. Und über allem schwebt permanent ein heikles Thema: das Geld.

IX. KILL YOUR DARLINGS

Warum die Bahn zu wenig Personal hat

Wie die Fahrgäste in einen ICE kommen, das wissen wir. Aber was ist mit den Menschen, die in einem ICE arbeiten? Ist es nicht eine wahnsinnige Herausforderung, aus rund 2500 Lokführern, über 1500 Zugchefs, rund 2500 Zugbegleitern und 2600 Bordbistro-Mitarbeitern für jeden Zug die ideale Mannschaft zu finden? So kann man es natürlich sehen. Die andere Perspektive aber ist viel einfacher und unbarmherziger: Das Personal in den Zügen wird von einem Schichtplaner zufällig zusammengewürfelt. Die Systematik dieser Kombination ist oft nicht erkennbar, und manche der Bahnangestellten begegnen sich erst Monate oder Jahre später wieder. Aber erst einmal müssen sie von ihrem Wohnort irgendwie – also im Zweifel mit der Bahn – dorthin gelangen, wo ihre Schicht beginnt, sagen wir in Nürnberg. Und dabei kann es ihnen durchaus passieren, wie jedem Normalo-Fahrgast auch, dass sie einen Umstieg nicht schaffen, weil der eine Zug zu spät ist (»Böschungsbrand«, »Technische Störung«, »Spielende Rinder«) oder weil der andere Zug ein paar Gleise weiter anderswo steht als gedacht, dafür aber überpünktlich abfährt ... Passiert das nun einem Bistromitarbeiter, ist das im Extremfall zwar ärgerlich für ein paar hundert todmüde Möchtegernkaffeetrinker, die in seinem Einsatzzug auf ihn warten (und ohne Koffein nicht in der Lage sind, ihre Bahnaufgaben zu machen), aber kein Beförderungsausfall: Notfalls bleibt das Bistro einfach zu (»Aus technischen Gründen«), und in einigen hundert Firmen fehlen Mails und morgendlicher Input. Verpasst aber ein Lokführer seinen An-schlusszug, muss erstens unter Umständen dringend eine Vertre-tung organisiert werden, und zweitens kommt es so bisweilen zu erheiternden Ansagen. (Sie wissen schon: »Die Abfahrt verzögert sich um wenige Minuten, wir warten noch auf den Lokführer.«) Was denken Sie, wie viele Pendleraugenpaare nun auf eine Gestalt im Schlafanzug lauern, die den Bahnsteig entlangeilt?! Es kann auch sein, dass keiner kommt. Denn seit Jahren, wenn nicht seit Jahrzehnten, beschäftigt die Bahn zu wenig Lokführer und bildet obendrein zu wenig von ihnen aus. Und weil es manchmal nicht mal Ersatz für Erkrankte gibt, fallen, gern zur Grippezeit, immer wieder Züge aus; in einigen Bundesländern wurde deswegen sogar schon der Regionalfahrplan zusammengestrichen.

Der Fachkräftemangel sei eine der größten Herausforderungen beim Ausbau des Schienenverkehrs, klagt das gemeinnützige Ver-kehrsbündnis Allianz pro Schiene. Über 1000 Lokführer, schätzt die Gewerkschaft Deutscher Lokomotivführer (GDL), werden aktuell bundesweit dringend benötigt. Und das Problem werde künftig noch größer: Das Durchschnittsalter des Personals der Deutschen Bahn liege bei 50 Jahren, rechnet die Gewerkschaft vor. Will heißen: Sehr viele Beschäftigte dürfen sehr bald in den Ruhestand; innerhalb der nächsten zehn Jahre müssen 100 000 Mitarbeiter ersetzt werden.

Warum das erst jetzt auffällt? Sven Schmitte von der GDL Nordrhein-Westfalen spricht von »jahrelangen personellen Fehl-planungen«. Die Nachfolger von Bahnchef Dürr profilierten sich mit harten Sparrunden für den Börsengang (Hartmut Mehdorn), oder sie erklärten den Lokführer wegen autonom fahrender Züge zum baldigen Auslaufmodell (Rüdiger Grube). Richtig autonom fahren bis jetzt nur zwei U-Bahn-Linien in Nürnberg. Aber auch Schichtdienstpläne und die teils unkalkulierbare Freizeit schre-cken junge Bewerber ab – der ehemalige Traumberuf rollt aufs Abstellgleis.

Oder besser gesagt: rollte. Denn die Bahn verkündete zuletzt eine »Job-Offensive«. Allein 2020 stellte das Unternehmen über 25 000 neue Mitarbeiterinnen und Mitarbeiter ein. Darunter 1700 Ingenieurinnen und Ingenieure, mehr als 1000 IT-Experten und – man glaubt es kaum: 2100 Triebfahrzeugführer und -führerinnen, im Volksmund auch Lokführer genannt. Der ICE-Dauernutzer Eric Hoffmann (siehe Interview ab Seite 72) ist einer von Ihnen.

Wieso die Bahn die Nachtzüge abgeschafft hat. Und weshalb die TEEs zurückkehren

Wäre das nicht toll? Man geht in München ins Bett – und wacht am nächsten Morgen, bonjour!, in Paris auf. Oder legt sich in Hamburg schlafen und erwacht, schwupps, in Rom! Das geht nicht nur mit dem guten alten Star-Trek-Beamer, das ging jahrzehntelang auch mit der Deutschen Bahn. Einsteigen, einschlafen – aufwachen, aussteigen und schon da sein: Die Nachtzüge der Deutschen Bahn waren nicht nur Transportmittel, sondern zugleich Hotel (oder, denken wir an die Liegewagen, zumindest Jugendherberge …). Auf manchen durften auch noch die Autos der Urlauber mitfahren. Ganze Generationen von Bahnfahrern lernten mit diesen Zügen Europa kennen, manche wurden sogar darin gezeugt – und dann verkündete die DB Ende 2015 ausgerechnet in einem Konzept namens »Zukunft Bahn« das endgültige Aus für alle Nachtzüge. Das Geschäft mit der Nacht bringe kein Geld, argumentierten die Manager, und vor allem: Die meisten auf den Linien verkehrenden Züge seien mehr als 40 Jahre alt. Wolle man die Verbindungen weiter bedienen, seien »erhebliche Investitionen« nötig. Und die wollte man bei der Bahn dann doch nicht aufbringen. Wer würde denn künftig so wahnsinnig sein und in einem Nachtzug bequem im frisch bezo-

genen Bett reisen wollen und sich von einem Schlafwagenschaff-
ner zum Frühstück zwei Brötchen, Butter, Apfelmus[1] servieren
lassen – wo es doch unbequeme Billigflüge und Billigfernbusse
en masse gab? Allerdings: Nicht nur Nachtzugfans konnten diese
Argumentation nicht so ganz nachvollziehen. Auch Experten
wiesen damals darauf hin, dass, wenn die Nachtzüge tatsächlich
so unrentabel gewesen seien, dies nicht verwunderlich sei. Denn
die Schienenfahrzeuge hätten gegenüber Flug- und Busverkehr
mit erheblichen Wettbewerbsnachteilen zu kämpfen: Flüge würden steuerlich subventioniert. Die Gebühren, die der DB Fernverkehr als Zugbetreiber an das DB Netz für die nächtliche Nutzung der Zugtrassen zahlen müsse, seien zu hoch. Und last, but
not least werde der Straßenverkehr für den heftigen Ausstoß von
CO_2-Emissionen kein bisschen bestraft.

Nur wenige Jahre später wird angesichts unseres Klimanot-
stands der letzte Punkt schon anders gehandhabt. Damals aber
gab die Deutsche Bahn ihre alten Schlaf- und Liegewagen an
die Österreichischen Bundesbahnen ab. Die ließen die Nachtzüge weiter fahren, bauten das Angebot in Deutschland, Italien,
der Schweiz und Österreich aus, kauften sogar neue Züge. Die
Kunden der Deutschen Bahn dagegen reisen seither nächtens im
Sitzen.[2] Und wenn sie ankommen, brauchen sie erst mal eine ordentliche Dusche oder ein Bett oder beides. Nein, umweltscho-
nend reisen, das muss man sich erst erarbeiten …

Doch nun gibt es Hoffnung, nein mehr: Es gibt einen Plan.
Der fast unglaublich klingt, aber schon sehr konkret ist: Der
Bundesverkehrsminister _____ und der Beauftragte der
Bundesregierung für den Bahnverkehr Enak Ferlemann wollen
tatsächlich die TEEs wieder aufleben lassen.

---

1 Warum Apfelmus? Das haben wir uns damals auch immer gefragt.
2 Und verschleißen, beim Versuch, so doch irgendwie zu schlafen, die gegenüberliegenden
   Sitze mit ihren Schuhsohlen.

TEE? Das steht für »Trans Europ Express« und war ein System schneller, luxuriöser Züge, die ab den 50er Jahren durch Europa fuhren. Es war die Zeit des Wirtschaftswunders. Damals begannen immer mehr Menschen, die Wert auf Komfort und Geschwindigkeit legten, sich lieber ins Auto zu setzen. Und genau solche Kunden wollten die westeuropäischen Bahngesellschaften mit einem gemeinsamen Luxus-Zugkonzept zurückholen, eben den TEEs. Alle Züge dieser Gattung hatten einen Anstrich in Bordeauxrot und Beige, gefahren wurde mindestens 140 km/h (hören Sie auf zu grinsen, das wären nach heutigen Maßstäben mindestens 240 km/h ...), und es gab nur die 1. Klasse an Bord. In der Bordküche waren keine angelernten Aufwärmer, sondern echte Köche am Werk. An Bord befand sich sogar ein Sekretariat für Geschäftsleute, die den Drang verspürten, etwas zu diktieren, denn Handys zum Lauttelefonieren waren längst noch nicht erfunden. Einige TEEs hatten allerdings schon ein (!) Telefon[3], und um keine Zeit an den damals noch recht harten innereuropäischen Grenzen zu verschwenden, erledigte man die Pass- und Zollformalitäten gleich an Bord. Zu den bekanntesten deutschen TEEs zählte ein Fernschnellzug mit dem Namen »Rheingold«. Der verkehrte selbstredend auf der Bahnstrecke am Rhein, und seine fünf Aussichtswagen mit Glaskanzeln waren bei Touristen sehr beliebt. Heute finden sich einige »Rheingold«-Wagen in Eisenbahnmuseen oder bei Eisenbahnenthusiasten wie dem Freundeskreis Eisenbahn Köln e.V., der »Rheingold«-Fahrten in Eigenregie organisiert. Denn es kam, wie es kommen musste: Seit den 70er Jahren waren immer weniger Menschen in den einst beliebten, aber teuren Luxuszügen unterwegs; ab 1979 versprachen die ICs ebenso schnelle Beförderung selbst in der 2. Klasse, und 1987 waren die letzten TEEs aus den Fahrplänen verschwunden.

Aber nun sollen die transeuropäischen Züge zurückkehren.

---

3 Und mehr noch: Telefon ohne Kabel ...

»TEE.2.0 – Grenzüberschreitender Hochgeschwindigkeits- und Nachtverkehr auf der Schiene für den Klimaschutz«, so heißt das Konzeptpapier des Beauftragten der Bundesregierung für den Schienenverkehr. Genau, auch den unlängst noch so verpönten Nachtverkehr will man nun wiederhaben, irgendwie sei die Nachfrage doch unterschätzt worden, erklärte Ferlemann im Gespräch mit uns. Und im Konzept heißt es, im Reiseverhalten der Menschen sei ein Wandel zu beobachten: größeres Klimabewusstsein, schnellere Zugverbindungen – und in die berechenbaren Zeiten des Deutschlandtaktes ließe sich ein neues TEE-System samt einem »attraktiven Nachtverkehr« gut integrieren. Züge, die mit 160 bis 230 km/h unterwegs seien und große Entfernungen durch vier, aber mindestens drei Länder zurücklegten, seien »ein Symbol für den Zusammenhalt und das weitere Zusammenwachsen in Europa«. Und eine klimafreundliche Alternative zum Flugverkehr.

Dabei soll das Eisenbahnrad nicht völlig neu erfunden werden; man will bereits bestehende Tag- und Nachtzugverbindungen einbinden und mit neuen Strecken verknüpfen, und das schnell: Strecken wie Paris–Warschau, Amsterdam–Rom, Berlin–Rom oder Stockholm–München ließen sich »zeitnah« anbieten. Und sei in »Phase zwei« dann erst die Fehmarnbeltquerung zwischen Deutschland und Dänemark fertig, käme man mit dem TEE flugs nach Skandinavien. Auch das milliardenverschlingende Ärgerprojekt Stuttgart 21 macht da auf einmal doch noch ein bisschen Sinn: Auf der Verbindung Paris–Budapest entfalle damit nämlich der sonst fällige Richtungswechsel und könne obendrein die Reisezeit verkürzt werden. Auch wenn es sich bei letzterer Verbindung dann wohl um die teuerste TEE-Connection aller Zeiten handeln dürfte: Vor Drucklegung dieses Buches standen die Chancen gut, dass andere europäische Eisenbahngesellschaften bei dem Projekt mitmachen würden. Verkehrsminister Scheuer trieb die Idee noch während der deutschen EU-

Ratspräsidentschaft voran. Schaffe man den Einstieg jetzt, so der Minister, könne man schon 2025 wieder mit dem TEE und mit Nachtzügen durch Europa reisen.

Ganz ehrlich: Hätten Sie sich das vor drei, vier Jahren träumen lassen, und sei es in der Bahn?

Mit dem Fahrrad in die Bahn? Es kommt drauf an …

Nein, sagen Sie jetzt vielleicht, nachdem Sie die Überschrift gelesen haben, das kann nicht sein. Die Bahn ist DAS Verkehrsmittel für weite Strecken, in das wir angesichts des Klimawandels all unsere Hoffnungen setzen. Das Fahrrad ist DAS Verkehrsmittel, mit dem wir kürzere Strecken nahezu so klimasauber zurücklegen, als gingen wir zu Fuß. Und jetzt wollen wir Ihnen allen Ernstes erzählen, dass man in dem einen Vehikel zur Rettung unserer Welt das zweite nicht freimütig, jederzeit und solidarisch an Bord lässt, denn das Ziel (Weltrettung) ist doch dasselbe?

Ja, das wollen wir erzählen. Wobei es aber, das sei zur Ehrenrettung der Bahn gesagt, deutliche Unterschiede zwischen Nah- und Fernverkehr gibt. In den Nah- und Regionalzügen ist die Radmitnahme meist problemlos, zumindest theoretisch. Denn dort wird der Radreisende (O-Ton Bahn: »Fahrrad einladen, losfahren und dort aussteigen, wo die Radtour beginnt«) ganz solidarisch förmlich umarmt – manchmal leider auch real, dann nämlich, wenn am Wochenende Ausflugswetter ist und sich in den Regionalzügen beispielsweise um Berlin Räder und Reisende förmlich stapeln, sofern keine Pandemie sie zum Abstandhalten zwingt (und selbst dann besteht die Gefahr). Nachteil wie Vorteil bei den Regionalen: Man kann mit seinem Bike spontan erscheinen und sofort in den Zug, sofern es, wie in einigen Verkehrsverbünden, keine Rushhour-Sperrzeiten gibt. Für das Rad reservieren muss man nicht, ein Fahrradticket genügt; in einigen Bundesländern kann man sein Rad zu bestimmten Zeiten und auf bestimmten Strecken sogar kostenlos mitnehmen (versuchen Sie das mal mit Ihrem überkatzengroßen Hund!). Und wie gesagt: Das Limit ist nicht die Bahn, es sind die anderen Fahrgäste und deren Räder – zumindest auf den ersten Blick. Man könnte natürlich auch fragen, wieso die Leute in der Landesregierung, die für die Bestellung des Regionalverkehrs verantwortlich sind, die europäischen Klimaziele boykottieren, indem sie zu wenig fahrradtaugliche Züge bestellen und die Menschen so zwingen, mit dem Auto ins Umland zu fahren.

Was den Fernverkehr angeht, ist es sowieso schwierig. Zwar heißt es auf der Website des Unternehmens ganz im Sinne des gemeinsamen Ziels, aber unter bescheidenem Verschweigen des Umweltaspektes: »Rad und Bahn – eine tolle Kombination für mobile Menschen«. In der Praxis bedeutet dies allerdings, dass man sein Bike nach Kartenkauf und Platzreservierung zwar in allen IC- oder EC-Zügen mitnehmen darf, allerdings nur »auf einigen Verbindungen in ICE-Zügen«. Hinter dieser Formulierung verbirgt sich der Fakt, dass nur die ICE 4-Züge Fahrradplätze haben, und das auch nur acht Stück pro Zug. Die sind bei gutem Wetter im Nu ausreserviert, aber für die Ausflugssaison kursiert unter Radfahrern sowieso die Empfehlung, Zug, Ticket und Platz am besten gleich ein halbes Jahr vor der geplanten Radtour zu buchen. Und ist keine Radtour geplant, erst zu buchen und dann zu planen. Aber trotzdem: Wenn dann der große Tag kommt (mag es in Strömen vom Himmel schütten oder bitterkalt sein oder beides, egal, das Rad bleibt zumindest im Zug warm und trocken) – und dann der ICE 4 ausfällt und ein Ersatzzug anrollt. Und ist der kein ICE 4, dann ist sie schon da, die Katastrophe: In den anderen ICE-Typen lässt sich wie gesagt kein reguläres Rad mitnehmen, und wo sie doch möglich wäre, ist sie nicht erlaubt. Der Autor dieser Zeilen erlebte bei einer Spätfahrt von Hannover nach Hamburg, wie der Zugchef seines ICEs jeden einzelnen der wenigen Fahrgäste ins Kreuzverhör nahm, um herauszufinden, wem das schicke Rennrad gehörte, das einfach so im Zwischen- wagenbereich lehnte. Der Radbesitzer aber tat den Teufel, sich zu outen, was den Zugchef zusehends wütender machte. Und dann, als der Zug in Hamburg-Hauptbahnhof hielt, schnellte der un- auffällige Vollbartträger, der dem Autor scheinbar gedankenver- sunken schräg gegenübersaß, hoch wie angestochen, hechtete zum Rad, sprang mit ihm aus dem Zug, schulterte es und spur- tete davon, fast so, als habe er es soeben geklaut.[4]

Kritiker halten der Bahn vor, sie ließe sich bei den Fahrrädern im Fernverkehr einiges an Geschäft entgehen. In Europa boomt der Fahrradtourismus, immer mehr Menschen sind mit dem Rad unterwegs. Einige Unternehmen reagierten darauf: Flixbus erlaubte das Mitführen von Rädern in den Fernbussen. Bei der Lufthansa kann man sein Bike einfach als Gepäck einchecken, und die Österreichischen Bundesbahnen bauten all ihre Züge fahrradmitnahmegerecht um. Anders die DB, und dies, obwohl der Bundesrat die Bahner schon im Jahr 2008 gebeten hatte, das Mitnehmen von Fahrrädern auch bei der Überholung älterer Fernzüge zu berücksichtigen. Warum man denn dann also die ICE 3-Modelle bei deren Grundsanierung nicht auch gleich mit Fahrradplätzen ausstatte, fragte der Grünen-Politiker Michael Cramer, der im Europäischen Parlament bis 2017 den Ausschuss für Verkehr und Fremdenverkehr leitete. Bahnchef Richard Lutz schrieb zurück, die Züge im Fernverkehr würden bis 2025 so- wieso zu fast 60 Prozent mit Radplätzen ausgestattet. Allerdings seien die in den ICE 4-Zügen bereits vorhandenen Fahrradplätze im Jahresdurchschnitt auch nur zu etwa einem Viertel belegt. Da könne Radfahren noch so beliebt sein: Es sei eben ein Saisonge- schäft ...

---

4 Es lässt sich natürlich nicht völlig ausschließen, dass es vielleicht genauso war.

Umweltfreundliches Nahverkehrsmittel hin oder her: Es stimmt natürlich, die Politik hat der Bahn nicht auch vorgegeben, bis zum Jahr 2030 doppelt so viele Fahrräder mitnehmen zu können. Aber ließe sich nicht über kreative Lösungen nachdenken, Multifunktionswaggons beispielsweise, deren Sitze zwar komfortabler sind als schnöde Klappsitze, die man aber dennoch einfach zur Decke oder zur Seite schwenken kann, um bei Bedarf Platz zu machen für Fahrräder, Tandems, Lastenräder etc …?

Bis es so weit ist, sei hier noch etwas verraten: Zwei Sorten von Fahrrädern können in sämtlichen ICE-Modellen der Deutschen Bahn trotz allem immer mitgenommen werden, und das ganz legal und sogar kostenlos: Fahrräder, die auf Gepäckstückgröße demontiert und verpackt sind. Und alle Klapp- oder Faltfahrräder, die sich zusammengelegt in der Gepäckablage oder unter/neben dem Sitz verstauen lassen.[5] Vielleicht sind die nicht die idealen Vehikel für eine Trekkingtour am Ostseestrand, aber für eine Citytour reicht es allemal. Und noch ein (Heimfahr-)Vorteil: Die Klappis und Faltis dürfen als Handgepäck garantiert in jeden Ersatzzug.

Wie die Bahn beim Güterverkehr versagt (hat)

Der durchschnittliche deutsche Bahnfahrer (wenn es ihn denn gibt) erlebt den Güterverkehr in drei Situationen: Entweder er wartet in seinem anderen Leben als Rad- oder Autofahrer an einem beschrankten Bahnübergang darauf, dass ein Zug vorbeifährt und die Schranke wieder hochgeht. Dieser Zug kommt übrigens immer genau dann, wenn der Wartende gerade erwägt,

---

5   O-Ton Bahn: »Fahrräder mit einem Raddurchmesser bis 16 Zoll können kostenfrei als Handgepäck mitgenommen werden. Zur Unterbringung sind die üblichen Gepäckablagen zu nutzen.«

sein Ohr ans Gleis zu legen, weil sich schon gefühlte Ewigkeiten nichts getan hat. Und in 90 Prozent der Fälle donnert dann eine Diesellok vorbei, im Schlepptau ungezählte (die meisten Rad- und Autofahrer hören bei 30 auf zu zählen) Güterwagen.

Oder der deutsche Bahnfahrer steht in Kassel-Wilhelmshöhe am Gleis, und ein ähnlich langer Zug rattert in Dynamitlautstärke über die Schienen vor ihm (auf dass dieser Bahnhof noch zugiger werde; und ja, die Autoren und Kassel-Wilhelmshöhe werden in diesem Buch keine Freunde mehr, zumindest nicht, bevor dieser Bahnhof des Jahres wird und über eine automatische Fahrradwaschanlage verfügt).

Und dann gibt es für den Bahnfahrer noch das subtile Gefühl des Gefangenseins im ICE, immer dann, wenn es per Lautsprecher heißt: »Aufgrund eines vorausfahrenden Zuges sind wir außerplanmäßig zum Halten gekommen ...« (wenig später setzt sich der Zug dann im kläglichen Schritttempo in Bewegung).

Vielleicht sind das auch schon die Gründe, warum der Güterzug zum Stiefkind der Deutschen Bahn wurde: Je weniger von ihnen durchs Land fuhren, desto weniger Bahnkunden konnten sie vergraulen.

Aber die Allianz Pro Schiene[6] fand im Herbst 2020 noch zehn andere Gründe, warum die Verlagerung des Güterverkehrs von der Straße auf die Schiene so schleppend verläuft. Die Allianzer berichten etwa von Gewerbegebieten ohne Gleisanschluss und fieser Schienendiskriminierung – »jedes Gewerbegebiet bekommt mit Steuergeld einen Straßenanschluss. Gleisanschlüsse gibt es nur mit finanzieller Beteiligung der Unternehmen«. Warum das so ist, das müsste man bei Gelegenheit den Verkehrsminister fragen. Sie klagen über hohe Stromsteuern, die den Zug gegenüber dem steuersubventionierten Diesellaster systematisch benachteiligen, zumal der, anders als die LKW auf der Autobahn,

---

6 Ein Verkehrsbündnis, das – sein Name ist Programm – die Eisenbahn stärken will.

praktisch keine Überholgleise hat. Schon diese zwei Punkte reichen völlig aus, um die Politik ernsthaft zu fragen, wie ernst es ihr mit den Klimazielen eigentlich ist. Noch ein Ärgernis gefällig? »Die Güterwaggons[7] werden nahezu weltweit automatisiert aneinandergekoppelt, nur in Europa noch wie vor 100 Jahren per Handarbeit.« Und noch eins, ein Schmankerl für alle Freundinnen und Freunde perfekter Organisation: Werden Güterzüge zusammengestellt, kann es nicht nur vorkommen, dass einzelne Wagen einfach fehlen, nein, manchmal, erzählte ein Betriebsrat, fehlen ganze Züge: »Es kommt vor, dass die Einsatzplaner in München Lokführer mit dem Taxi von Duisburg nach Rotterdam schicken, um einen Güterzug abzuholen. Dort angekommen, steht aber kein Zug bereit, und die Mitarbeiter machen sich wieder auf den Rückweg …« Upps, Pech gehabt, Pech gehabt …! Der Versand von Waren und Gütern mit der Bahn scheint hierzulande den Status einer närrischen Liebhaberei zu haben. Und all das hat Folgen: Wurden 2010 noch 415 Millionen Tonnen Güterfracht transportiert, sank die Menge bis 2019 auf 232 Millionen Tonnen. Aber im Jahr 2020 sollte dieser Trend gebrochen werden. Die Bahn-Güterverkehrstochter DB Cargo hat erstmals in ihrer Geschichte eine Frau als Chefin bekommen, und die weiß sich durchzusetzen. Sigrid Nikutta, Chefin über 82 000 Wagen, will bis 2030 »viele relevante Verkehrsströme aufs Gleis bringen«, wie sie versichert. Im Juni verkündete ihr Unternehmen etwa: »Ein von der Deutschen Bahn geführtes Konsortium testet ab sofort den Einsatz der Digitalen Automatischen Kupplung (DAK) bei Güterwagen.« Ein Pilotprojekt nur, aber immerhin ein Anfang. Im September kündigte sie an: »Wir holen pro Jahr die Ladung von 25 Millionen LKW von der Straße auf die klimafreundliche Schiene.« Und zum Jahresende verriet sie auch,

---

7 Wagen oder Waggons, steigen Sie noch durch? Bahnmitarbeiter sprechen immer von Wagen, Bahn»experten« mischen munter drauflos, tendenziell sagen sie aber Waggon.

wie das gelingen könnte: »DB Cargo bietet neue Verbindungen von und zu den beiden größten europäischen Häfen Rotterdam und Antwerpen an.«

Neue! Verbindungen! Zwei Wörter, die man kaum mehr kannte von DB Cargo. Wenn jetzt noch die Lokführer wirklich ihre Züge finden, steht dem Umsatz nur noch die Kupplung im Wege. Aber sie arbeiten ja dran.

WISSEN
Wieso die Bahn milliardenschwer ist. Und chronisch pleite

Der letzte, aufrecht jedes Rauchverbot ignorierende Bahnfahrer war vermutlich Helmut Schmidt. Der Ex-Kanzler und ehemalige ZEIT-Herausgeber hatte nicht nur klare Prinzipien zu Verboten, die es wert waren, von ihm verspottet zu werden, sondern auch eine Leitlinie, die die Lage der Bahn auf den Punkt bringt: Deutschland könne sich nur eine Sache leisten: entweder Bundeswehr oder Bundesbahn.

Die Bundeswehr ist bei Redaktionsschluss dieses Buches noch staatlich gewesen, auch wenn einen angesichts des Zustands von Panzern, Sturmgewehren und Haubitzen und all der beschäftigten Privatberater der Eindruck beschleichen könnte, dass da längst ein Hedgefonds das letzte bisschen Wehrhaftigkeit aus der Truppe gesaugt habe.[8]

Die Bahn hingegen – konnte ein Helmut Schmidt irren? – wollte der Staat auf den freien Markt entlassen. Denn im Staatsbesitz war die Sache – ökonomisch betrachtet – noch gewaltiger schiefgegangen als die mit der Bundeswehr. Der Marktanteil des

---

8 In Berliner Kreisen geht sogar das Gerücht, dass die Truppe nur am Leben erhalten wird, damit sie munter weiter pendelt und bei der Bahn die Fahrgastzahlen stimmen.

Schienenpersonenverkehrs in Westdeutschland war seit 1950 von 37 Prozent auf nur noch sechs Prozent zurückgegangen; im Güterverkehr war er von 56 Prozent auf 21 Prozent gesunken.

Wie das kam? Nach 1945 wurde nicht nur die Bundesrepublik gegründet, sondern kurz darauf auch die Autorepublik. Mit Gleisen konnten Lokalpolitiker nicht glänzen, die waren längst verlegt. Aber eine neue Bundesstraße, eine Umgehungsstraße oder gar ein Autobahnanschluss – die signalisierten Aufbruchstimmung. All das ging einher mit dem Versprechen von grenzenloser Mobilität und einer Autoindustrie, die zum Motor der Wirtschaft werden sollte (beides passte ja prima zusammen). 1955 wurde die Pendlerpauschale eingeführt. So konnten es sich die Arbeitnehmer plötzlich leisten, am Stadtrand zu leben und mit dem Auto zur Arbeit zu fahren. Die SPD setzte 1960 das nächste Milliardengeschenk um: Die Mineralölsteuer wurde mit einer Zweckbindung versehen: Straßenbau erhielt damit eine haushaltsrechtliche Sonderstellung. Egal, wie es um den Staatsetat bestellt war, Straßen wurden gebaut. So ging das in einem fort. Was für ein fantastisches Lobbyprogramm für die Autoindustrie auf Kosten aller Bürger und der Umwelt!

Die nicht so glamourösen Gleise der Bahn hingegen wurden älter, Signale blieben handbetrieben, und die Bahn verlor ihren letzten Nimbus. Den des verlässlichen Transportmittels.

Zugleich wurde sie vor allem für den Staat immer teurer und nach der Wende politisch kaum mehr vertretbar. Schon 1991 betrug der öffentliche Finanzierungsbedarf für Bundesbahn und Reichsbahn 27 Milliarden Mark im Jahr. Die Bahn machte in einem Jahr weniger Umsatz, als sie Schulden hatte.

Was Griechenland viel später für Europa werden sollte, das war die Deutsche Bahn für den Bundeshaushalt. Der erste Bahnchef Heinz Dürr erinnert sich: »Wir haben Riesenverluste gemacht. Ich habe dann zu Bundeskanzler Kohl gesagt: Wir müssen eine Bahnreform machen, an deren Ende die Bahn eine schwarze Null macht, damit die Mitarbeiter wieder motiviert sind. Das war ja so, wenn ein Lokführer in die Pinte kam und sich ein Bier bestellte, hieß es: Kannst du dir das überhaupt erlauben, ihr habt doch gerade wieder fünf Milliarden Verlust gemacht.«

Der Schuldenschnitt, er kam tatsächlich. Alle Altlasten, dazu zählten vor allem Pensionen für Bahnbeamte, übernahm der Bund. Die Deutsche Bahn startete 1994 mit neuer Motivation und dem Willen, künftig ohne staatliche Zuschüsse durchs Land zu rollen. Das große Ziel war der Börsengang, den vor allem Bundeskanzler Gerhard Schröder jahrelang propagierte und der auch unter Angela Merkel zunächst nicht einkassiert wurde. In der Wirtschaftskrise 2008 scheiterte das Vorhaben dann krachend, und seitdem albträumt man bei der Bahn nicht mehr vom DAX, sondern von Juchtenkäfern und anderen Plagegeistern, die Bauvorhaben wie Stuttgart 21 unglaublich in die Länge ziehen können.

Apropos Bauvorhaben:

Mit denen wollte der erste Bahnchef Dürr die Bahn förmlich in die Moderne katapultieren, er plante Schnellbahntrassen, eine Magnetbahnverbindung zwischen Berlin und Hamburg (Fahr-, bzw. Schwebezeit: 50 Minuten), die sein Nachfolger Johannes Ludewig und Bundeskanzler Schröder aus Kostengründen dann wieder kippten. Und Stuttgart 21, das leider niemand aus Kostengründen kippte und das uns alle bis heute eine Steuermilliarde nach der anderen kostet. Warum die Kosten so aus dem Ruder gelaufen seien, sagte Dürr, als man ihn später einmal darauf ansprach, das könne er nicht beurteilen. Mag sein, dass er seine Rolle eher als Anschieber und Visionär sah denn als jemand, der mit dem Rechenschieber im Kämmerlein sitzt. Es kann aber auch sein, dass gerade Stuttgart 21 ein Schlaglicht darauf wirft, wer bei der Bahn den Ton angibt: Obwohl die Bundesregierung immer wieder erklärte, bei Stuttgart 21 handle es sich um ein »eigenwirtschaftliches Projekt der Deutschen Bahn AG«, legte sie sich sehr für das heftig umstrittene Vorhaben ins Zeug. Im Jahr 2010 sagte Bundeskanzlerin Angela Merkel sogar allen Ernstes, Deutschland sei unregierbar, wenn Stuttgart 21 nicht umgesetzt würde: An dem Tiefenbahnhof in Stuttgarts Untergrund entscheide sich die Zukunftsfähigkeit unseres Landes. Ob diese wirklich so unterirdisch ist, nämlich ein System von Tunneln in und um Stuttgart, daran darf gottlob noch gezweifelt werden. Und all die Tunnel reichen noch nicht. Mitte 2020 hieß es, dass bis zu 20 weitere Kilometer Erdröhren notwendig seien, damit das Riesenprojekt den Anforderungen des Deutschlandtakts vielleicht noch gerecht werden könne. Das bedeutet weitere Kosten in Höhe weiterer Milliarden. (Wie viele es bis jetzt sind, wollen Sie wissen? Am besten, Sie googeln den aktuellen Tagesstand.)

Aber es ist längst nicht immer so, dass der Bund, der naturgemäß auch die entscheidende Rolle bei der Ernennung und Abberufung der Bahnchefs spielte, den Bahnkonzern auch steuert. Manchmal lenkt die Bahn sich auch selbst, und die Politik lässt sie. Das klatschte der Bundesrechnungshof der Bundesregierung 2019 in einem Sondergutachten um die Ohren: Erstens habe man »alle« Ziele der Bahnreform aus dem Jahr 1994 verfehlt, denn die Schulden der Bahn seien wieder auf 20 Milliarden Euro gestiegen – das entspricht ungefähr dem Minusstand, an dem Experten der alten Behörde Bahn damals, vor dem Schuldenschnitt, attestierten, diese sei nicht mehr zu retten. Woraus sich eigentlich die Frage ergibt: Muss die Bahn jetzt wieder gerettet werden, brauchen wir also eine neue Reform?

Und zweitens, schimpften die Rechnungsprüfer, habe der Bahneigentümer, der Bund, »durch eigene Entscheidungen und Versäumnisse« wesentlich zu den Problemen der Bahn beigetragen: Die Politik habe die Bahn »der Selbststeuerung und Eigenkontrolle überlassen« und das starke Auslandsengagement des Konzerns nicht hinterfragt.

Aber die Bahn ist eben nicht ein x-beliebiges gewinnorientiertes Unternehmen. Denn zugleich muss sie eine öffentliche Aufgabe wahrnehmen, die wie bereits erwähnt sogar im Grundgesetz festgeschrieben ist: uns Mobilität ermöglichen. Zum »Wohle der Allgemeinheit«.[9] Neuerdings sogar: klimafreundliche Mobilität.

Als es um den viel beschworenen Börsengang der Bahn ging, eine Phase, die das Unternehmen bis heute prägt, geriet dieser Punkt wohl aus dem Blick. Eine Börsenstory wurde geschaffen, die von Wachstum und Milliardengewinnen erzählte. Während in Deutschland das Gleisnetz stetig kleiner wurde, da auf vielen Nebenstrecken kein Geld zu verdienen war, wuchs das Unternehmen im Ausland. Über 500 Beteiligungen werden im Jahr 2020 in der Konzernbilanz aufgeführt. Von der ATG Autotransportlogistic in Polen bis zur Logistiktochter in Shanghai. Es gibt sogar einen Aktionär, einen einzigen. Das ist der Bund, der noch heute 100 Prozent der Anteile an der Bahn hält. Zeitweise zahlte das Unternehmen sogar eine Dividende von 500 Millionen Euro jährlich an den Bund (um zugleich Milliarden für den Betrieb des Regionalverkehrs zu kassieren). Und um den schönen Schein von der rentablen Bahn zu wahren, wurde das bestehende Schienennetz chronisch vernachlässigt.

Doch die Dividende ist genauso Geschichte wie die Legende, die Bahn könne ohne den Staat wirtschaften. Straßen werden ja auch nicht von Volkswagen und BMW gebaut. Helmut Schmidt irrte also einmal doch, nämlich hier: Der Bund muss sich beides leisten. Mit dem schönen Nebeneffekt, dass Soldatinnen und Soldaten kostenlos die 2. Klasse nutzen. Die Bahn im dritten Jahrzehnt des 21. Jahrhunderts hat sich ehrlich gemacht. Sie ist ein Riesenkonzern geworden. Der ohne den Staat nicht kann. Und der Staat, also wir alle, können nicht ohne sie.

---

9 Grundgesetz, Art. 87(e)4.

X. UND JETZT?

Was die Bahn anderswo so viel besser macht

Wenn man seinen Schnellzug »neue Stammstrecke« nennt, dann klingt das erst mal ziemlich unspektakulär. So ist aber nun einmal die wörtliche Übersetzung der größten Erfolgsgeschichte im weltweiten Bahnverkehr – das japanische »Shinkansen« bedeutet genau das. Schon seit 50 Jahren gibt es diese Zuggattung, und hartnäckig halten sich Gerüchte, dass die Pariser Atomuhr sich an ihr orientiert und nicht etwa umgekehrt. Denn wenn kein Erdbeben oder Taifun das mittlerweile insgesamt 2765 Kilometer lange Streckennetz heimsucht, dann fährt dieser Zug beispielsweise die 552 Kilometer der ersten und ältesten Trasse zwischen Osaka und Tokio in zweieinhalb Stunden – und mit einer durchschnittlichen Verspätung von unter einer Minute.

Auf den Hauptgrund dafür deutet schon der Name hin: Die Stammstrecke, sie wurde eigens für den Shinkansen gebaut. Wenn die Züge mit ihrer aerodynamisch langgestreckten Schnauze losrauschen, ist auf den Gleisen kein langsamer Güterzug, kein trödelnder Regionalexpress im Weg.

Der Verkehrswissenschaftler Norio Tomii hat weitere Gründe ermittelt, die den Shinkansen von anderen Bahnen wie der deutschen unterscheiden. So gibt es entlang der Strecke keine Bahnübergänge (!) und in Gleisnähe nur niedrigeres Grün. Bäume, die auf Oberleitungen fallen, Herbstlaub, das die Fahrt bremst – alles kein Thema in Japan. Die Strecken selber sind fast überall mit meterhohen Zäunen und weiträumig abgesperrt. Die Absperrungen haben noch einen Effekt. Während sich hierzulande durchschnittlich drei Menschen am Tag auf Bahngleisen das Leben nehmen[1], ist die Strecke des Shinkansen wegen der Absperrung kaum zu erreichen.

All diese Faktoren führen dazu, dass der Shinkansen pünktlich wie sonst kein Schnellzug auf der Welt seinen Dienst verrichtet. Die durchschnittliche Verspätung (Naturkatastrophen eingerechnet) beträgt beim Shinkansen 54 Sekunden. Ab einer Minute Verspätung entschuldigen sich die Zugbegleiter bei den Reisenden – sieht man sich die Verhältnisse bei der Deutschen Bahn an, könnte man diese Entschuldigung hier in die Begrüßungsformel aufnehmen.[2]

Um maximale Pünktlichkeit zu garantieren, stehen die Lokführer des Shinkansen in ständigem Kontakt mit ihrer Leitstelle und passen ihre Geschwindigkeit schon bei geringsten Abweichungen an. Und der Aufwand, noch weitere Züge auf der dicht befahrenen Strecke unterzubringen, sucht seinesgleichen. Im vergangenen Sommer beispielsweise sollte zwischen Tokio und Osaka der Takt von zehn Zügen pro Stunde auf zwölf Züge er-

---

1 Nach einem Suizid muss die Staatsanwaltschaft zur Strecke gerufen werden, der Lokführer wird abgelöst und manchmal auch Teile des Zugpersonals. All dies nimmt rund zwei Stunden in Anspruch und führt im gesamten Netz der Bahn zu Folgeverspätungen. Die Bahn spricht hier meist von Personenschäden. Das ist kein Euphemismus, sondern Verantwortung. Denn die Bahn kommuniziert Selbsttötungen nicht, aus Sorge vor dem Werther-Effekt. Dieser wurde erstmals nach der Lektüre von Goethes »Leiden des Jungen Werther« beobachtet und ist auch heute noch zu spüren. Die Berichterstattung über Suizide zieht oft weitere Selbsttötungen nach sich. So beobachtete die Deutsche Bahn einen sprunghaften Anstieg der Suizide, nachdem sich der Nationaltorwart Robert Enke auf einer Bahnstrecke in der Region Hannover das Leben genommen hatte.
Wenn Sie sich in einer akuten Krise befinden, wenden Sie sich bitte an Ihren behandelnden Arzt oder Psychotherapeuten, die nächste psychiatrische Klinik oder den Notarzt unter 112. Sie erreichen die Telefonseelsorge rund um die Uhr und kostenfrei unter 0800-111 0 111 oder 0800-111 0 222.
2 Im japanischen Bahnverkehr ist es auch üblich, sich zu entschuldigen, wenn ein Zug einmal zu früh losfährt. Der Lokführer des Tsukuba Express, eines Vorortzugs von Tokio, bekam etwa gewaltig Ärger, weil er 20 Sekunden zu früh gestartet war.

höht werden. Japanische Tageszeitungen berichteten von enormen Kraftanstrengungen – des Reinigungspersonals. Ein Manager der dafür angestellten Firma sagte der Zeitung The Mainichi: »Es ist schon schwierig, einen Zug in zwölf Minuten zu reinigen. Als ich hörte, dass es künftig noch zwei Minuten weniger sein sollen, war ich schockiert.« Aber man schaffte das: Mit Stoppuhren vermaßen die Reinigungsmitarbeiter ihre Tätigkeit. Und der kluge Einsatz von Sensoren ließ sie blitzschnell erkennen, ob Sitze von Schweiß oder verschütteten Getränken nass und besonders reinigungsbedürftig waren. Denn nach der Analyse vieler Daten hatte das Unternehmen herausgefunden, was so mancher Bahnkunde bestätigen kann: Ist die Rückenlehne nass, gilt das oft auch für den Sitz selbst. Fortan werden erst mal die Lehnen gescannt und damit ein paar Sekunden eingespart. Weitere Sekunden macht ein neues Gerät wett, das gleichzeitig wischt und fegt. Zwei Jahre dauerte das Wettsäubern gegen die Uhr. Dann waren die zwei Minuten eingespart.

Zwei Minuten. Die braucht es in deutschen Zügen oft schon, um die Türen zu öffnen. Aber wir wollen ja nicht jammern, sondern lernen. Und da darf ein zweiter Musterschüler nicht fehlen. Er wurde am 16. Juni 1972 geboren, vom sogenannten Spinnerclub. Drei Mitarbeitern der Schweizerischen Bundesbahnen AG (SBB), die den Bericht »Taktfahrplan Schweiz, ein neues Reisezugkonzept« veröffentlichten. Und acht Jahre später ging es dann so richtig los. Das Konzept Bahn 2000 beschrieb, was die Schweizer Bahn tun muss, damit möglichst viele Züge in möglichst hoher Frequenz möglichst viele Fahrgäste transportieren können. Und, liebe Leserinnen und Leser, die Sie sich nun fragen, was daran so innovativ ist, denn das macht doch auch die Deutsche Bahn schon seit hundert Jahren, ein Zauberwörtchen fehlt natürlich noch. Es heißt: verlässlich.

Bis zum Jahr 2004 erhöhte die Schweizer Bahn die Kilometerzahl an Schienen um 14 Prozent und die Anzahl der Züge um

12 Prozent. Das Ziel war, eine möglichst schnelle Fahrt per Bahn zwischen den großen Städten zu ermöglichen. Denn das Auto wurde auch in der Schweiz lange euphorisch gefeiert, Straßenbahnen wurden aus manchen Innenstädten verbannt, weil sie den Autoverkehr behinderten. Dann aber, mit dem Ausbau der Strecke zwischen Basel und Bern, kam die Wende. Bahn 2000 wurde zum Rundum-Erneuerungsprogramm für die Schweizer Bahn. »Ein dichterer Fahrplan und kürzere Reisezeiten gehören ebenso zum Konzept wie neue Züge, die Modernisierung vieler Bahnhöfe, Streckenausbauten und natürlich die vier Neubaustrecken, die das ursprüngliche Projekt vorsieht«, resümierte die Schweizer Bahn.[3] Und die eidgenössische Enge hat einen hübschen Vorteil: Die Fahrtzeit zwischen den Hauptverkehrsknoten beträgt weniger als eine Stunde, und dort bündeln sich dann die Verkehre für die »Anschlussspinnen«.

Ja, Sie haben richtig gelesen. Denn wie an der Spinnennetzschnur gezogen fahren die Züge zur halben und vollen Stunde aus allen Richtungen kommend in die Bahnhöfe ein. Dann wird umgestiegen, und die Züge schwärmen wieder aus. Kurze und schnelle Umsteigemöglichkeiten mit wenig Wartezeiten – der Traum eines jeden Bahnfahrers. Nicht möglichst schnell, sondern so schnell wie nötig. Und noch mal, das Bemerkenswerte daran: Diesen Takt gibt es nicht nur von Fernbahn zu Fernbahn. Das gesamte Herz des öffentliche Verkehrsnetzes schlägt mit dem gleichen Puls – selbst Seilbahnen in die Alpen sind in den Zeitfahrplan eingebunden.

Die Grundidee dahinter, die aus dem eben schon erwähnten »Spinnerclub« kam, einer Gruppe von Bahningenieuren: Die SBB sei nur dann wettbewerbsfähig, wenn der Fahrplan attraktiv genug sei. Für jeden Bahnfahrer ist das eigentlich eine Selbstver-

---

3 So steht es in dem von der SBB herausgegebenen Buch »Mehr Zug für die Schweiz – Die Bahn-2000-Story«.

ständlichkeit; bei der Bahn selber aber wurde das Konzept, konsequent umgesetzt, zum Erweckungserlebnis. Milliarden wurden investiert, in Tunnel, Lärmschutz und den Anschluss an das europäische Hochleistungsnetz. 130 Bauprojekte mussten koordiniert werden. Die Signaltechnik wurde zum Vorreiter in Europa: Das Zugsicherungssystem ETCS (European Train Control System) ermöglichte die Übertragung von Signal- und Streckendaten per Funk – mit dieser Technik wurde die enge Taktung der Schweizer Bahn überhaupt erst möglich.

Sicher, die Schweizer Verkehrswende hatte ihren Preis. 30 Milliarden Franken haben die Schweizer anfangs investiert: Pro Schweizer Kopf über 3500 Franken. Auf Deutschland umgerechnet wären das 290 Milliarden Euro. Da sehen die angekündigten Rekordinvestitionen in die deutsche Schieneninfrastruktur plötzlich doch recht klein aus. Aber es ist ein Anfang. Und in der Schweiz haben sich die enormen Anstrengungen gelohnt. Die Fahrgastzahlen haben sich seit 1998 verdoppelt.

Doch zuletzt musste selbst das Bahn-Vorbild SBB sich eingestehen, einen gewaltigen Fehler gemacht zu haben: Über Jahre wurden zu wenig Lokführer ausgebildet. Die Folge ist – nicht nur für Schweizer Verhältnisse – dramatisch: Hunderte Zugverbindungen fielen zeitweise aus oder wurden durch Busse ersetzt. Ganze S-Bahn-Linien wurden eingestellt. Fast klingt es so, als würde sich die Schweizer Bahn mit ihrem Planungsverhalten längst an Deutschland orientieren, während die Kollegen aus dem Bahntower noch neidvoll Richtung Alpen blicken. Merke: Auch ein Musterschüler muss sich weiter anstrengen.

»Wir stellen den Eisenbahnverkehr gerade vom Kopf auf die Füße«

In der Schweiz hatte die Eisenbahn immer Vorrang vor dem Auto. Hier war es lange umgekehrt – aber jetzt ändert sich das. Wie kann die Bahn DAS Verkehrsmittel des 21. Jahrhunderts werden? Ein Gespräch mit Enak Ferlemann, dem Beauftragten der Bundesregierung für den Schienenverkehr, der seit 13 Jahren an dem Plan arbeitet, der die Bahn in die Zukunft führen soll.

Herr Ferlemann, Sie sind Beauftragter der Bundesregierung für den Schienenverkehr. Was haben Sie in den vergangenen Jahren über die Deutsche Bahn gelernt?
Es ist ein überaus komplexes Unternehmen mit vielen Bestandteilen. Es gibt Signaltechnik, Bahnhöfe und ein Schienennetz, dann die Verkehrsgesellschaften Nah und Fern, den Gütertransport, internationalen Nahverkehr mit der britischen Tochter Arriva und noch die globale Logistik mit Schenker. Alles für sich spannend, aber schwer zu führen.

Woher rührt Ihr Interesse für die Bahn?
Ich fand die Bahn schon als kleiner Junge faszinierend. Ich lebte in Cuxhaven, und wenn ich bei meinen Großeltern in Ostfriesland Urlaub machte, dann fuhren wir von Cuxhaven nach Bremerhaven, von dort nach Bremen, dann nach Sande und nach Dornum, wo sie lebten. Alles mit dem Zug. Auf dem letzten Stück fuhr noch eine Dampfmaschine. Das prägt. Auch in den Urlaub nach Südtirol ging es mit der Bahn. Platzreservierung gab es nicht, man saß im Gang eng an eng oder auf Koffern. Dann bekamen mein Bruder und ich mit

12 Jahren eine Modelleisenbahn, zu der wir über die Jahre immer mehr Ergänzungen sammelten. Am Ende hatten wir eine voll elektrifizierte Strecke ...

Voll elektrifiziert! ...
... voll elektrifiziert; und wir hatten verschiedene Züge. Die Eisenbahn habe ich noch. Aber mir fehlt die Zeit, sie aufzubauen.

Das ist verständlich. Sie drehen mittlerweile ein viel größeres Rad und wollen bei der Bahn den Deutschlandtakt etablieren. Wie kam es dazu?
Alles begann damit, dass ich 2007 als Bundestagsabgeordneter Vorsitzender eines Unterausschusses im Verkehrsausschuss des Bundestages wurde. Es ging um die Zukunft der Bahn. Schon damals sprachen wir darüber, wie schön es wäre, wenn wir die Verkehre besser vertakten würden, sodass die Bahn verlässlicher wird. Die Idee habe ich dann mitgenommen ins Verkehrsministerium.

Wo Sie 2009 Staatssekretär wurden. Damals sagten selbst die Bahnmanager: Ein Deutschlandtakt ist nicht machbar. Wie haben Sie die Idee am Leben gehalten?
Ich habe mir vom damaligen Verkehrsminister Forschungsmittel besorgt. Nach vier Jahren gab es dann ein fundiertes Gutachten. Ergebnis: Taktverkehr ist unter bestimmten Bedingungen machbar. Nach der Wahl 2013 blieb ich im Ministerium und gab eine Machbarkeitsstudie in Auftrag. Und siehe da, wieder hieß es: Wir kriegen das hin. So kam es dann zum Zukunftsbündnis Schiene, und nun geht es in die Umsetzung. Ich brauchte dafür zehn Jahre.

***Zehn Jahre Arbeit an einem Plan – so viel Kontinuität
ist selten im deutschen Bahnverkehr ...***

*Aber genau die braucht es. Wir stellen den Eisenbahnverkehr
gerade vom Kopf auf die Füße. Eisenbahnpolitik hieß ja lange,
Wünsche von Regionen, Ministerpräsidenten und der Bahn
selbst zu erfüllen. Und wenn dann die Gleise gebaut waren,
wurde ein Fahrplan gemacht. Der Deutschlandtakt dreht
das jetzt um. Wir denken künftig vom Fahrplan aus, das ist
die wesentliche Veränderung. Wenn ich jede halbe Stunde
von Köln Richtung Berlin fahren will, muss ich entsprechend
bauen und Züge beschaffen.*

***Zuletzt waren Sie Chef in einem Gremium, das für den
Schienenverkehr einen Masterplan entwickelte. Was
haben Sie erreicht?***

*Die größte Errungenschaft ist, dass der völlig zersplitterte
Bahnsektor, zu dem Lokhersteller, Gleisbauer, Oberleitungs-
konstrukteure, Privatbahnen und die Deutsche Bahn AG
zählen, gemeinsam an einem Tisch sitzt. Bisher hatte jeder
seinen Job gemacht, und wenn etwas nicht lief, waren die
anderen schuld. Keiner übernahm Verantwortung für das
Gesamtsystem. Nun wird plötzlich nicht mehr übereinan-
der geredet, sondern auch miteinander. Um nur ein Beispiel
zu nennen: Es gab in Deutschland viele Jahre keine Eisen-
bahnforschung mehr. Dafür fühlte sich niemand zuständig.
Das haben wir erkannt und 2019 das Deutsche Zentrum für
Schienenverkehrsforschung in Dresden gegründet.*

***Die Bahn will die Fahrgastzahlen bis 2030 verdoppeln.
Kann das gelingen?***

*Aber klar, wir haben die Infrastrukturplanung voll darauf
ausgerichtet und investieren viele Milliarden zusätzlich überall da, wo der neue Deutschlandtakt uns anzeigt, dass wir*

einen Ausbau benötigen. Wenn wir den Takt eingeführt haben, wird die Verlässlichkeit eine ganz andere sein. Wir haben dann eine Umstiegsgarantie, denn zwischen den Metropolen verkehren mindestens einmal stündlich Schnellzüge. Diese Garantie wird dafür sorgen, dass viele Menschen umsteigen werden, denn heute setzen sich viele doch nur deswegen ins Auto, weil sie das Verkehrsmittel für verlässlicher halten.

Reicht es denn, einfach nur mehr Schienen zu bauen?
Die Deutsche Bahn ergänzt das durch eine massive Vergrößerung ihrer Fahrzeugflotte. Die für den Nahverkehr verantwortlichen Bundesländer werden mehr Verkehr bereitstellen; der Bund versechsfacht ab 2025 die Mittel, die den Ländern zur Verfügung gestellt werden – von heute 330 Millionen Euro jährlich auf dann zwei Milliarden Euro. Daraus finanzieren die Länder die Elektrifizierung der Strecken und vieles mehr. Diese Regionalisierungsmittel sind bis 2031 festgeschrieben; die Länder haben somit eine große Planungssicherheit und können den öffentlichen Nahverkehr entsprechend ausweiten.

Könnten die Folgen der Corona-Pandemie all die guten Pläne und Absichten jetzt noch begraben?
Das glaube ich nicht. Die Pandemie ist ein Einschnitt, keine Frage, aber irgendwann werden sich die Dinge wieder normalisieren. Aber unser aller Leben wird sich etwas verändern. Video- und Telefonkonferenzen werden bleiben und das Homeoffice an manchen Tagen bei Bürojobs zur Selbstverständlichkeit. Geschäftsreisen werden somit weniger. Aber das muss nicht heißen, dass auch weniger Bahn gefahren wird.

Die Menschen werden weniger unterwegs sein.
Die Menschen werden weniger fliegen und mit Blick aufs Klima auch weniger Auto fahren. Dafür muss die Bahn ein

Angebot bereithalten. Wenn es gelingt, den Verkehr Richtung Bahn zu lenken, ohne dass sich die Leute auf den Füßen stehen, dann kommt ein Schub in der Zeit nach Corona. Auch weil es noch eine gewaltige Chance gibt: die Transeuropäische Eisenbahn 2.0. Wir wollen die Züge von Hamburg nach Paris und von Berlin nach Rom fahren lassen. Wir haben nämlich gewaltig unterschätzt, dass die Nachfrage nach Nachtzügen da ist. Die Leute würden sofort eine Fahrt von Hamburg nach Paris im Nachtsprung buchen, das heißt abends in den Zug und morgens in Paris aussteigen.

Das klingt attraktiv. Aber was passiert, wenn die Fahrgastzahlen – wie in der Luftfahrtindustrie erwartet – dauerhaft niedriger bleiben?
Das wird nicht passieren. Dazu sind wir Deutschen ein zu reiselustiges Volk. Hinzu kommt: Wissenschaftler, Unternehmer, Politiker wollen sich auch künftig persönlich austauschen, Fußballfans zum Auswärtsspiel ihrer Mannschaft reisen. Zugleich wird das Öl wegen der CO_2-Abgabe teurer und damit die Bahn viel konkurrenzfähiger. Und vergessen Sie nicht das gestiegene Umweltbewusstsein. Wir sind alle davon überzeugt, dass Mobilität mit der Eisenbahn am klimafreundlichsten ist. Die Bahn hat einen ganz anderen Stellenwert als noch vor zehn Jahren und kann das Verkehrsmittel des 21. Jahrhunderts werden. In der Schweiz hatte die Eisenbahn immer Vorrang vor dem Auto. Hier war es lange umgekehrt – aber jetzt ändert sich das.

Hält die Bahn denn Schritt mit Ihren großen Plänen?
Sie muss liefern. Um ernsthaft mit dem Flugzeug zu konkurrieren, darf die Reisezeit auf den meisten Strecken nicht länger als vier Stunden dauern. Nur dann nehme ich lieber den Zug als den Flieger oder gar das Auto. Wenn dieses Verspre-

chen pünktlich jede Stunde gehalten wird, dann steigen die
Leute um. Es muss eben so verlässlich sein, dass ich meine Ter-
mine entsprechend planen kann und nicht schon vorher zwei
Stunden Puffer einbauen muss, falls sich der Zug verspätet.
Wenn Sie in vier Stunden von Bonn nach Berlin mit dem ICE
kommen, dann fliegt kaum mehr jemand. Diese Beobachtung
machen wir auch auf der Strecke von München nach Berlin.

Was kann noch besser werden?

Wir brauchen eine verbesserte Infrastruktur, und damit meine
ich nicht den Schienenausbau, sondern vor allem viele, viele
kleine Maßnahmen. Ausweichgleise, Überholgleise, andere
Signaltechnik und alles, was uns die moderne Digitalisierung
und Sensorik bietet. Wir fahren zu oft mit einer Überlastung,
wir fahren das System bis an den Rand; der Bahnchef nennt
das Wachstumsschmerzen, und da ist auch was dran. Es geht
also nicht nur um Großprojekte wie Stuttgart 21. Sie können
mit kleinen Maßnahmen Enormes bewirken. Die Denke der
Politiker muss weg von Spatenstichen und dem Durchschnei-
den von Trassenbändern. Das sind schöne Fotos für die Lokal-
zeitung, aber mancher Strecke wäre mehr mit einem neuen
Signal geholfen. Da kommt zwar dann kein Bürgermeister
zur Einweihung, aber die Bahn ist danach vielleicht pünktlicher.

Warum wird eigentlich jede Verspätung zum Politikum?

Das liegt sicherlich am öffentlichen Auftrag, den die Bahn
nach wie vor hat. Das ist ein bisschen wie mit der Deutschen
Post, die ist zuverlässiger als in den meisten anderen Ländern,
steht aber auch ständig in der Kritik. Die Bahn ist besser, als
viele glauben.

Was muss passieren, damit die Bahn wirklich gut wird?

Als Sie anfingen, dieses Buch zu lesen, kannten wir uns noch nicht. Aber jetzt, liebe Leserin und lieber Leser, haben wir gemeinsam jede Menge gelernt: wo wir die Tickets am besten kaufen, weshalb die Bahn sich zu Recht als Deutschlands schnellsten Klimaschützer bezeichnen darf (und wo sie dabei ein bisschen schummelt), wieso das Rührei im Speisewagen immer so schnell aus ist, was die Bahn mit unbotmäßigen Bäumen anstellt – und auch, warum wir so schnell aus der Haut fahren, wenn der Zug mal wieder zwischen Bienenbüttel und Uelzen absolut außerplanmäßig zum Halten gekommen ist.

Nur eine Frage, die auf den vergangenen Seiten unsichtbar in der Gepäckablage mitfuhr, ist noch offen. Die Frage aller Fragen nämlich: Was muss passieren, damit die Bahn wirklich gut wird?

Der Antwort nähern wir uns am besten mit der Gegenfrage: Warum war die Bahn in den vergangenen Jahrzehnten so schlecht? Das klingt ein bisschen defätistisch, aber wie anders ist denn der berühmte Satz von Hartmut Mehdorn zu werten, dem Börsengang-Bahnchef (nachdem dessen Absage dann fies verballhornt als »Börsengag-Bahnchef«)? Schon vor Jahren sagte Mehdorn uns nämlich: »Mit der Bahn können Sie keinen Blumentopf gewinnen!« Überlegen Sie mal, der Trainer unserer Nationalelf würde Ähnliches über seine Fußballmannschaft sagen.[4]

Das Irre ist nur: Mehdorn hatte recht. Noch vor wenigen Jahren war die Lage der Bahn völlig – nun ja – verfahren. Jeder Verkehrsminister kam mit seiner eigenen Agenda, die meist darin bestand, ein bisschen pünktlicher zu werden und irgendwie

---

4 Und dabei hatte er nach dem 0:6 gegen Spanien im vergangenen Herbst wirklich allen Grund dazu. Aber das war ja auch der Trainer, den manch einer danach am liebsten grundlos gefeuert hätte.

schadlos die Debatte um das Riesenbauprojekt Stuttgart 21 zu überstehen. Hauptsache, die Bahn zahlte 500 Millionen Euro Dividende an ihren einzigen Anteilseigner – den Bund (der sich seinerseits dann bemühte, der Öffentlichkeit vorzugaukeln, dass die Bahn einen Milliardengewinn nach dem anderen mache und sich die Dividende prima leisten könne).

Es gab keinerlei Plan, welche Zukunft die Bahn haben soll und welche Rolle sie im Kampf gegen den Klimawandel spielen wird. Klimawandel – war da was?

Aber dann geschah Erstaunliches. Die Bundesregierung schrieb in ihrem Koalitionsvertrag das jetzt schon legendäre Ziel fest, man wolle die Zahl der Fahrgäste bis 2030 verdoppeln. Es wäre ein Leichtes gewesen, dieses Bekenntnis im Laufe der Regierungszeit wieder zu kassieren – aber es passierte das Gegenteil. Selbst in der Pandemie kürzte der Bund der Bahn nicht die Mittel, sondern schoss Milliarden Euro Kapital nach. So ging von der Bahn im Jahr 2020 ein so beruhigendes wie ungewohntes Signal aus: Verlässlichkeit. Das Land erlebte den größten Stillstand nach dem Zweiten Weltkrieg – doch die Züge rollten weiter. Sie brachten Krankenschwestern und Kassiererinnen zum Dienst, sie transportierten Erzieher und Polizisten und holten sogar Nudeln und Autoteile aus Italien, als Lastwagenfahrer an der Grenze zwangscampierten.

Und genau diese Eigenschaft, Verlässlichkeit, ist es, die eine Bahn richtig gut macht. Da, wo die Bahn in einem dichten Takt zuverlässig rollt, ist sie nicht zu bremsen. Das gilt für die Schweiz genau so wie für Japan oder auch für China.

Es war ja gerade die Unberechenbarkeit der Züge, die jeden Autofahrer darin bestätigte, genau das Richtige zu tun, wenn er den langen Weg zur Arbeit nicht mit der Bahn, sondern mit seinem eigenen Wagen pendelte: Wenn ich nicht weiß, ob ich morgens pünktlich von Neumünster in Schleswig-Holstein ins 70 Kilometer entfernte Hamburg komme, steige ich eben ins

Auto. Und kann zwar in der Zeit nicht arbeiten, lesen oder träumen, aber erlebe den Stau zur Rushhour.

Doch künftig wird es eine echte Alternative geben. Die Bahn wird verlässlicher. Mit jedem Jahr ein bisschen mehr. Dieses Versprechen kostet viele Milliarden Euro. 170 Milliarden, um genau zu sein. So viele hat zumindest Bahnvorstand Ronald Pofalla zusammengezählt, allein für Gleise, Signale und Bahnhöfe. Und er sagt uns etwas, das vor wenigen Jahren noch unsagbar schien: »Wir erfahren eine enorme Unterstützung des Bundes. Wenn Sie sich die politischen Entscheidungen der jüngeren Vergangenheit anschauen, sehen Sie ein beeindruckendes Bekenntnis zur Schiene.«

Was hätte Hartmut Mehdorn für ein solches Bekenntnis gegeben! Bürgerbahn oder Börsenbahn, Gemeinwohl oder Cashcow, das war lange die große Frage. Ausgerechnet unter dem Sozialdemokraten Gerhard Schröder sollte die Bahn an die Börse gebracht werden. Und wenn es eine Wohltat gab, die die Weltfinanzkrise 2008 mit sich brachte, dann wohl diese: Der Börsengang wurde abgeblasen und vertagt.

Heute wissen wir: Der Urkonflikt der Bahn ist entschieden. Die Bahn ist kein Unternehmen wie jedes andere, sie erledigt einen Job für die Allgemeinheit, und wenn sie das gut machen will (und das soll sie), braucht sie viele Milliarden Euro an öffentlicher Unterstützung. Und – das ist wirklich neu – sie bekommt das Geld auch. Kein Wort mehr von einem möglichen Börsengang.

Umso lauter könnte eine andere Debatte geführt werden. Sie dreht sich um die Frage, ob das Schienennetz nicht wieder verstaatlicht werden sollte, damit der Wettbewerb sich freier entfalten kann. Die Sorge dahinter lässt sich in Deutschland millionenfach besichtigten. Welcher Mieter repariert das Dach auf eigene Kosten? Der Vermieter wiederum wartet möglichst lange mit einer Reparatur. Oft muss es reinregnen, damit was passiert.

Bei der Deutschen Bahn und ihren vielen Wettbewerbern droht ähnliches Ungemach, zumal dann, wenn – wie im Nahverkehr – Strecken ständig neu ausgeschrieben werden. Denn der Schieneneigentümer DB Netz könnte sich ja fragen: Warum soll ich eine Weiche reparieren lassen, über die ab nächsten Monat womöglich irgendein anderes Eisenbahnunternehmen fährt und nicht mehr mein Schwesterunternehmen DB Fernverkehr?

Klüger wäre es, wenn man einen Vorschlag der Denkfabrik Agora Verkehrswende aufnähme. Die Verkehrsexperten haben auf über 200 Seiten Reformen angemahnt. Neben vielem, was die Deutsche Bahn umsetzt (Deutschlandtakt!), fordern sie eine Senkung der Trassenpreise. Das klingt jetzt wieder sehr zäh, wird aber ganz einfach, wenn man es ein bisschen übersetzt. Die Schienenmiete sollte sinken. Dann steigt nicht nur die Nachfrage (schon mal im Prenzlauer Berg für eine günstige Wohnung angestanden?), sondern es lohnt sich auch, eher weniger lukrative Strecken anzufahren. Plötzlich würde es sich lohnen, die Frequenz in Mecklenburg-Vorpommern, in Oberbayern und Schleswig-Holstein zu erhöhen. So einfach kann Bahnpolitik sein: Alle Forderungen laufen am Ende auf dieselben Erfolgsfaktoren hinaus, die die Experten von Agora immer wieder benennen: Preis, Verfügbarkeit, Verlässlichkeit und Flexibilität. Das gilt für den Güterverkehr genauso wie für den Nah- und Fernpendler. Für die junge Familie. Und für die Oma, die das Enkelkind am anderen Ende Deutschlands endlich mal wieder besuchen will.

Erfolgreich kann die Deutsche Bahn allerdings nur werden, wenn dabei die anderen 443 Eisenbahnverkehrsunternehmen nicht unter die Räder kommen. Denn all die Nahverkehrskunden der Rivalen steigen oft genug um in die Fernzüge der Deutschen Bahn.

Das setzt unter anderem voraus, dass es nicht für jeden Anbieter ein eigenes Buchungsportal im Internet geben sollte, sondern die Bahn auf ihrem DB Navigator und auf www.bahn.de alle, aber wirklich alle Optionen des Verkehrs zur Verfügung stellt. Dem Kunden ist egal, ob er die letzten 30 Kilometer mit einem Regionalzug der Bahn oder einem Flixbus (-oder train?) zurücklegt.

Was wäre die Alternative? Mit ihrer Marktmacht würde die Deutsche Bahn die kleinen Anbieter in den nächsten Jahren verdrängen oder zumindest klein halten. Für die Kunden würde dadurch das Angebot unnötig kleiner aussehen, als es tatsächlich ist.

Dadurch, dass die Signale, Schienen und Haltepunkte nun einmal ganz wesentlich vom Staat finanziert werden, gelten für die Eisenbahnunternehmen andere Wettbewerbsbedingungen als für Friseure, Kneipen oder Versicherungen.

Nur ein Beispiel: Als der Deutschen Bahn im Coronasommer die finanziellen Mittel ausgingen, wurde sie wie selbstverständlich mit weiteren Milliarden vom Bund versorgt. Das war sicherlich vernünftig, denn alles andere hätte die großen Klimaziele gefährdet, ehe die Fahrt richtig losgeht. Aber das bedeutet auch, dass sich der Staat zugleich um die Zwerge im Nahverkehr kümmern muss, die sich mühen, mit dem übergroßen Konkurrenten Schritt zu halten.

Denn nur mit einem funktionierenden Nahverkehr klappt es auch auf der Langstrecke.

Die Chancen stehen gut dafür, auch der öffentliche Personennahverkehr bekam zuletzt eine milliardenschwere Stütze, und die Länder haben Rekordzusagen für den Ausbau des Netzes zugesagt. Überall im Land werden gerade Programme aufgelegt: Rund um Frankfurt arbeiten sie gerade an »Rhein-Main-Plus«: Mehr als 50 modernisierte Bahnhöfe und Haltestellen. 200 Kilometer neue Gleise und Strecken. Mit i2030 wird das gesamte Verkehrsnetz im Großraum Berlin durchsaniert und werden Engpässe beseitigt, und in München buddeln sie sich einmal durch die Stadt. Auf rund zehn Kilometern zwischen den Bahnhöfen Laim im Westen und Leuchtenbergring im Osten baut die Bahn eine zweite Stammstrecke für die S-Bahn, die schon heute Tag für Tag von über 800 000 Menschen genutzt wird.

Selbst die Strecke ins ach so abgelegene Sylt, wegen Dauer-verspätungen jahrelanger Zankapfel zwischen jedem Wirtschafts-minister Schleswig-Holsteins und der Bahn, wird bereits saniert. Bis 2022 investiert die Bahn 160 Millionen Euro. Das Land hat sich also entschieden, und die Bahn profitiert Monat für Monat. Im Sommer 2021 wird der XXL-ICE durchs Land rollen. Ende 2022 kommt die nächste Generation des ICE, mit der das Reisen im Zug vielleicht sogar wieder etwas sinnlicher und ein bisschen luxuriöser, also zum (positiven!) Erlebnis wird. Vielleicht gibt es bald wieder mehr Nachtzüge und Reisezüge, die große europäi-sche Metropolen verbinden. Und natürlich kommen auch mo-derne Intercity-Züge und viele, viele moderne Nahverkehrsbah-nen, deren Finanzierung schon gesichert ist. Sogar die Bahnhöfe sollen wieder wichtiger für die Menschen werden.

Sicher, da wird unterwegs viel schiefgehen und der Hashtag #scheissbahn wird arg strapaziert werden. Aber macht nichts, die Richtung stimmt. Wenn die Bundesregierung jetzt dabei bleibt. Und die zwei, drei, vier Regierungen danach.

»Wir wollen eines der ältesten Verkehrsmittel der Welt zu dem Fortbewegungsmittel des 21. Jahrhunderts machen«, heißt es in einem Imagefilm der Bahnindustrie. Marketinggeschwafel? Nicht in Tübingen! Da tüftelt die Bahn gerade gemeinsam mit Siemens am Regionaltriebzug Mireo Plus H. Kein Kohlestrom treibt ihn an, sondern Wasserstoff. Der Zug soll so leistungsfä-hig sein wie elektrische Triebzüge und 600 Kilometer Reichweite haben. 2024 soll der Probebetrieb losgehen und in einem Jahr etwa 330 Tonnen CO_2 einsparen. Die Bahn feiert das schon 2020: »Neben der weiteren Elektrifizierung des Streckennetzes ist der Einsatz von Wasserstoffzügen für die DB eine weitere Mög-lichkeit, klimaneutral zu werden.« Reichweitenangst in der Bahn wird dann der nächste Nahverkehrsthriller.

Wer schon heute mit dem Regionalexpress liegen bleibt, mag sich einen Planwagen mit 2 PS wünschen oder einen Hubschrauber, aber er sollte dabei nicht vergessen, dass die Bahn derzeit auch deswegen so unpünktlich ist, weil sie so viel baut wie noch nie. Es gibt sogar ein Budget von einer Milliarde Euro dafür, dies möglichst kundenfreundlich zu tun. An manchen Strecken werden für die Zeit der Bauphase extra Weichen eingebaut, sodass die Züge keine großen Umwege und damit einhergehende längere Fahrzeiten in Kauf nehmen müssen. Mehr Mitarbeiter und mehr Baumaschinen sollen für weitere Beschleunigungen sorgen und Unpünktlichkeiten möglichst gering halten.

Womit wir wieder bei unserem Lieblingsthema wären.

Verträgt sich das irre Wachstum auf engstem Raum mit dem Ziel, die Züge pünktlich durch Deutschland zu steuern?

Es wird bei uns niemals so gut werden wie in Japan, wo schon allein die Abschirmung der Strecke durch Zäune und Wände dafür sorgt, dass nicht ständig jemand aufs Gleis laufen kann und so möglicherweise den Fernverkehr für Stunden verzögert. Aber aus der Bahn könnte jetzt endlich eine wirklich große, eine wirklich wichtige Sache werden. Für uns alle.

Bei den meisten Menschen, mit denen wir für dieses Buch sprachen, haben wir sie gespürt, diese Aufbruchstimmung. Ein dichter Deutschlandtakt, verbunden mit vielen, vielen kleinen Maßnahmen, könnte am Ende eine enorme Sogwirkung erzeugen – und so selbst Menschen für die Bahn begeistern, die sie heute noch verteufeln.

Und wenn Sie dann wirklich ernst gemacht, ein Ticket gekauft und sich ans Gleis gestellt haben, schenken Sie Ihren Mitfahrern doch einfach mal ein Lächeln. Und zwar genau in dem Moment, in dem sich der ganze Tross in Bewegung setzt, weil es wieder heißt: Heute vom Gleis gegenüber.

Es ist das Lächeln eines Reisenden, der weiß: Mit diesem Verkehrsmittel kann ich trotzdem nichts falsch machen. Denn bald wird alles noch viel besser.

Klimafreundliche Weltreise - geht das?

Giulia Fontana / Lorenz Keyßer
OHNE FLUGZEUG
UM DIE WELT
Klimabewusst unterwegs
und glücklich
DEU
192 Seiten
ISBN 978-3-431-07003-3

„Giulia, ich heirate! Willst du meine Trauzeugin sein?" Natürlich will sie – doch wie soll sie zur Hochzeit ihrer besten Freundin nach Sydney kommen, wo sie sich doch entschieden hat, nie mehr zu fliegen? Anstatt Umweltideale und Freundschaft gegeneinander auszuspielen, machen Giulia und ihr Freund Lorenz aus dem Weg einen Versuch in klimafreundlichem Reisen: Per Bus, Bahn, zu Fuß und mit dem Schiff überwinden sie nicht nur riesige Strecken, sondern auch so manches Vorurteil. Ein ganz besonderes Reiseabenteuer, das zum Nachmachen einlädt!

Lübbe Life

»Bitte alle Türen benutzen. Die zweite Tür ist auch kostenlos«

Marc Krüger
DER LOKFÜHRER HAT
DEN ZUG VERPASST
Kuriose Bahnansagen

160 Seiten
ISBN 978-3-404-60932-1

Bahnansagen? Für Reisende auf den Unterwegs-Bahnhöfen ein steter Quell der Freude. Wobei der Bahn-Sprech wie »Verspätete Bereitstellung", „Notfalleinsatz am Gleis" oder „Bitte achten Sie auch auf die Ansagen am Bahnhof" zwischen Tragik und unfreiwilliger Komik variiert. Viel lustiger ist es aber, wenn Bahnmitarbeiter selbst zu Poeten werden: Sprüche wie „Denken Sie an die Pinguine. Dann ist die kaputte Klimaanlage nicht so schlimm" oder „Müll und Ehemänner bitte nicht im Zug zurücklassen" lassen erahnen, wie viel Potential in einem Zugführer steckt: „Ich würde Ihnen gerne erzählen, warum wir hier stehen. Aber mir erzählt auch keiner was."

Lübbe